Robert B. Dilts

Kommunikation in Gruppen & Teams

Lehren und Lernen effektiver Präsentationstechniken

Angewandtes NLP

Ausführliche Informationen zu weiteren Büchern von Robert Dilts
sowie zu jedem unserer lieferbaren und geplanten Bücher
finden Sie im Internet unter **www.junfermann.de**
– mit ausführlichem Infotainment-Angebot
zum JUNFERMANN-Programm

Reihe
Pragmatismus & Tradition
Band 52
Herausgegeben
von Thies Stahl

Robert B. Dilts

Kommunikation in Gruppen & Teams

Lehren und Lernen effektiver Präsentationstechniken

Angewandtes NLP

Aus dem Amerikanischen von Theo Kierdorf,
in Zusammenarbeit mit Hildegard Höhr

Junfermann Verlag • Paderborn

© der deutschen Ausgabe: Junfermannsche Verlagsbuchhandlung, Paderborn 1997
2. Auflage 2000
Copyright © 1994 by Robert Dilts
Originaltitel: NLP – Effective Presentation Skills; erschienen bei Meta Publications
Übersetzung aus dem Amerikanischen: Theo Kierdorf, in Zusammenarbeit mit Hildegard Höhr
Covergestaltung: Petra Friedrich, unter Verwendung einer Illustration des Originalbuches

Satz: Space Type, Köln

Die Deutsche Bibliothek – CIP-Einheitsaufnahme

Dilts, Robert, B.:
Kommunikation in Gruppen & Teams: Lehren und Lernen effektiver Präsentationstechniken. Angewandtes NLP / Robert B. Dilts. Aus dem Amerikan. von Theo Kierdorf in Zus.arbeit mit Hildegard Höhr. – Paderborn: Junfermann 1997.
(Reihe Pragmatismus & [und] Tradition; Bd. 52)
Einheitssacht.: Effective Presentation Skills <dt.>
ISBN 3-87387-320-6

ISBN 3-87387-320-6

Inhalt

Ich widme dieses Buch John Grinder und Richard Bandler, den ersten, von denen ich die Kunst und das Vergnügen der Präsentation erlernte. Und ich widme es Todd Epstein, der mir geholfen hat, jene Kunst zu einer Wissenschaft zu machen.

Ich möchte an dieser Stelle meine Dankbarkeit gegenüber meinem Kollegen und Mitarbeiter Gino Bonissone zum Ausdruck bringen, der in erheblichem Maße zur Entwicklung der in diesem Buch beschriebenen Vermittlungsmethodologie beigetragen hat und maßgeblich an der Organisation des Projekts beteiligt war, aus welchem das Material für dieses Buch hervorgegangen ist.

Außerdem möchte ich Ivanna Gasperini für ihre wertvollen theoretischen und praktischen Beiträge und für ihre Unterstützung danken.

Mein Dank gilt auch Paulo DeNucci und vielen anderen Mitarbeitern der italienischen Staatseisenbahn, die die Mission, eine »Lernende Organisation« zu sein, sehr ernst genommen haben.

Schließlich möchte ich Michael Pollard danken, der mit mir so sorgfältig an diesem und an anderen Projekten gearbeitet und mir so geholfen hat, meine Visionen zu manifestieren.

Das Material zu diesem Buch entstammt einem Seminarsystem, das für die italienische Staatseisenbahn entwickelt wurde. Ziel der Seminare war, dieses Unternehmen zu einer »Lernenden Organisation« zu machen. Das Seminarsystem besteht aus einer Folge von vier Kursen, die insgesamt ein vollständiges Ausbildungsprogramm für Trainer darstellen:

1. Kommunikations- und Beziehungsfähigkeiten für Präsentatoren,
2. Kommunikations- und Beziehungsfähigkeiten für Instruktoren,
3. Kommunikations- und Beziehungsfähigkeiten für Trainer,
4. Beurteilungsfähigkeiten und Strategien für Trainer.

Das vorliegende Buch wurde aus dem Begleitmaterial zum ersten jener vier Kurse entwickelt, in welchem es um die Kommunikations- und Beziehungsfähigkeiten ging, über die ein guter Präsentator verfügen muß. Leser, die mein Buch *Skills for the Future* kennen, werden gewisse Überschneidungen zwischen Konzepten und Prozessen, die in jenem Buch beschrieben werden, und dem, was in diesem Buch zur Sprache kommt, bemerken. Diese Ähnlichkeiten sind in meinen Augen jedoch keine überflüssige Redundanz, sondern sie werden das Verständnis des Lesers bereichern und ihm helfen, die beschriebenen Modelle und Fähigkeiten anzuwenden.

Das vor Ihnen liegende Buch besteht aus zwölf Kapiteln, in denen wichtige Aspekte der Kommunikation innerhalb des Präsentationskontexts behandelt werden. Das Buch ist darüber hinaus in drei Teile gegliedert, die jeweils einen anderen grundlegenden Aspekt der Entwicklung, Beurteilung und Durchführung einer effektiven Präsentation beleuchten.

Das Buch ist so aufgebaut, daß die Annahmen, Prinzipien und Methoden des Lernens und der Präsentation, auf denen es basiert, so weitgehend wie möglich unterstützt werden. Jedes Kapitel beginnt mit einem kurzen Überblick über seinen Inhalt einschließlich seiner allgemeinen Zielsetzungen sowie der Überschriften der Unterkapitel. Jedes einzelne Unterkapitel enthält 1) das grundlegende konzeptuelle Material und/oder die beschriebene Lernaktivität sowie 2) eine Zusammenfassung des behandelten Stoffs in Form eines *Storyboards*[*] und eine Zusammenfassung der *Kerngedanken*. Das *Storyboard* enthält die wichtigsten Ideen oder Konzepte des betreffenden Unterkapitels, auf die Weise arrangiert, wie man es auf einer Folie für einen Overhead-Projektor machen würde. Die *Kerngedanken* versuchen, die in den einzelnen Abschnitten behandelten wichtigsten Ideen und Konzepte zusammenzufassen. Hier werden die Mikro-Lernziele der einzelnen Abschnitte in möglichst einfacher und direkter Form komprimiert.

Diese Strukturierung ermöglicht es den Lesern, die Essenz in Kurzform aufzunehmen, wenn ein bestimmter Abschnitt für sie weniger wichtig ist oder wenn sie mit den behandelten Konzepten bereits vertraut sind und sie sich deshalb schnell einem anderen, für sie wichtigen Teil zuwenden wollen. Durch bloßes Überfliegen der *Storyboards* und der *Kerngedanken* können sie sich einen schnellen und gleichzeitig umfassenden Überblick über die einzelnen Unterkapitel verschaffen.

---

[*] Ein *Storyboard* ist eine Folge von Standbildern, die den Verlauf eines Films andeutet; Anm. d. Übers.

Dieses Buch beschäftigt sich primär mit den Kommunikations- und Beziehungs-fähigkeiten von Präsentatoren, die Lehrveranstaltungen durchführen. Es versucht, 1) eine kognitive Struktur und Grundlage für die Entwicklung von Kommunika-tionsstrategien für effektive Präsentationen zu liefern und 2) bestimmte Fähig-keiten und Strategien für den Umgang mit den Interaktions- und Beziehungs-aspekten des Präsentationskontexts zu vermitteln. Beim letztgenannten Punkt geht es um die folgenden Fähigkeiten:

➤ klare Ziele und Zielvorstellungen zu definieren,

➤ mit unterschiedlichen Lernstilen umzugehen,

➤ mit unterschiedlichen Arten von Motivation und Widerstand zu ar-beiten.

Das Buch beschäftigt sich in erster Linie damit, wie Präsentatoren, die hauptsäch-lich in Lernkontexten arbeiten, die beschriebenen Fähigkeiten und Strategien nutzbringend anwenden können. Im Einzelnen beschäftigt sich das Buch

➤ mit der Entwicklung von Präsentationen,

➤ mit der Auswahl oder Neuentwicklung geeigneten Materials für die Präsentation,

➤ mit der Durchführung effektiver Präsentationen,

➤ mit dem Umgang mit Fragen aus dem Publikum,

➤ mit der Leitung von Diskussionen in einer Gruppe.

Die effektive Durchführung der genannten Aktivitäten erfordert die Fähigkeit, die

Beziehung zwischen a) Kommunikation, b) Denkstilen, c) Lernprozessen und d) der Gruppendynamik zu verstehen und dementsprechend zu handeln.

Die allgemeine Struktur des Buches

Das Buch beginnt in Teil I mit der Erläuterung einiger Grundprinzipien des generellen Bezugsrahmens und primärer Modelle zur Entwicklung einer Kommunikationsstrategie. Teil II beschäftigt sich mit der Anwendung jener Prinzipien und Modelle auf die Themenauswahl, die Gestaltung der Lektionen und die Entwurfs- und Planungsphase einer Präsentation. Teil III beschäftigt sich mit den Themen Motivation, Beziehung, Widerstand sowie mit den persönlicheren Aspekten der Präsentationstätigkeit.

Zielsetzungen des Buches

Die grundlegenden Zielsetzungen dieses Buches sind: 1) allgemeine Prinzipien und Voraussetzungen für die Entwicklung und Durchführung effektiver Präsentationen herauszuarbeiten und gleichzeitig 2) Unterscheidungskriterien, ein Vokabular und Modelle für Vorgehensweisen bereitzustellen, die Bewußtheit und Flexibilität beim Umgang mit den verschiedensten a) Lernaufgaben, b) Lernstilen und c) Lernzusammenhängen fördern.

Um diese Ziele zu erreichen, ist es notwendig,

1. einen Rahmen für den Prozeß des Lernens zu schaffen, der sowohl die Perspektive des Lernenden als auch die des Lehrenden berücksichtigt;
2. Prinzipien und Strategien zu erforschen, die mit dem Lernprozeß und mit der Lernmethodologie in Zusammenhang stehen;
3. Strategien zum Umgang mit jener Mischung aus Sachaufgaben *(tasks)* und Beziehungsproblemen zu entwickeln, mit der man in Lehrzusammenhängen konfrontiert wird. Die Kommunikationsstrategie steht mit der zu bewältigenden Sachaufgabe in Zusammenhang, doch muß auch die Beziehung zwischen den am Lernprozeß beteiligten Individuen bei der Arbeit berücksichtigt werden;
4. den Umgang mit einer Vielfalt von Lernstilen zu erforschen, womit nicht nur Denkstile, sondern auch unterschiedliche Arten der Motivation und unterschiedliche Einstellungen dem Lernen gegenüber gemeint sind.

Einige dieser Aktivitäten sind stärker kognitiv orientiert, da die Entwicklung einer Kommunikationsstrategie konzeptuelle und analytische Arbeit erfordert. Andere Aktivitäten erfordern ein hohes Maß an Interaktion, Verhaltenseinübung durch Simulation von Lernzusammenhängen sowie die praktische Erprobung unterschiedlicher Fähigkeiten und Modelle, weil nur so eine lebendige Integration derselben erreicht werden kann. Bei der Präsentation und beim Lernen wird das Nervensystem durch Handlungen und durch sprachliche Äußerungen aktiviert. Insofern ist es nützlich, wenn die Leser dieses Buches das behandelte Material im Rahmen einer Gruppe studieren und praktisch erproben können.

TEIL I

Grundprinzipien
effektiver Präsentation

Der Problemraum effektiven Präsentierens

Grundlegendes zur Entwicklung von Präsentationen

Erforschung unterschiedlicher Präsentationskanäle

Strategien zur Entwicklung von Referenzerfahrungen

Grundprinzipien effektiver Präsentation

Die Zielsetzung des ersten Teils ist:

1. die Grundlage für das Verständnis von Lern- und Lehrprozessen und die Bedeutung der Kommunikations- und Beziehungsfähigkeiten zu erklären;
2. die Schlüsselelemente des Lernens a) bei Einzelnen, b) in der Beziehung zwischen Einzelnen und c) in Gruppen zu untersuchen und zu definieren;
3. die Entwicklung a) eines Vokabulars, b) von Konzepten und c) von Modellen zur Unterstützung unterschiedlicher Lernprozesse und Lernstile und zum Umgang mit denselben;
4. die Definition und Anwendung einiger spezifischer Prinzipien und Methoden zur Erhöhung der Effektivität von Präsentationen.

Teil I besteht aus vier Kapiteln:

Kapitel 1: Der Problemraum effektiven Präsentierens

Hier werden einige Schlüsselelemente effektiver Präsentationen definiert, und der Leser wird darin unterstützt, 1) seine eigene bewußte und unbewußte Kompetenz hinsichtlich der Durchführung von Präsentationen kennenzulernen und 2) diese Prozesse bei anderen Menschen zu elizitieren und zu beobachten.

Kapitel 2: Grundlegendes zur Entwicklung von Präsentationen

Hier werden einige Modelle und Unterscheidungskriterien beschrieben, die den Lesern helfen werden, verschiedene Strukturebenen ihrer eigenen Präsentationsfähigkeiten und ihres Präsentationsstils zu erkennen und Prinzipien zu definieren, die mit der Entwicklung effektiver Präsentationen in Zusammenhang stehen.

Kapitel 3: Erforschung unterschiedlicher Repräsentationskanäle

Hier wird eine Reihe von Strategien und Methoden zur Repräsentation von Konzepten, Ideen und Informationen vorgestellt und untersucht, wie die Nutzung unterschiedlicher Repräsentationskanäle im Laufe einer Präsentation sich auswirkt.

Kapitel 4: Strategien zur Entwicklung von Referenzerfahrungen

In diesem Kapitel wird erforscht, wie man durch Verbinden oder »Ankern« kognitiver Landkarten mit bzw. an relevante Referenzerfahrungen Wissen und Fähigkeiten aus dem Präsentationszusammenhang in die Realität des Lernenden transferieren kann.

Annahmen

Das in Teil I behandelte Material basiert auf einer Reihe von *Annahmen* über Lernen und Präsentation:

Lernen ist ein natürlicher, fortlaufender Prozeß, der eine Struktur hat. Diese Struktur wird definiert durch die Interaktion kognitiver Landkarten und der Referenzerfahrungen, die jenen Landkarten praktischen Sinn verleihen.

Lernen und Lehren sind ihrem Wesen nach ein Prozeß der Anreicherungen der kognitiven Landkarten von einem bestimmten Konzept, von einer Idee oder von einer Aufgabe und der Verbindung jener Landkarten mit Referenzerfahrungen, um die Verhaltenskompetenz und Flexibilität zu erweitern, die man bezüglich des Erreichens von Zielen und hinsichtlich der Reaktion auf situationsbedingte Einschränkungen hat.

Bewußte Kompetenz ist primär eine Funktion der eigenen kognitiven Landkarte von einer bestimmten Idee, von einem Konzept oder von einer Aufgabe. Unbewußte Kompetenz ist eine Funktion der Art und Zahl der Referenzerfahrungen, die man hinsichtlich einer bestimmten Idee, eines Konzepts oder einer Aufgabe hat.

Es gibt sowohl natürliche als auch rationale Lernprozesse. Durch natürliche Lernprozesse entsteht unbewußte Kompetenz. Durch rationale Lernprozesse entsteht bewußte Kompetenz.

Das Verständnis der Struktur kognitiver Landkarten und Referenzerfahrungen und der Beziehung zwischen ihnen ermöglicht es, Techniken und Methoden zu modellieren und zu entwickeln, die pragmatisch sowohl die bewußte als auch die unbewußte Kompetenz zu optimieren vermögen.

Ein Ziel effektiver Präsentation besteht darin, Lernenden zu helfen, ihre Wahrnehmungen und kognitiven Landkarten des »Wahrnehmungsraums« *(perceptual space)* einer bestimmten Idee, eines Konzepts oder einer Aufgabe zu erweitern, was den Repräsentationsmodus einer Idee oder Aufgabe und die ihr zugrunde liegenden Annahmen betrifft. Ein weiteres Ziel ist, Verbindungen kognitiver Landkarten zu verschiedenen Arten von Referenzerfahrungen zu schaffen und dieselben anzureichern.

EINS

Der Problemraum effektiven Präsentierens

In diesem Kapitel werden allgemeine Bezugsrahmen zur Definition und Erforschung effektiver Präsentationsfähigkeiten beschrieben, und zwar im Hinblick auf:

1. die Erstellung kognitiver Landkarten,
2. die Schaffung relevanter Referenzerfahrungen,
3. die Entwicklung eines Bewußtseins der eigenen bewußten und unbewußten Kompetenz im Hinblick auf die Entwicklung und Durchführung von Präsentationen,
4. die Elizitation und Beobachtung dieser Prozesse bei anderen Menschen.

➤ Präsentationsfähigkeiten und Lernen im Rahmen einer Organisation
➤ Der Problemraum des Präsentierens in einem Lernkontext
➤ Verbesserung der Präsentationsfähigkeiten

Präsentationsfähigkeiten und Lernen
im Rahmen einer Organisation

Irgendwann in unserem Leben werden wir wahrscheinlich alle zu irgendeiner Art von Präsentation aufgefordert. Das kann in der Schule sein, in einer gesellschaftlichen Funktion oder im Rahmen einer beruflichen Tätigkeit. Die Anforderungen des Informationszeitalters machen es für uns alle in zunehmendem Maße notwendig, Präsentationen als Bestandteil unserer normalen Aktivitäten anzusehen.

Die Durchführung einer effektiven Präsentation erfordert, daß wir mit anderen Menschen kommunizieren und zu ihnen in Beziehung treten können. Dies sind sehr grundlegende Fähigkeiten, die wir jedoch gewöhnlich nicht im Rahmen unserer traditionellen Schulerziehung und auch nicht in unserer Berufsausbildung erlernen. Das vorliegende Buch möchte einige der wichtigsten Kommunikations- und Beziehungsfähigkeiten vermitteln, die jeder braucht, um eine Präsentation effektiv gestalten zu können.

Man kann vier verschiedene Gründe für die Durchführung einer Präsentation unterscheiden:

1. andere über etwas zu informieren,
2. andere zu unterhalten,
3. andere etwas zu lehren,
4. andere zu etwas zu motivieren.

Das Ziel des *Informierens* beinhaltet, den Angesprochenen wichtige Informationen oder Grundlagenwissen zu vermitteln, und zwar gewöhnlich in Form irgendeiner Art von kognitiver »Landkarte«. Das Ziel, andere zu *unterhalten* beinhaltet, anderen Menschen eine positive Erfahrung zu ermöglichen oder sie in einen positiven »Zustand« zu versetzen. Das Ziel, andere zu *lehren* beinhaltet, Wissen oder Information mit relevanten Referenzerfahrungen und Verhaltensweisen zu verbinden, die die Angesprochenen benötigen, um das präsentierte Wissen oder die Information in der Praxis anzuwenden. Das Ziel, andere zu *motivieren*, beinhaltet, einen Kontext oder Anreiz zu liefern, der dem vermittelten Wissen, den Erfahrungen oder Verhaltensweisen einen Sinn gibt, so daß die Angesprochenen Interesse daran entwickeln, das Vermittelte in die Praxis umzusetzen. Natürlich besteht bei vielen Präsentationen die Zielsetzung aus einer Kombination mehrerer oder aller genannten Zwecke.

Die in diesem Buch vermittelten Fähigkeiten sind zwar prinzipiell für alle Arten von Präsentationen von Bedeutung, doch richtet sich die Darstellung in erster Linie an Menschen, die aus beruflichen Gründen Präsentationen durchführen müssen. Insbesondere beschäftigt es sich mit Präsentationen zu Lehr- und Ausbildungszwecken, das heißt mit solchen, bei denen es um Lernen in Organisationen geht. Dies schließt natürlich die Tätigkeit professioneller Ausbilder und Lehrer ein, aber auch die von Managern, Beratern und anderen Personen, die Wissen und Information weitervermitteln müssen.

Die Mission dieses Buches besteht unter anderem darin, die Entwicklung jener Organisationen zu unterstützen, die sich zu »Lernenden Organisationen« entwickeln wollen.

Die Entstehung der Lernenden Organisation

Als Reaktion auf die immer schneller aufeinanderfolgenden technologischen und gesellschaftlichen Veränderungen gewinnt heute das Konzept des Lernens in Organisationen in erneuerter Form an Bedeutung. Die immer rascher aufeinanderfolgenden Innovationen im Management, in der technologischen Entwicklung und in der wirtschaftlichen Entwicklung im allgemeinen mußten zwangsläufig zu der Erkenntnis führen, daß sowohl der einzelne Mitarbeiter als auch eine Organisation als Ganzes ständig dazulernen muß, um überleben und erfolgreich sein zu können. Unternehmen und andere Organisationen erkennen allmählich, daß effektives Lernen ein kontinuierlicher, zielorientierter und strukturierter Prozeß sein muß und daß die permanenten Lernerfordernisse eines komplexen Systems nur durch planvolles Vorgehen und konstante Bemühung zu erfüllen sind. Aus dieser Erkenntnis heraus hat sich in den letzten Jahren das Konzept der »Lernenden Organisation« entwickelt.

Eine effektive Lernende Organisation unterstützt den Lernprozeß in allen seinen Dimensionen – sie fördert also den Prozeß, zu *lernen, wie man lernt*. Dies setzt die grundlegende Bereitschaft voraus, den Lernprozeß in seiner Bedeutung zu würdigen und ihn zu verstehen. Eine effektive Lernende Organisation muß nicht nur die Lernenden und die Lehrer unterstützen, sondern alle, die innerhalb der Organisation in Lernkontexte involviert sind.

Nach Peter Senge (1996) gibt es fünf »Disziplinen«, die jeder in einer Organisation praktizieren muß, damit diese wirklich zu einer »Lernenden Organisation« wird:

1. Bewußtheit in bezug auf geistige Landkarten und Überprüfung von Annahmen,
2. Meisterschaft über sich selbst erlangen,
3. eine Vision entwickeln,
4. im Team lernen,
5. systemisch denken.

Die in diesem Buch behandelten Präsentationsfähigkeiten ermöglichen es, alle fünf soeben genannten Zielsetzungen oder »Disziplinen« zu erfüllen.

Zusammenfassung
Präsentationsfähigkeiten und Lernen
im Rahmen einer Organisation

Allgemeine Gründe für die Durchführung einer Präsentation

➤ **Informieren**
  wichtige Information oder Wissen vermitteln
➤ **Unterhalten**
  Menschen eine positive Erfahrung ermöglichen oder sie in einen
  positiven »Zustand« versetzen
➤ **Lehren**
  Wissen und Information mit relevanten Referenzerfahrungen und
  Verhaltensweisen verbinden
➤ **Motivieren**
  einen Kontext oder Anreiz liefern, der dem vermittelten Wissen, den
  Erfahrungen oder Verhaltensweisen einen Sinn gibt

Das Buch beschäftigt sich in erster Linie mit Präsentationen, die zu Lehr- und Trainingszwecken durchgeführt werden, das heißt mit solchen, die bei Lernprozessen innerhalb von Organisationen eine Rolle spielen.

Kerngedanken

Generell gibt es vier unterschiedliche Gründe für die Durchführung von Präsentationen: 1) andere zu informieren, 2) andere zu unterhalten, 3) andere etwas zu lehren, und 4) andere zu motivieren. Gewöhnlich liegt eine Mischung mehrerer oder aller genannter Faktoren vor.

Zusammenfassung
Präsentationsfähigkeiten und Lernen
im Rahmen einer Organisation *(Fortsetzung)*

Senges fünf Disziplinen einer Lernenden Organisation

1. Bewußtheit in bezug auf geistige Landkarten
   und Überprüfung von Annahmen
2. Meisterschaft über sich selbst erlangen
3. eine Vision entwickeln
4. im Team lernen
5. systemisch denken

Kerngedanken

Eine effektive Lernende Organisation unterstützt den Lernprozeß in allen seinen Dimensionen – sie fördert den Prozeß, zu *lernen, wie man lernt*. Einige entscheidende Charakteristika Lernender Organisationen sind wie folgt definiert worden:

1. Sie helfen Menschen, grundlegende Denk- und Problemlösungsfähigkeiten zu entwickeln und anzuwenden.
2. Sie unterstützen Menschen dabei, sich über ihre geistigen Landkarten, ihre Annahmen und ihre kognitiven Strategien klarzuwerden, so daß sie Meisterschaft über sich selbst erlangen können.
3. Sie fördern das Lernen im Team und die Koordination von Teams.

Der Problemraum des Präsentierens in einem Lernkontext

Eine effektive Präsentation in einem Lernkontext erfordert die Interaktion eines Präsentators, des Publikums bzw. der Lernenden, des Materials, das erlernt werden soll, der Werkzeuge, die zur Vermittlung des Materials eingesetzt werden, und der zu bewältigenden Aufgabe.

Somit umfaßt der grundlegende »Problemraum« des Präsentierens die Beziehung zwischen:

1. dem Präsentator,
2. dem Publikum oder den Lernenden,
3. dem Material, das präsentiert und vermittelt (bzw. erlernt) werden soll,
4. den Werkzeugen der Vermittlung *(tools)* und den Kommunikationskanälen, die zur Verfügung stehen, um die Präsentation des Materials zu unterstützen,
5. den Kontext, in dem die Präsentation stattfindet.

Kommunikations- und Beziehungsfähigkeiten

Kommunikations- und Beziehungsfähigkeiten sind bei der Gestaltung der Interaktion zwischen dem Präsentator und dem Publikum von Bedeutung, da sie das Erreichen der bei der Präsentation angestrebten Ziele – sowohl der Ziele des Präsentators als auch der Ziele der Lernenden – möglich machen. Beziehungsfähigkeiten haben meist etwas mit dem Managen der eigenen Rolle, Kommunikationsfähigkeiten mit dem Managen von Aufgaben zu tun. Es ist wichtig, über eine gute Mischung von Sachkompetenzen *(task skills)* und Beziehungsfähigkeiten *(relational skills)* zu verfügen.

Kommunikation beinhaltet die Übermittlung von Botschaften zwischen Menschen, die abwechselnd als »Sender« und als »Empfänger« fungieren. In einem Präsentationskontext befindet sich der Präsentator vorwiegend in der Rolle des »Senders«, während das Publikum die Rolle der »Empfänger« übernimmt. Ein effektiver Präsentator muß jedoch nicht nur seine Beziehung zum Publikum bewußt gestalten, sondern er muß außerdem auch das Material, das er präsentieren will, und die Werkzeuge, die er zur Übermittlung des Materials benutzen will, auswählen und in manchen Fällen sogar selbst entwickeln. Der Umgang mit dem Problemraum der Präsentation umfaßt demnach die Fähigkeiten, sich zunächst darüber klar zu werden, mit was für einem Publikum man es zu tun hat, dann zu entscheiden, welche Informationen übermittelt werden sollten, und mit Hilfe welcher Kommunikationskanäle sich diese Information am besten übermitteln läßt. Dazu muß der Präsentator in der Lage sein, a) die Ziele und Motivationen des Publikums, b) die Lernstile seiner Zuhörer und c) ihre reale Arbeitssituation richtig einzuschätzen und in der Präsentation zu berücksichtigen.

Der emotionale und physische Zustand der Angesprochenen und ihre Rollenbeziehungen (ihr Status) haben entscheidenden Einfluß darauf, wie Botschaften übermittelt und interpretiert werden. Eine weitere wichtige Fähigkeit eines Präsentators ist, herausfinden zu können, in welchem Zustand er selbst am besten auf sein Publikum in dessen jeweiligem Zustand eingehen kann (ob er beispielsweise mit Enthusiasmus, durch die Ausstrahlung von Ruhe oder durch Humor usw. das beste Ergebnis erzielen kann), wie auch die Fähigkeit, diesen Zustand zu erreichen und aufrechtzuerhalten. Wenn ein Publikum beispielsweise eher zurückhaltend ist und der Präsentator zu enthusiastisch, kann dies dem Rapport schaden, und dies wiederum kann zu Reibungen zwischen dem Präsentator und dem Publikum führen.

Umgang mit Verschiedenheit (diversity)

Ein entscheidendes Thema bei der Gestaltung und Durchführung einer effektiven Präsentation ist der Umgang mit Verschiedenheit. Ein effektiver Präsentator muß nicht nur eine Verschiedenheit von Inhalten und Themen präsentieren, sondern er muß auch in der Lage sein, mit Menschen aus vielen verschiedenen Kulturen und den unterschiedlichsten beruflichen Situationen umzugehen. Dazu muß er sich auf die Prozeßaspekte des Lehrens und Lernens fokussieren.

In vielen Präsentationszusammenhängen spielen Aspekte der Kultur der Lernenden und ihrer persönlichen und beruflichen Situation eine Rolle, mit denen der Präsentator nicht vertraut ist. Auf der Prozeßebene muß der Präsentator in solchen Fällen die Lernenden ermutigen und ihnen helfen, Feinabstimmungen und Veränderungen am Gelernten vorzunehmen, damit die erlernten Inhalte und Fähigkeiten ihrer beruflichen Realität entsprechen. Eine effektive Kommunikationsstrategie erfordert also Kreativität, Kenntnisse über Glaubenssysteme und Gruppendynamik sowie neue Präsentationstechnologien und Werkzeuge zur

Unterstützung permanenter Weiterentwicklung in Eigenarbeit *(continuous self-learning)*.

Kommunikations- und Beziehungsfähigkeiten setzen sich aus anderen kognitiven und verhaltensbezogenen Teilfähigkeiten zusammen. Effektive Kommunikation und effektiver Umgang mit Beziehungen erfordern:

1. Verständnis der subjektiven Erfahrungen der Kommunikationspartner,
2. Prinzipien und Unterscheidungskriterien, die helfen, Muster in den Verhaltens- und Denkstilen von Menschen zu erkennen,
3. operative Fähigkeiten *(operational skills)* und Techniken, mit denen man Verhalten und Denkmuster von Menschen beeinflussen kann.

Verschiedene Arten des Lernens und von Lernstilen

Es besteht offensichtlich eine Beziehung zwischen Lehren und Lernen. Und die Effektivität von Lehrern steigt in dem Maße, wie sie den Lernprozeß der Lernenden zu unterstützen vermögen. Da Menschen auf unterschiedliche Weisen lernen, benötigt ein Präsentator Unterscheidungskriterien und ein Vokabular, mit deren Hilfe er verschiedene Arten des Lernens und unterschiedliche Präsentationsstile identifizieren kann. Eine effektive Kommunikationsstrategie unterstützt unterschiedliche Lernstile und erreicht deshalb eine größere Zahl von Lernenden.

Andererseits sind allem Lernen einige sehr grundlegende Prinzipien gemeinsam. Obgleich es verschiedene Arten des Lernens und unterschiedliche Lernstile gibt, sind gewisse Merkmale allem Lernen und allem Steuern von Lernprozessen gleich, unabhängig vom Kontext und von der Kultur des betreffenden Lernenden und der zu bewältigenden Aufgabe. Ein effektiver Präsentator muß das, was allem Lernen gemeinsam ist, erkennen und davon ausgehen, und außerdem muß er über die Modelle, die Unterscheidungskriterien und die Flexibilität verfügen, sich auf unterschiedliche Lernstile und Lernzusammenhänge einzustellen.

Wozu Kommunikations- und Beziehungsfähigkeiten dienen

Kommunikations- und Beziehungsfähigkeiten unterstützen das Lernen von Gruppen und Teams, indem sie die Kommunikation und das Verstehen zwischen Menschen fördern, was wiederum eine effektivere Bewältigung von Aufgaben ermöglicht. Diese Fähigkeiten kommen in der Art zum Ausdruck, wie ein Präsentator verbale Botschaften (sowohl gesprochene als auch geschriebene) als auch nonverbale Botschaften (angefangen bei visuellen Hilfen bis hin zu Variationen des stimmlichen Ausdrucks und zu Gesten) einsetzt, um

1. das Verständnis zu unterstützen,
2. unterschiedlichen Lernstilen gerecht zu werden,
3. effektive Lernprozesse zu stimulieren,
4. die Lernenden zur Teilnahme und zu guten Leistungen zu motivieren.

Zusammenfassung
Der Problemraum des Präsentierens im Lernkontext

➤ **Arten von Zuhörern**
➤ **»Zustand« und »Status« des Präsentators**
➤ **Die Information, die übermittelt werden soll**
➤ **Repräsentationskanäle**

Kerngedanken

Der grundlegende Problemraum des Präsentierens steht in Zusammenhang mit der Gestaltung der Interaktion zwischen dem Präsentator und dem Publikum, durch welche die gewünschten Ziele der Präsentation erreicht werden sollen.

Ein effektiver Präsentator muß jedoch nicht nur seine Beziehung zum Publikum bewußt gestalten, sondern außerdem muß er auch das Material, das er präsentieren will, und die Werkzeuge, die er zur Übermittlung des Materials benutzen will, auswählen und in manchen Fällen sogar entwickeln. Dabei muß er berücksichtigen: a) die Motivation des Publikums, b) die Lernstile der Zuhörer und c) ihre reale Arbeitssituation.

Zusammenfassung
Der Problemraum des Präsentierens im Lernkontext
(Fortsetzung)

Kommunikations- und Beziehungsfähigkeiten für Präsentationen haben etwas damit zu tun, *wie* wir verbale und nonverbale Botschaften benutzen, um:

➤ Lernprozesse zu stimulieren,
➤ verschiedene Arten von Lernstilen anzusprechen,
➤ das Verständnis zu fördern,
➤ Engagement und effektive Leistung zu fördern.

Kerngedanken

Effektive Kommunikations- und Beziehungsfähigkeiten erfordern: 1) ein Verständnis der subjektiven Erfahrungen der Kommunikationspartner, 2) eine Reihe von Prinzipien und Unterscheidungskriterien, die helfen, Muster im Verhaltens- und Denkstil anderer Menschen zu erkennen, und 3) operative Fähigkeiten und Techniken, die das Verhalten und die Denkmuster von Menschen beeinflussen.

Verbesserung der Präsentationsfähigkeiten

Kenntnisse über die Struktur des Lernens und Präsentierens eröffnen die Möglichkeit, die eigenen Präsentationsfähigkeiten zu verbessern und größere Effektivität zu entwickeln. Bei der Erweiterung der Präsentationsfähigkeiten sind drei Prozesse von Bedeutung.

Der erste dieser Prozesse ist das *Hinzufügen (adding)*. Eine Möglichkeit, etwas zu erweitern, besteht darin, etwas hinzuzufügen. Dabei stellt sich die Frage, um welche anderen Prozesse oder Strategien der Prozeß, mit dem man zur Zeit arbeitet, erweitert werden kann. Um dies herauszufinden, könnte man fragen: »Was könnte ich dem, was bereits existiert und seine Aufgabe erfüllt, sinnvollerweise hinzufügen?« Was könnten Sie Ihren Präsentationsfähigkeiten hinzufügen, so daß diese noch effektiver würden?

Der zweite Prozeß ist der des *Transferierens*. Beim Transferieren geht es darum, welche Muster einer Präsentation, die in einem bestimmten Kontext wirksam ist, sich auf einen anderen Kontext übertragen lassen. Manchmal ist ein Aspekt einer Präsentation, der in einem bestimmten Kontext effektiv war, auf Prozeßebene auch in einem anderen Kontext von Wert. So könnte man Elemente einer effektiven Kommunikationsstrategie aus einem bestimmten Kontext auf einen anderen übertragen. Welche Muster Ihrer Präsentation können Sie am leichtesten auf andere Kontexte übertragen, in denen Sie Ihre Präsentationsfähigkeit verbessern möchten?

Der dritte Prozeß zur Verbesserung der Präsentationsfähigkeiten ist das *Koordinieren*. Damit ist die Kunst gemeint, unterschiedliche Kommunikationsstrategien, kognitive Muster und Denkstile des Präsentators und seines Publikums miteinander in Einklang zu bringen. In diesem Fall könnte man die Frage formulieren: »Wie könnte ich meinen Präsentationsstil mit den Lernstilen der Zuhörer so koordinieren, daß sie sich ergänzen, statt einander zu behindern?« Beispielsweise könnte ein Präsentator den Kommunikationskanal mit den Denkstilen des Publikums koordinieren. Wie könnten Sie die Koordination Ihres Präsentationsstils mit unterschiedlichen Lernstilen verbessern?

In späteren Kapiteln werden wir diese unterschiedlichen Arten, Präsentationen zu verbessern, gründlicher erforschen.

Übung
Erforschen der Präsentationsfähigkeiten

Der Zweck dieser Übung ist, Grundelemente der persönlichen Erfahrung des Durchführens einer Präsentation zu erforschen. Es sollen einige Prinzipien effektiver Präsentationen herausgearbeitet werden, um Ihnen durch eine konkrete Referenzerfahrung die Aspekte Ihres persönlichen Präsentationsstils vor Augen zu führen.

Phase 1

In dieser Übung gibt es zwei Rollen: die des »Präsentators« und die des »Publikums«. Der »Präsentator« wählt ein einfaches Thema, das zur Thematik effektiver Kommunikation in Beziehung steht, und führt darüber eine Präsentation durch. Die Gruppenmitglieder beobachten die Präsentation und achten auf Sprach- und Verhaltensmuster im Stil des Präsentators.

Instruktionen für den »Präsentator«
Ihre Aufgabe besteht darin, ein einfaches Thema auszuwählen und eine kurze Präsentation darüber durchzuführen. Wählen Sie ein Thema, das mit effektiver Kommunikation in Zusammenhang steht, und präsentieren Sie es in fünf Minuten vor der Gruppe.

Versuchen Sie, während Ihrer Präsentation eine »Meta-Kognition« *(meta cognition)* (eine introspektive Bewußtheit) ihrer eigenen Prozesse und Strategien zu entwickeln – insbesondere hinsichtlich dessen, wie Sie die Sprache und die Repräsentationskanäle benutzen. Versuchen Sie die Wirkung der Sprache und der Repräsentationskanäle auf Ihr Publikum zu erfahren. Beachten Sie auch, auf welche Fähigkeiten Sie sich bei Ihrer Präsentation stützen. Wie präsentieren Sie ein Konzept? Woran erkennen Sie, daß Sie mit Ihrer Präsentation zum Abschluß gekommen sind? Wie manifestiert sich Ihre Zufriedenheit über das Ergebnis der Präsentation, aufgrund welcher Sie beschließen, zum Abschluß zu kommen?

Der Inhalt der Übung mag nicht von Bedeutung sein, doch können die Präsentationsfähigkeiten, die Sie zur Kommunikation benutzen, Ähnlichkeiten mit anderen Kontexten haben, die möglicherweise sehr relevant sind.

Instruktionen für »Beobachter«

Während der Präsentator die Präsentation durchführt, beobachten die Gruppenmitglieder und achten auf die Sprach- und Verhaltensmuster, die der Präsentator im Laufe seiner Präsentation zu erkennen gibt. Die Beobachter sollten sich darüber im klaren sein, daß ein Unterschied zwischen *Beobachtung* und *Interpretation* besteht. Beobachtungen sind Beschreibungen tatsächlicher Verhaltensweisen, keine Schlüsse oder Projektionen darüber, was jene Verhaltensweisen bedeuten könnten.

Beobachter sollten sich auf das fokussieren, was »relevant« ist (d.h., auf das, was sich wiederholt, die stärkste Veränderung bewirkt oder am übertriebensten wirkt) an der Sprache und am physischen Verhalten des »Präsentators«. Die Beobachter sollten auch auf wichtige nonverbale Merkmale wie Körperhaltung, Gesichtsausdruck, Stimmcharakter und Gestik achten.

Nachdem der »Präsentator« seine Präsentation beendet hat, tauschen die Beobachter ihre Beobachtungen über sein Verhalten aus. Anschließend wird der Prozeß mit einem anderen Präsentator wiederholt.

Phase 2

In der zweiten Phase dieser Übung werden Sie untersuchen, welche Strategien, Fähigkeiten, Prinzipien und mentalen Prozesse Sie bei der Durchführung Ihrer Präsentation eingesetzt haben.

Instruktionen für den Elizitationsprozeß

Die Gruppenmitglieder werden aufgefordert, Fragen über ihren Prozeß während der Präsentation zu stellen und ihre Antworten miteinander zu vergleichen.

Es stellen sich drei grundlegende Fragen.

Die erste Frage lautet: »Welche Ziele verfolgte Ihre Präsentation?« – »War das Ganze ein völlig spontaner Prozeß, oder haben Sie darüber nachgedacht?« – »Haben Sie einfach angefangen zu improvisieren, oder hatten Sie eine klare Vorstellung darüber, was Sie tun wollten?«

Die zweite Frage lautet: »Woran haben Sie erkannt, daß Sie zum Abschluß gekommen waren?« – »Was hat Sie so sehr zufriedengestellt, daß Ihnen klar wurde, daß das der Abschluß bzw. daß es 'genug' war?« Sie können auch untersuchen, ob Sie Ihre Präsentation für effektiv hielten. »Glauben Sie, daß die Präsentation, die Sie durchgeführt haben, sehr effektiv war?« – »Warum?« Einige sind wahrscheinlich mit ihrer eigenen Präsentation zufrieden, andere nicht. Wenn ja, warum? Oder warum nicht? Dies hat etwas mit der Evidenz für eine effektive Präsentation zu tun. »Worauf genau haben Sie während Ihrer Präsentation geachtet, und was haben Sie als Feedback für den Erfolg Ihrer Präsentation benutzt?«

Die dritte Frage lautet: »Welche Präsentationsfähigkeiten haben Sie während Ihrer Präsentation genutzt?« – »Welche Präsentationskanäle haben Sie benutzt, um mit der Gruppe zu kommunizieren?« – »Welche Arten von nonverbaler Kommunikation haben Sie benutzt?«

Dies sind die drei grundlegenden Fragen. 1) Was waren Ihre Ziele? 2) Woran haben Sie erkannt, daß Sie am Ende angekommen waren? Waren Sie damit zufrieden? 3) Welche Fähigkeiten haben Sie bei der Durchführung Ihrer Präsentation angewandt?

Denken Sie daran, daß dies eine allgemein gehaltene Exploration ist, eine Übung im Entdecken, die Ihnen helfen soll, einige Einzelheiten des Präsentationsprozesses zu entdecken und Referenzerfahrungen für Schlüsselkonzepte zu schaffen, die wir später benutzen werden. Gehen Sie an diese Art von Übung mit der Einstellung heran, daß sie etwas entdecken und erforschen wollen. Seien Sie neugierig darauf, daß Sie etwas über Ihren eigenen Prozeß sowie über den anderer an der Entwicklung von Präsentationsfähigkeiten Interessierter erfahren werden. Auf diese Weise werden Sie den größten Nutzen aus Ihren Bemühungen ziehen.

Denken Sie beispielsweise einmal darüber nach, wie Sie Ihre Sinne benutzt haben. Welche Repräsentationskanäle haben Sie verwendet? Sie können Konzepte sowohl visuell als auch verbal präsentieren. Vermutlich werden einige Präsentatoren mit einem stärker visuell orientierten Prozeß gearbeitet haben, andere mit einem stärker verbal oder logisch orientierten. Wieder andere haben vielleicht eine Methode mit einer starken physischen Komponente angewandt. Einige könnten auch emotionale Reaktionen in ihre Präsentation einbezogen haben – die Elizitation eines Gefühls über etwas. Natürlich lassen sich auch mehrere der genannten Möglichkeiten miteinander kombinieren.

Denken Sie weiterhin darüber nach, wie Sie Ihre Sinne benutzt haben, um Ihr Publikum zu beobachten, um zu entscheiden, wann Sie die Präsentation beenden und ob sie effektiv war. Haben Sie sich auf das konzentriert, was die Zuhörer gesagt haben, darauf, wie sie aussahen, oder auf das, was sie taten?

Alle Beteiligten sollten sich fünf Minuten Zeit und Ruhe nehmen, um diese grundlegenden Fragen zu beantworten. Dann ist der nächste an der Reihe. Die gesamte Gruppe sollte innerhalb von zwanzig Minuten fertig sein. Die Gruppenmitglieder sollten auch auf Verhaltens- oder Beobachtungsfähigkeiten achten, die ihnen gemeinsam sind.

Dieser Teil der Übung soll das Bewußtsein dafür schärfen, daß Kommunikationsstrategien eine Struktur haben. Dies erreichen Sie, indem Sie sich bemühen, die Struktur Ihrer eigenen Strategie während einer Präsentation zu erkennen. Außerdem sollen Sie versuchen herauszufinden, welche unterschiedlichen Stile und Kommunikationsstrategien Sie je nach Art der Ziele einer Präsentation anwenden.

Diskussion nach der Elizitation

Man sollte sich darüber im klaren sein, daß verschiedene Menschen selbst bei der Erledigung einfacher Aufgaben unterschiedliche Stile und Strategien benutzen. Einige dieser Unterschiede beziehen sich auf die Arten von Zielen, die ein Mensch sich setzt. Eine stärker physisch orientierte Strategie kann bei einigen Arten der Präsentation effektiver sein als eine stärker verbal oder visuell orientierte.

Den meisten von Ihnen wird wahrscheinlich der Unterschied zwischen Ihrer eigenen bewußten und Ihrer unbewußten Kompetenz aufgefallen sein. Wahrscheinlich haben Sie nicht alles, was Sie getan haben, während Sie es taten, bewußt registriert. Viele haben vermutlich gemerkt, daß man während der Durchführung einer Präsentation eine Reihe von Prozessen gleichzeitig im Auge behalten muß. Selbst bei einer sehr einfachen Präsentation kommen Kombinationen unterschiedlicher Fähigkeiten und Stile zur Anwendung.

Zusammenfassung
Verbesserung der Präsentationsfähigkeiten

Drei Schlüsselwörter, die bei der Verbesserung der eigenen Präsentationsfähigkeiten wichtig sind

1. **Hinzufügen**
   Was kann man dem, was bereits exitiert, hinzufügen, um es zu verbessern?
2. **Transferieren**
   Gibt es in einem bestimmten Kontext Präsentationsfähigkeiten, die sich auf einen anderen Kontext übertragen lassen?
3. **Koordinieren**
   Wie kann man den eigenen Präsentationsstil mit dem Lernstil der Angesprochenen so koordinieren, daß sie einander ergänzen (statt einander zu bekämpfen)?

Kerngedanken

Es gibt drei grundlegende Möglichkeiten, Präsentationsfähigkeiten zu verbessern.

Hinzufügen

Welche anderen Prozesse oder Strategien lassen sich dem zur Zeit benutzten Prozeß hinzufügen?

Transferieren

Welche Präsentationsmuster, die sich in einem Kontext als effektiv erwiesen haben, lassen sich in einen anderen Kontext transferieren?

Koordinieren

Wie lassen sich unterschiedliche Arten von Kommunikationsstrategien, kognitiven Mustern und Denkstilen miteinander koordinieren, und zwar sowohl wenn sie bei ein und derselben Person auftreten, als auch, wenn sie von einem selbst und anderen benutzt werden?

Zusammenfassung
Verbesserung der Präsentationsfähigkeiten *(Forts.)*

Übung zur Erforschung effektiver Präsentationsfähigkeiten

Phase 1
Jedes Gruppenmitglied
a) wählt ein einfaches Thema für eine Präsentation;
b) präsentiert dieses in fünf Minuten vor einer Gruppe.

Phase 2
Vergleichen Sie Ihre Antworten auf die Fragen:

➤ Welche Ziele haben Sie mit Ihrer Präsentation verfolgt?
➤ Woran haben Sie gemerkt, daß sie »fertig« waren? Was hat Ihnen angezeigt, daß es »genug« war? Auf welche Art von Feedback haben Sie am stärksten geachtet?
➤ Welche Präsentationsfähigkeiten haben Sie bei der Durchführung Ihrer Präsentation benutzt?

Kerngedanken

Die Schritte dieser Übung beinhalten:

➤ Führen Sie eine einfache Präsentation durch, und verfolgen Sie die Beobach-
   tungs- und Verhaltensfähigkeiten, die Sie dabei benutzt haben.
➤ Werden Sie sich dessen bewußt, daß Kommunikationsstrategien eine Struktur
   haben, indem Sie die Struktur Ihrer eigenen Präsentation erleben.
➤ Beobachten Sie andere bei der Durchführung einer Präsentation.
➤ Achten Sie darauf, daß es Muster von Mikro-Verhaltenshinweisen gibt, die
   einem Präsentator als Feedback dienen können.

Werden Sie sich Ihrer eigenen bewußten und unbewußten Kompetenz hinsichtlich
der Durchführung von Präsentationen bewußt.

Grundlegendes zur Entwicklung von Präsentationen

Hier werden einige Modelle und Unterscheidungskriterien beschrieben, die den Lesern helfen werden, verschiedene Strukturebenen ihrer eigenen Präsentationsfähigkeiten und ihres Präsentationsstils zu erkennen und Prinzipien zu definieren, die mit der Entwicklung effektiver Präsentationen in Zusammenhang stehen.

➤ Die Makro-Struktur der Erfahrung und des Lernens:
　das T.O.T.E.-Modell
➤ Der Einfluß verschiedener Erfahrungsebenen auf das Lernen
➤ Definition der Grundstruktur einer Präsentation
➤ Entwurf einer effektiven Präsentation

Die Makro-Struktur der Erfahrung und des Lernens: das T.O.T.E.-Modell

»Das Verfolgen in der Zukunft liegender Ziele und das Wählen von Mitteln, mit deren Hilfe sich jene Ziele erreichen lassen, sind Kennzeichen und Kriterium für das Vorhandensein von Geist in einem Phänomen.«

William James, Principles of Psychology

Effektives Verhalten ist gewöhnlich in Form einer Feedback-Schleife organisiert, die man auch als T.O.T.E. (Miller et al. 1960) bezeichnet. Die Buchstaben »T.O.T.E.« stehen für *Test-Operate-Test-Exit*. Das T.O.T.E.-Konzept geht davon aus, daß alle mentalen Programme und alle Verhaltensprogramme darum kreisen, daß ein *festes Ziel* besteht und daß es *variable Mittel* gibt, *um jenes Ziel zu erreichen*. Dieses Modell bringt zum Ausdruck, daß wir, wenn wir denken, in unserem Geist (bewußt oder unbewußt) Ziele festlegen und daß wir einen TEST dafür entwikkeln, wann ein Ziel erreicht ist. Wenn das Ziel auf dem eingeschlagenen Weg nicht erreicht wird, verändern wir unsere Vorgehensweise (OPERATE), um dem Ziel näherzukommen. Wenn unsere TEST-Kriterien schließlich erfüllt sind, beenden wir den Prozeß (EXIT) und wenden uns dem nächsten Schritt zu. Somit könnte es die Funktion jedes einzelnen Teils eines Verhaltensprogramms sein, von den Sinnen kommende Informationen zu (T)esten, um den Forschritt auf das Ziel hin zu überprüfen oder auf eine Weise aktiv zu werden [(O)perate], die einen Teil der aktuellen Erfahrung so verändert, daß sie die Bedingungen des (T)ests erfüllt und man zum nächsten Teil des Programms übergehen kann [(E)xit].

Während Sie lernen, etwas zu präsentieren, testen Sie ständig Ihre Fortschritte. »Wie weit bin ich schon gekommen?« – »Entwickelt sich die Sache in eine Richtung, die mir gefällt?« – »Ist das, was geschieht, nützlich?« – »Ist es innovativ?« Aufgrund des Ergebnisses jenes Tests verändern Sie Ihre Vorgehensweise, Sie tun etwas, und dann testen Sie erneut, um die Auswirkungen Ihres veränderten Vorgehens zu überprüfen. Sie testen. Sie versuchen, etwas an Ihrem Handeln zu verändern, so daß Sie einen Schritt in die richtige Richtung machen. Dann testen Sie erneut: »War das Ergebnis dieser Handlung effektiv?« Aufgrund des Ergebnisses dieses Tests fahren Sie entweder mit Ihren Aktivitäten fort, oder Sie beenden diese: Sie sind zum Abschluß gekommen.

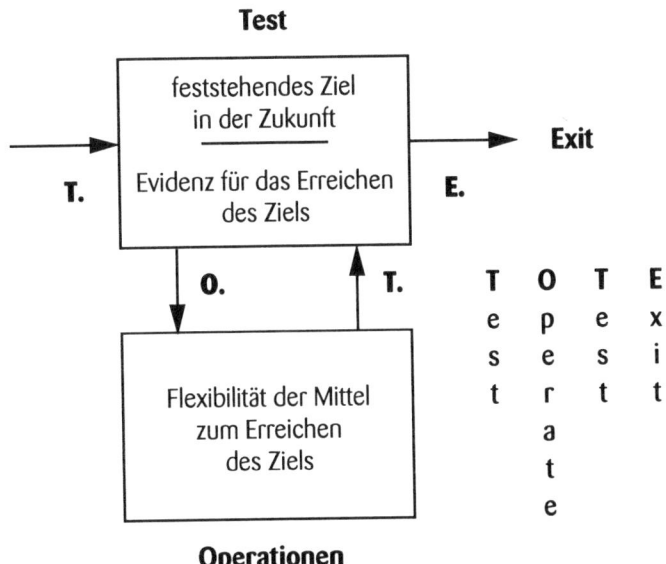

Abbildung 1. Darstellung der T.O.T.E.-Feedback-Schleife

Der Test setzt voraus, daß ein Ziel und irgendeine Art von Evidenz-Prozedur zur Beurteilung des Fortschritts auf das Ziel hin existiert. Um den Forschritt festzustellen oder zu testen, braucht man eine Orientierung sowie eine Evidenz oder Evidenz-Prozeduren, mit deren Hilfe man erkennen kann, ob man das Ziel erreicht. Um effektiv handeln zu können, benötigt man ein Spektrum von Verhaltensmöglichkeiten, aus dem man eine auswählen kann, die zum Ziel führt.

Beispielsweise könnte ein TEST für eine effektive Präsentation sein, daß dem Publikum eine Idee »klar« wird. Wenn das Konzept, das Sie präsentiert haben, nicht klar genug ist, so gehen Sie in leicht veränderter Weise erneut darauf ein (OPERATE), so daß die Idee klarer wird, oder Sie versuchen es mit der Erläuterung eines besseren Konzepts. Verschiedene Menschen benutzen unterschiedliche Verfahren, um etwas wie »Klarheit« zu testen, je nachdem, welches Repräsentationssystem sie bevorzugen. Beispielsweise könnte Klarheit folgendermaßen festgestellt werden:

1. ob jemand in der Lage ist, das Konzept zu sehen oder zu visualisieren,
2. ob jemand in der Lage ist, auf der Grundlage des Konzepts physisch oder anderweitig zu handeln,
3. welche Gefühle jemand angesichts des Konzept entwickelt,
4. ob jemand in der Lage ist, das Konzept zu wiederholen oder verbal zu formulieren.

Diese Varianten können je nach Art des angestrebten Ergebnisses und je nachdem, welche spezielle Variante dem Publikum besonders zusagt, das Ergebnis entscheidend beeinflussen.

Ein wichtiges Charakteristikum allen Lernens ist die Notwendigkeit von Feedback. Es ist bei jeder Art von Lernen unverzichtbar. Lernen ohne Feedback ist nicht möglich. Ob das Feedback von außen kommt, von einem Ausbilder oder ob es sich aus den Folgen der Handlungen des Lernenden ergibt, Feedback existiert in jedem Fall. Die T.O.T.E.-Sequenz beschreibt die entscheidenden Elemente, die zur Erzeugung einer sich selbst korrigierenden Feedback-Schleife notwendig sind. Die T.O.T.E.-Sequenz beinhaltet, daß eine effektive, sich selbst korrigierende Feedback-Schleife zwischen Tests und immer wieder abgewandelten Aktivitäten hin und herwechselt, bis das angestrebte Ziel erreicht ist.

Nach der Theorie der T.O.T.E.-Sequenz sind die drei wesentlichen Bestandteile einer effektiven Feedback-Schleife 1) ein klares Ziel, 2) irgendeine Art von beobachtbarer Evidenz für das Erreichen des angestrebten Ziels und 3) Flexibilität hinsichtlich der möglichen Handlungen, die zum Erreichen des Ziels eingesetzt werden. Erfolgreiche Ausbilder, Lehrer und Präsentatoren legen Ziele fest, finden Evidenzen und haben außerdem ein Spektrum von Handlungsmöglichkeiten zur Verfügung, um auf unterschiedliche Kontexte, unterschiedliche Lernstile und auf die verschiedensten unerwarteten Situationen eingehen zu können. Das Ziel bleibt stets das gleiche, doch bei den zum Erreichen des Ziels benutzten Aktivitäten muß eine gewisse Flexibilität möglich sein, damit man den spezifischen Erfordernissen verschiedener Lernender und Lernzusammenhänge gerecht werden kann.

Die T.O.T.E.-Sequenz ist die Grundlage zur Entwicklung einer effektiven Kommunikationsstrategie, einer erfolgreichen Lehrmethode sowie für jede Art von Schlüsselstruktur, die erfolgreiche Arbeit ermöglicht.

Die T.O.T.E.-Sequenz ist ein sehr grundlegender Prozeß. Stellen Sie sich beispielsweise ein Kind vor, das zu gehen versucht. Sein Ziel ist, irgendwo hinzugelangen – etwa zu einem Spielzeug oder zu einem bestimmten Tisch oder Stuhl. Die Evidenz, an der es sich orientieren kann, ist sein relativer Abstand von dem angesteuerten Gegenstand, den es sehen oder fühlen kann. Es muß nun die Fähigkeit und Flexibilität entwickeln, die notwendig ist, um sein Ziel zu erreichen. Durch vielmaliges Testen und anschließendes abgewandeltes Handeln wächst seine Kompetenz stetig. Das Ziel des Kindes steht fest: Es möchte das Spielzeug bzw. den Stuhl erreichen. Um sein Ziel erreichen zu können, muß er über die Flexibilität verfügen, auf potentielle Veränderungen und Schwankungen des Systems, innerhalb dessen es sich bewegt, zu reagieren. Wenn jemand den Tisch oder Stuhl, auf dem sich das Spielzeug befindet, an eine andere Stelle rückt, muß das Kind seine Bemühungen der veränderten Situation anpassen. Würde es seine Aktivität nicht verändern und stur eine gewisse Anzahl von Schritten auf das einmal angesteuerte Ziel zugehen, so erreicht es sein Ziel vielleicht oder auch nicht.

Versetzen Sie sich nun in die Situation einer Ausbildung. Wenn Sie bei der Durchführung einer Ausbildung ein bestimmtes Ziel verfolgen, müssen Sie Ihre Arbeitsweise der Art der Teilnehmer und den spontan entstehenden Situationen anpassen – sie also abwandeln. Wenn Sie eine bestimmte Ausbildungsprozedur ohne Rücksicht auf die jeweiligen konkreten Gegebenheiten anwenden, werden die Ergebnisse unterschiedlich ausfallen, und das Gesamtresultat wird der statistisch zu erwarteten Erfolgsverteilung entsprechen.

In manchen Fällen sind variable Ergebnisse natürlich erwünscht. Möglicherweise haben einige Präsentatoren bei der Ausführung der ersten Übung nicht einmal ein Ziel festgelegt, sondern einfach einen Prozeß initiiert und dann abgewartet, was dabei herauskam. Auch das ist ein Präsentationsstil.

Ein anderer Präsentationsstil beinhaltet, daß man ein Ziel festlegt, dann in eine Feedback-Schleife mit dem Publikum eintritt und nach Möglichkeiten sucht, das festgelegte Ziel zu erreichen.

In beiden Fällen definiert die T.O.T.E. die Grundelemente des Prozesses. Um irgendeine Art von strukturiertem Verhalten zu entwickeln, braucht man Ziele, Evidenzen für das Erreichen der Ziele und Möglichkeiten, die Ziele zu erreichen. Als Einzelne schaffen wir die kognitiven Landkarten, die uns leiten, mit Hilfe von neurologischen Prozessen wie jenen der Sinnesaktivitäten, und auf die gleiche Weise werden die in den Landkarten implizit enthaltenen Programme ausgeführt. Ganz gleich, ob es um ein Individuum oder um eine Gruppe geht, Ziele kann man in beiden Fällen mit Hilfe sprachlicher Mittel festlegen. Weiterhin könnte man sie visuell fixieren, beispielsweise in Diagrammform. Außerdem könnte man ein Ziel auch in Form einer bestimmten emotionalen Reaktion oder eines bestimmten Gefühls oder sogar einer physischen Demonstration festlegen.

Außerdem gibt es Evidenzen und Kriterien dafür, wie gut Sie Ihr Ziel erreicht haben. Insbesondere Evidenzen stehen in Beziehung zu Dingen, die wahrgenommen und mitgeteilt werden können. Die Evidenz für das erfolgreiche Erreichen eines Ziels kann man auf irgendeine konkrete Weise sehen, hören oder fühlen. Dies enthält eine für die Durchführung einer Präsentation wichtige Implikation. Zwei Menschen können das gleiche Ziel verfolgen, jedoch das Erreichen desselben an unterschiedlichen Kriterien ablesen. Manchmal benutzt jemand ein visuelles Bild als Evidenz, wohingegen für jemand anderen ein Gefühl diese Funktion erfüllt, und es kann sogar sein, daß nicht einmal die Ergebnisse beider gleich sind, obwohl sie sehr ähnliche Zielsetzungen formuliert hatten.

Zusammenfassung
Makro-Struktur der Erfahrung und des Lernens: das T.O.T.E.-Modell

Das T.O.T.E.-Modell

Effektive Prozesse sind um ein grundlegendes Drei-Stufen-Programm oder eine »Feedback-Schleife« herum strukturiert:

1. Eine effektive Präsentation ist auf das Erreichen von Zielen ausgerichtet.
2. Es ist wichtig, mit Hilfe von Tests/Demonstrationen festzustellen, ob man sich dem Ziel nähert, sich von ihm entfernt oder es erreicht hat.
3. Bei »negativem« Feedback sind alle weiteren Aktivitäten (Operationen) »Antworten« auf Probleme.

Kerngedanken

Nach dem T.O.T.E.-Modell ist effektives Verhalten eine Funktion einer kontinuierlichen Feedback-Schleife zwischen der Beurteilung der Forschritte in Richtung auf Ziele und dem Ausführen von Handlungen (Operationen), die dem Erreichen der Ziele dienen.

Für eine effektive Präsentation ist es wichtig, klar definierte Ziele zu haben, außerdem beobachtbare Evidenzen, die den Fortschritt in Richtung Ziel anzeigen, und flexible Verhaltensmöglichkeiten, mit deren Hilfe man das Ziel trotz sich verändernder Bedingungen erreichen kann.

In einer typischen Kommunikations-T.O.T.E. eines Präsentators

a. ist das Ziel, die Denkprozesse der Lernenden zu beeinflussen, um ihr Verständnis zu verbessern und/oder ihre Motivation hinsichtlich der Thematik zu steigern;

b. wird die Evidenz für das Erreichen dieser Ziele durch Beobachtung der verbalen und nonverbalen Reaktionen der Zuhörer gewonnen,

c. bestehen die Aktivitäten (Operationen) des Präsentators in verbalen und nonverbalen Botschaften, die an das Publikum gerichtet sind.

Der Einfluß verschiedener Erfahrungsebenen auf das Lernen

Es ist wichtig, sich darüber im klaren zu sein, daß es verschiedene Ebenen des Lernens und verschiedene Arten von Einflüssen auf das Lernen gibt. Beispielsweise gibt es das *Wo* und das *Wann* des Lernens. Diese stehen in Beziehung zu äußeren Einflüssen wie räumlichen und zeitlichen Einschränkungen, die den Lernprozeß beeinflussen können. Beispielsweise mußten Präsentatoren und Lernende sich bei der Ausführung der in diesem Kapitel enthaltenen Übung an einen begrenzten Zeitrahmen halten.

Außerdem gibt es ein *Was* des Lernens. Dieses bezieht sich auf die Art der vermittelten Inhalte und auf die Aktivitäten, die im Zusammenhang des Lernprozesses eingesetzt werden. Alle Präsentatoren mußten sich ähnlichen äußeren Einschränkungen unterwerfen, sie reagierten jedoch innerhalb dieser Beschränkungen unterschiedlich. Trotz ähnlicher äußerer Einschränkungen manifestierte sich eine große Vielfalt von Verhaltensweisen.

Doch wie lassen sich diese Unterschiede im Verhalten erklären? Unterschiede auf der Verhaltensebene werden hervorgerufen durch Unterschiede im kognitiven Prozeß – das heißt, durch Unterschiede bezüglich dessen, *wie* man über etwas denkt oder wie man es mental repräsentiert. Die *Wie*-Ebene des Lernens steht in Zusammenhang mit den inneren Landkarten und Programmen, die der Grund für Varianten hinsichtlich der Inhalte und Verhaltensweisen sind.

Lernen hat auch etwas mit Glaubenssätzen und Werten zu tun. Diese determinieren das *Warum* des Lernens. »Warum sollte man sich überhaupt die Mühe machen, etwas zu lernen?« Der Motivationsgrad eines Menschen entscheidet darüber, wieviel von seinen inneren Ressourcen der Betreffende für das Lernen mobilisiert. Motivation ist der Faktor, der das *Wie* und *Was* unserer Reaktionen stimuliert und aktiviert.

Schließlich ist beim Lernen auch noch ein *Wer* im Spiel. »Bin ich ein guter Lernender oder Präsentator?« – »Sollte jemand in meiner Funktion oder in meiner Rolle ein Lernender/Lehrer sein, und wenn ja, in welcher Art von Kontexten?« *Wer* sollte lernen/lehren?

Gehen Sie die erste Übung noch einmal durch, und stellen Sie fest, welche der genannten Ebenen in Ihrer Präsentation eine Rolle gespielt haben. Welche Ebenen beeinflussen Ihr persönliches Erleben der Übung am stärksten?

Ebenen des Lernens

Jedes System von Aktivitäten ist ein Subsystem, das in ein anderes System eingebettet ist, welches wiederum in ein weiteres System eingebettet ist, und so weiter. Durch diese Art von Beziehung zwischen Systemen entstehen unterschiedliche Arten des Lernens, je nachdem, in welchem System Sie gerade agieren.

Es wird oft davon gesprochen, daß man auf verschiedenen »Ebenen« auf Vorgänge reagieren kann. Beispielsweise könnte jemand sagen, daß eine Erfahrung auf einer Ebene negativ, auf einer anderen jedoch positiv gewesen sei. In unserer Gehirnstruktur, unserer Sprache und unseren Wahrnehmungssystemen gibt es natürliche Hierarchien oder Ebenen der Erfahrung. Diese Ebenen organisieren und beeinflussen die Information auf den ihnen jeweils untergeordneten Ebenen. Wenn man etwas auf einer der oberen Ebenen verändert, verändert sich zwangsläufig auch etwas auf einer der unteren; wenn man etwas auf einer der unteren Ebenen verändert, so kann das, muß aber nicht unbedingt die oberen Ebenen beeinflussen. Der Anthropologe Gregory Bateson hat zwischen vier Grundebenen des Lernens und der Veränderung unterschieden – wobei jede dieser Ebenen abstrakter ist als die darunterliegende, jedoch einen stärkeren Einfluß hat als jene untere. Diese Ebenen entsprechen ungefähr der folgenden schematischen verbalen Darstellung:

a. Wer bin ich - *Identität*   Wer?
b. Mein System von Glaubenssätzen:
    Werte und Bedeutungen   Warum?
c. Meine Fähigkeiten: *Strategien und Zustände*   Wie?
d. Was ich tue oder getan habe:
    spezifische Verhaltensweisen   Was?
e. Meine Umgebung: *äußere Einschränkungen*   Wo? / Wann?

Die Ebene der Umgebung umfaßt die spezifischen äußeren Bedingungen, unter denen unser Verhalten zutage tritt. Verhaltensweisen ohne jede innere Landkarte, ohne einen Plan oder eine Strategie, durch die sie gelenkt werden, sind – wie etwa der Knie-Reflex – Reaktionen, Gewohnheiten und Rituale. Auf der Ebene der Fähigkeiten sind wir in der Lage, eine Klasse von Verhaltensweisen auszuwählen, zu verändern und an eine weiter definierte Menge von äußeren Situationen anzupassen. Auf der Ebene der Überzeugungen oder Glaubenssätze können wir eine bestimmte Strategie, einen Plan oder eine Denkweise fördern, unterdrücken oder verallgemeinern (generalisieren). Identität vereinigt, folgerichtig, ganze Systeme von Glaubenssätzen oder Werten zu einem Selbst-Sinn. Während die Ebenen in zunehmendem Maße von den Charakteristika des Verhaltens und der sensorischen Erfahrung abstrahiert werden, haben sie gleichzeitig eine immer umfassendere Wirkung auf unser Verhalten und unsere Erfahrung.

➤ *Äußere Faktoren* determinieren die äußeren Möglichkeiten oder Einschränkungen, auf die eine Person reagieren muß. Antwort auf die Fragen **Wo?** und **Wann?**

➤ *Verhalten* besteht aus den spezifischen Aktionen und Reaktionen, die der/die Betreffende in der Umgebung produziert. Antwort auf die Frage **Was?**

➤ Fähigkeiten lenken Verhaltensweisen und geben ihnen durch eine mentale Landkarte, durch einen Plan oder eine Strategie eine Richtung. Antwort auf die Frage **Wie?**

➤ *Glaubenssätze (Überzeugungen)* und *Werte* liefern die Bestärkung (Motivation und Erlaubnis [engl.: *per-mission*]), die eine Fähigkeit unterstützt oder untergräbt. Antwort auf die Frage **Warum?**

➤ *Identitätsfaktoren* bestimmen den ganzheitlichen Zweck (Mission) und formen Glaubenssätze und Werte mit Hilfe unseres Selbst-Sinnes. Antwort auf die Frage **Wer?**

Lernen ist ein vielschichtiger Prozeß, der auf all diesen Ebenen unterstützt werden muß, damit er sich vollständig entfalten kann. Jede Ebene kann, wenn sie nicht mit den anderen im Einklang steht, den kreativen Prozeß stören. Beispielsweise kann es jemandem gelungen sein, in einem bestimmten Kontext etwas Neues zu tun (spezifisches Verhalten), ohne daß diese Person über ein geistiges Modell oder über eine Landkarte verfügt, mit deren Hilfe sie dieses Neue auch weiterhin tun oder in einem anderen Umfeld Neues oder Innovatives tun kann (Fähigkeit). Auch wenn jemand in der Lage ist, etwas zu lernen, sieht diese Person möglicherweise das Lernen nicht als eine wichtige oder notwendige Funktion an und macht deshalb nur selten Gebrauch davon. Und selbst Menschen, die zu lernen in der Lage sind und die Lernen für wichtig halten, sehen sich nicht immer als »Lernende«.

Die folgenden Aussagen zeigen, daß Lernen durch den Einfluß jeder der genannten Ebenen eingeschränkt werden kann:

a. Identität: *»Ich bin kein guter Lerner.«*

b. Glaubenssätze: *»Etwas zu lernen ist schwierig und zeitraubend.«*

c. Fähigkeit: *»Ich weiß nicht, wie ich effektiv lernen kann.«*

d. Verhalten: *»Ich weiß nicht, was ich in dieser Situation tun soll.«*

e. äußere Einflüsse: *»Es war nicht genügend Zeit vorhanden, um den Unterricht abzuschließen.«*

Bei jedem dieser Prozesse geht es um eine andere Ebene der Organisation und Evaluation, die die Information der darunterliegenden Ebene auswählt, erschließt und nutzt. So ergibt sich eine Hierarchie aufeinander bezogener T.O.T.E.-Sequenzen, so wie es im folgenden Diagramm dargestellt ist:

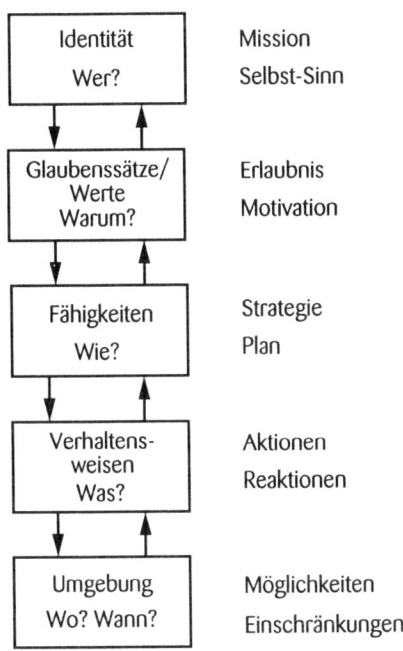

Abbildung 2. Diagramm aufeinander bezogener Erfahrungsebenen

Kommunikationsstrategien und Ebenen des Lernens

Man sollte sich darüber im klaren sein, daß es verschiedene Ebenen des Lernens und verschiedene Ebenen von Landkarten gibt. Wir können Landkarten von unserer *äußeren Umgebung* erstellen – vom *Wo* und *Wann*. Wir können Landkarten vom *Was*, vom *Inhalt* oder vom *Verhalten* erstellen, die in jene Umgebung hineingebracht werden und die sich darin entfalten können. Außerdem erstellen wir auch Landkarten vom *Wie*, von den Plänen, Fähigkeiten oder Strategien, durch die ein Verhalten in einer bestimmten Umgebung umgesetzt wird. Eine wichtige Annahme in diesem Zusammenhang ist, daß Landkarten über das *Wie* anders beschaffen sind als Landkarten über das *Was* und daß beide auf ihre Weise notwendig sind. Außerdem gibt es auch sehr wichtige Landkarten, die sich auf das *Warum* des zu erlernenden Materials beziehen – darauf, welche Glaubenssätze und Werte ihm Zielorientiertheit, Glaubwürdigkeit und Sinn geben. Und schließlich können wir auch Landkarten haben, die mit dem *Wer* des Lernens in Verbindung stehen – mit der Rolle oder Identität des Lernenden.

Um etwas effektiv zu lernen, müssen die Lernenden wissen, was sie tun sollen. Sie müssen weiterhin wissen, wie sie es tun sollen. Sie müssen wissen, warum es wichtig ist. Und sie müssen auch wissen, in welcher Beziehung das, was sie tun sollen, dazu steht, wer sie sind – zu ihrer Rolle. Verschiedene Arten von Referenzerfahrungen können sich auf verschiedene Ebenen des Lernprozesses beziehen. In einer bestimmten Art von Erfahrung kann jemand eine Referenz für das *Was* bekommen, jedoch nicht unbedingt für das *Warum* oder *Wie*. Ein Präsentator arbeitet oft auf mehreren Ebenen gleichzeitig. Das Entscheidende an der Lehrmethode und an den Kommunikationsstrategien ist die Sequenz, in der mit den verschiedenen Ebenen gearbeitet wird und die Mischung der Ebenen. Eine Kommunikationsstrategie beschäftigt sich mit Fragen wie: »Wann fokussiert der Präsentator auf das *Warum*?« Wenn der Lernende Widerstand entwickelt, tut er dies dann, weil er nicht weiß, wie er etwas tun kann, oder weil er nicht will? Eine effektive Kommunikationsstrategie muß sich deshalb mit diesem speziellen Thema auseinandersetzen.

Zusammenfassend kann man sagen, daß es bei einer Lernaufgabe *(learning task)* um das »Lernenwollen«, das »Wissen, wie man lernt« und die Frage der Gelegenheit zu lernen geht. Ob es als wünschenswert erscheint, etwas zu lernen, hat oft mit der Frage zu tun, ob das Ergebnis des Lernens oder das Warum des Lernens – der durch das Lernen entstehende Nutzen – erwünscht ist. Das Wissen darum, wie man lernt, bezieht sich auf die kognitiven Landkarten und auf die

Referenzerfahrungen, die wir schaffen, um den Prozeß, der erlernt werden soll, zu initiieren. Und schließlich gibt es dann noch die Chance, etwas zu lernen. Dabei geht es um den Kontext des Lernens. Das System, innerhalb dessen das Lernen stattfindet, einschließlich der Art von Unterstützung, die die Lernenden erhalten – das *Wo*, das *Wann* und das *Wer* in der Umgebung. Es gibt verschiedene Möglichkeiten, wie Ausbilder oder Präsentatoren die Chance, etwas zu lernen, geben, und wie sie zu den Lernenden in Beziehung treten.

Wie stark diese verschiedenen Ebenen des Lernens angesprochen werden und in welcher Sequenz, sind die entscheidenden Elemente einer Kommunikationsstrategie.

Zusammenfassung
Der Einfluß verschiedener Erfahrungsebenen
auf das Lernen

Ebenen des Lernens

➤ *Äußere Einflüsse (Umgebung)* entscheiden darüber, mit welchen äußeren Möglichkeiten oder Hindernissen ein Mensch sich auseinandersetzen muß. Steht in Beziehung zum *Wo* und *Wann* des Lernens.

➤ *Verhaltensweisen* sind die spezifischen Aktionen oder Reaktionen eines Menschen in der äußeren Situation. Steht in Beziehung zum *Was* des Lernens.

➤ *Fähigkeiten* leiten Verhaltensweisen mit Hilfe einer mentalen Landkarte, eines Plans oder einer Strategie und geben dem Verhalten eine Orientierung. Steht in Beziehung zum *Wie* des Lernens.

➤ *Glaubenssätze* und *Werte* liefern die Verstärkung (Motivation und Erlaubnis), die Fähigkeiten unterstützt oder behindert. Steht in Beziehung zum *Warum* des Lernens.

➤ *Identität* beinhaltet die Rolle, die Mission und/oder den Selbst-Sinn (Selbstgefühl) eines Menschen. Steht in Beziehung zum *Wer* des Lernens.

Kerngedanken

Es gibt unterschiedliche Ebenen von Prozessen, die das Lernen und andere menschliche Aktivitäten beeinflussen:

1. Prozesse der Umgebung determinieren das *Wo* und *Wann* des Lernens.
2. Durch Prozesse des Verhaltens manifestiert sich das *Was* des Lernens in der Umgebung.
3. Aktionen und Reaktionen des Verhaltens entstehen aus der Art zu denken – aus den inneren Landkarten, Strategien und geistigen Fähigkeiten.
4. Die Einstellung eines Menschen dem Lernen gegenüber wird beeinflußt und gesteuert durch Prozesse, die mit Glaubenssätzen und Werten in Zusammenhang stehen, welche determinieren, warum überhaupt man etwas lernt.
5. Selbstrückbezügliche *(self referential)* Prozesse, die die eigene Wahrnehmung dessen betreffen, wer man in Beziehung zur eigenen Identität und Rolle ist, determinieren, welche Arten von Glaubenssätzen und Werten gewählt und eingesetzt werden.

Definition der Grundstruktur
einer Präsentation

Die drei Qualitäten erfolgreicher Kommunikatoren

Durch Beobachtung erfolgreicher Kommunikatoren in vielen verschiedenen Bereichen hat sich herausgestellt, daß jeder gute Kommunikator über die folgenden drei Eigenschaften verfügt:

1. Gute Kommunikatoren legen ständig explizite und verifizierbare Ergebnisse oder Ziele fest.
2. Gute Kommunikatoren verfügen über sensorische Aufmerksamkeit und über Beobachtungsfähigkeiten, die ihnen Feedback über ihren Fortschritt in Richtung ihrer Ergebnisse liefern.
3. Gute Kommunikatoren verfügen über Verhaltensflexibilität, und sie verändern ihre Kommunikation ständig dahingehend, daß sie schließlich die von ihnen angestrebten Ziele erreichen. Wenn eine Methode, die sie benutzen, ihren Zweck nicht erfüllt, verfügen sie über die Flexibilität, sich rasch auf eine andere umzustellen.

Diese Qualitäten stehen in Beziehung zu den Elementen der T.O.T.E.-Sequenz. Welche Ziele hat ein effektiver Präsentator? Welche Evidenzen benutzt ein effektiver Präsentator, um die Fortschritte zu beurteilen, die er in Richtung seiner Ziele macht? Welches Spektrum an Verhaltensmöglichkeiten steht einem effektiven Präsentator zur Verfügung, um die angestrebten Ziele zu erreichen? Was tut ein effektiver Präsentator, wenn ein bestimmtes Verhalten oder eine Aktivität ihren Zweck nicht erfüllt? Kompetenz und Exzellenz beinhalten nicht unbedingt, daß man gleich beim ersten Versuch richtig liegt. Kompetenz zeigt sich oft in der Form, daß jemand sich auf Probleme einzustellen vermag, die durch äußere Einflüsse oder durch andere Elemente des Systems hervorgerufen werden.

Man sagt, Management beginne erst, wenn man auf ein Problem oder auf einen Widerstand stoße. Bis dahin tue man nichts weiter, als Anweisungen zu geben. Erst wenn ein Problem auftaucht, muß man tatsächlich etwas »managen«. Es heißt auch, Verkaufen beginne erst, wenn man auf ein Problem oder einen

Widerstand stoße. Bis dahin nehme man nur Aufträge entgegen. Und es heißt, man fange erst an zu lehren, wenn man auf ein Problem oder einen Widerstand stoße. Bis dahin vermittele man lediglich Informationen. Die Fähigkeit, auf Schwierigkeiten zu reagieren, ist ein wichtiges Element einer effektiven Präsentation.

Die Grundstruktur einer effektiven Präsentation

Der erste Schritt auf dem Weg zur Entwicklung einer Präsentation ist also, Ziele zu definieren. Es sollten parallele Ziele im Hinblick auf die Bewältigung der anstehenden Sachaufgabe und im Hinblick auf die Beziehung definiert werden sowie auch Ziele von der Erstellung kognitiver Landkarten bis hin zur Bereitstellung von Referenzerfahrungen. Es können Ziele definiert werden, die sich auf das Entwikkeln bewußter Kompetenz beziehen, sowie solche, die der Aufdeckung unbewußter Kompetenz dienen. Beispielsweise möchte ein Präsentator die Lernenden manchmal etwas erleben lassen, ohne daß sie über ein kognitives Verständnis des Erlebten verfügen, damit sie Gelegenheit erhalten, selbst ein Prinzip zu entdecken oder eine unbewußte Kompetenz zu entwickeln. Denn manchmal behindert das Bewußtsein darüber, was man lernen »soll«, die tatsächliche Lernerfahrung. Deshalb könnte ein Präsentator speziell eine Prozedur entwickeln, durch die sein Publikum etwas lernt, ohne daß es sich hinterher dessen bewußt ist, etwas gelernt zu haben.

Es gibt also verschiedene Arten von Zielen, unterschiedliche Evidenzen, die zu unterschiedlichen Zielen in Beziehung stehen, und ein Spektrum von Möglichkeiten, die Ziele zu erreichen. Lernziele sollten für den Lernenden, aber auch für den Präsentator spezifiziert werden. Das Ziel eines Präsentators sollte beispielsweise nicht einfach sein, »das erforderliche Material zu vermitteln«. Vielmehr sollte es auch beinhalten, daß er den Lernenden intensive Lernerfahrungen ermöglicht. In einer Ausbildungssituation ist die primäre beobachtbare Evidenz für das Erreichen von Zielen das Verhalten der Lernenden. Diese Evidenz läßt sich nicht nur an den verbalen Reaktionen auf Fragen ablesen, sondern auch an ihren nonverbalen Reaktionen und an ihren Interaktionen im Kontakt miteinander. Die primären Arten von Operationen im Ausbildungskontext betreffen die Interaktion zwischen dem Lehrer oder Ausbilder und dem Lernenden, zwischen den Lernenden und den Werkzeugen des Lernens sowie zwischen den Lernenden.

Diese Teile des T.O.T.E.-Prozesses bilden den Kern der Entwicklung einer effektiven Präsentation. Die Kommunikationsstrategie beinhaltet, wie diese grundlegenden Feedback-Schleifen hinsichtlich der Aufgabe, der Beziehung, der kognitiven Landkarten und der Referenzerfahrungen sequenziert werden. Auf diese Weise werden die spezifischen Einzelheiten dieser entscheidenden Feedback-Schleifen definiert. Die Grundelemente der Kommunikation beinhalten, daß Menschen mit Hilfe verschiedenartiger Medien Botschaften untereinander austauschen. Sie nehmen wechselnd verschiedene Positionen in der Feedback-Schleife des Senders und Empfängers ein. Der Inhalt einer Botschaft wird im allgemeinen von (oft nonverbalen) »Meta-Botschaften« höherer Ebenen begleitet, die Aufschluß geben und Hinweise darüber liefern, wie die betreffende Botschaft zu verstehen ist. Die verschiedenen Medien, mit deren Hilfe die Botschaften übermittelt werden, weisen unterschiedliche Einschränkungen und Stärken auf, welche beeinflussen, wie eine Botschaft übermittelt und empfangen wird.

Zusammenfassung
Definition der Grundstruktur einer Präsentation

- ➤ Festlegen von Lernzielen
- ➤ Festlegen von Evidenzprozeduren
- ➤ Definieren von Vorgehensweisen
- ➤ Reaktion auf Probleme

Kerngedanken

Es gibt verschiedene allgemeine Arten von Präsentationsfähigkeiten, die zu unterschiedlichen Elementen der T.O.T.E.-Sequenz in Beziehung stehen:

- ➤ Festlegen und Kommunizieren von Zielen
- ➤ Definieren und Kommunizieren von Evidenzprozeduren
- ➤ Festlegen und Kommunizieren von Vorgehensweisen
- ➤ Reaktion auf Probleme und Störungen

Entwurf einer effektiven Präsentation

Später in diesem Abschnitt finden Sie eine Liste von Fragen, die dazu dienen, eine T.O.T.E. zu definieren, mit deren Hilfe man eine Präsentation entwickeln kann. Die Fragen beziehen sich auf einen Kontext, in dem Sie eine Präsentation durchführen werden. Darin wird eine Reihe von Themen angesprochen, die mit Zielen, Evidenzen und Vorgehensweisen in Zusammenhang stehen. Das Ganze hat den Charakter einer Übung zur Selbst-Modellierung.

In der ersten Frage werden Sie aufgefordert, kurz den Kontext zu beschreiben, in dem Sie Ihre Präsentation durchführen werden. Wählen Sie etwas aus, das für Sie persönlich und für Ihre berufliche Realität relevant ist.

Die zweite Frage lautet: »Welche Ziele versuchen Sie durch Ihre Präsentation in diesem Kontext zu erreichen?« Eine effektive Präsentation wird durch Festlegung von Zielen ermöglicht, und diese Ziele können sich auf eine beliebige Anzahl von Ebenen beziehen. Sie können sich auf eine *Warum*-Ebene, auf eine *Wie*-Ebene oder eine *Was*-Ebene beziehen. Statt bewußt herauszufinden, auf welche Ebene sich Ihre Ziele in diesem Augenblick beziehen, sollten Sie die Frage rein intuitiv beantworten.

Die dritte Frage lautet: »Was werden sie als Evidenz benutzen, um zu erkennen, daß Sie diese Ziele erreicht haben?« Die Antwort braucht nicht besonders detailliert zu sein. Doch da Sie diese Information anderen Gruppenmitgliedern mitteilen sollen, sollten Sie in der Lage sein, sie so genau zu beschreiben, daß jemand anders verstehen kann, was Sie meinen.

Die vierte Frage lautet: »Was werden Sie tun, um Ihre Ziele zu erreichen? Wie werden Sie verfahren, um das Material zu präsentieren?« Hier können Sie die spezifischen kognitiven Prozesse und Verhaltensprozesse beschreiben, die Sie in dem gewählten Kontext benutzen wollen.

Die fünfte Frage schließlich lautet: »Wenn Sie auf unvorhergesehene Probleme oder Schwierigkeiten stoßen, wie reagieren Sie dann?« Wie reagieren Sie auf Probleme? Was tun Sie, um Problemsituationen zu bewältigen, die in diesem Kontext auftauchen?

Diese fünf Fragen werden Ihnen einen interessanten Einblick in die Elemente geben, aus denen eine persönlich effektive Präsentation entsteht. Selbst wenn Sie im betreffenden Kontext schon viele Male Präsentationen durchgeführt haben, werden Sie durch die Übung möglicherweise zu einigen neuen Erkenntnissen über Ihren Prozeß gelangen, indem Sie Ihre Erfahrung desselben in der vorgeschlagenen Weise organisieren.

Um eine T.O.T.E.-Sequenz in Beziehung zu einem bestimmten Ereignis zu modellieren, müssen Sie in der Lage sein, über die Struktur des Prozesses so nachzudenken, »als ob« Sie die betreffende Erfahrung durchleben würden. Ihr Ziel ist, so realistisch wie möglich wiederzugeben, wie es wäre, wenn Sie die betreffende Aktivität tatsächlich ausführen würden. Möglicherweise müssen Sie dabei ziemlich viel raten und antizipieren. Da Sie die Fragen sowohl mit Hilfe Ihrer Vorstellungskraft als auch mit Hilfe Ihrer Erinnerung beantworten müssen, könnte es sein, daß Sie über einige dieser Dinge bisher noch nie nachgedacht haben. Deshalb müssen Sie eine Entscheidung darüber fällen, wie Ihre Erfahrung aller Wahrscheinlichkeit nach aussehen würde.

Die schriftliche Beantwortung der Fragen sollte ungefähr in zehn Minuten abgeschlossen sein.

Übung
Entwurf einer effektiven Präsentation

Nehmen Sie sich ein wenig Zeit, um die folgenden Fragen so vollständig wie möglich zu beantworten.

1. In welchem Kontext werden Sie eine Präsentation durchführen?
2. Welche Ziele versuchen Sie durch Ihre Präsentation in diesem Kontext zu erreichen?
3. An welcher Evidenz erkennen Sie, daß Sie diese Ziele erreicht haben?
4. Was werden Sie tun, um Ihre Ziele zu erreichen? Wie werden Sie verfahren, um das Material zu präsentieren?
5. Welche Probleme oder Schwierigkeiten könnten beim Versuch, Ihre Ziele zu erreichen, auftreten? Wie werden Sie darauf reagieren? Welche spezifischen Schritte werden Sie unternehmen, um die Probleme zu lösen?

Zusammenfassung
Entwurf einer effektiven Präsentation

Anleitung zum Ausfüllen der T.O.T.E.-Fragen-Serie

Identifizieren Sie einen Kontext, in dem Sie eine Präsentation durchführen wollen. Versetzen Sie sich in die Erfahrung, »als ob dies jetzt
stattfinden würde«.

1. Welches Ziel versuchen Sie zu erreichen?
2. Woran erkennen Sie, daß Sie sich Ihrem Ziel nähern oder es erreicht
   haben?
3. Was unternehmen Sie, um Ihr Ziel zu erreichen?
4. Wie korrigieren Sie Ihr Handeln, wenn ein Problem oder eine Schwierigkeit auftaucht?

Kerngedanken

Sie können Ihre eigene Kommunikationsstrategie erweitern, indem Sie Ihre
T.O.T.E.-Sequenz für eine Situation, in der Sie etwas auf effektive Weise präsentieren müssen, spezifizieren.

Um eine T.O.T.E.-Sequenz zu definieren, die sich auf ein zukünftiges Ereignis
bezieht, müssen Sie über die Struktur des Prozesses so nachdenken können, »als
ob« Sie die betreffende Erfahrung wiedererleben würden.

Erforschung unterschiedlicher Repräsentationskanäle

Hier wird eine Reihe von Strategien und Methoden zur Repräsentation von Konzepten, Ideen und Informationen vorgestellt und untersucht, wie die Nutzung unterschiedlicher Repräsentationskanäle im Laufe einer Präsentation sich auswirkt.

➤ Repräsentieren von Konzepten und Ideen
➤ Andere Repräsentationsstrategien
➤ Eine Vielzahl von Perspektiven schaffen

Repräsentieren von Konzepten und Ideen

Eine der wichtigsten Tätigkeiten eines Präsentators ist das Senden von verbalen und nonverbalen Botschaften, mit deren Hilfe er dem Publikum entweder kognitive Landkarten oder Referenzerfahrungen vermittelt. Alle Botschaften müssen mit Hilfe eines Mediums übermittelt werden. In Präsentationssituationen besteht das »Medium«, über das die Botschaften vermittelt werden, aus:

1. dem Kommunikationskanal,
2. dem Kontext der Kommunikation,
3. dem kulturellen Rahmen, in dem die Kommunikation stattfindet.

Kommunikationskanäle stehen in Beziehung zu den verschiedenen Sinnesmodalitäten, mit deren Hilfe eine Botschaft repräsentiert werden kann. Der Kontext und der kulturelle Rahmen, in dem die Kommunikation stattfindet, stehen in Beziehung zu den Arten von Annahmen und Schlüssen, die das Publikum benutzt, um das Vermittelte zu verstehen.

Repräsentationskanäle

Unsere Fähigkeit zu lernen und zu kommunizieren beruht darauf, daß wir in der Lage sind, in unserem Geist »Landkarten« (Beschreibungen) zu entwickeln. Wir entwickeln unsere geistigen Landkarten aus Informationen der fünf Sinne oder *Repräsentationssysteme: Sehen, Hören, Fühlen, Schmecken* und *Riechen*. Unsere Sinne kostituieren die Form oder Struktur unseres Denkens – im Gegensatz zu dessen Inhalt. Jeder Gedanke, den Sie haben, ist unabhängig von seinem Inhalt eine Funktion der Bilder, Geräusche (Klänge), Gefühle, Gerüche und Geschmäcke sowie der Beziehung dieser Repräsentationen zueinander. Wir verbinden unablässig sensorische Repräsentationen, um Landkarten der Realität zu erzeugen und zu aktualisieren. Wir erstellen diese Landkarten aufgrund von Feedback, das unsere Sinneserfahrung uns liefert.

Die »Repräsentationskanäle« stehen in Beziehung zu den Sinnen und zu der Art der sensorischen Modalität oder Repräsentation, die ein Mensch für einen bestimmten Abschnitt seiner Kommunikations- oder Lernstrategie benutzt. Wenn jemand laut und deutlich spricht, benutzt der Betreffende einen verbalen Kanal äußerer Repräsentation. Bei einer stärker visuellen oder symbolischen Form äußerer Repräsentation würde man Symbole und Diagramme auf eine Tafel oder ein Flipchart zeichnen oder diese auf andere Weise dem Publikum präsentieren – zu dieser Möglichkeit würde ein Präsentator greifen, wenn er der Meinung wäre, daß sein Publikum vorwiegend in Form innerer Bilder oder innerer Dialoge denkt.

Die grundlegenden Arten von Repräsentationskanälen, die bei der Durchführung von Präsentationen eine Rolle spielen, sind:

> der verbale,
> der schriftliche,
> der bildliche,
> der physische.

Stellen Sie fest, wie Sie persönlich diese verschiedenen Repräsentationskanäle während einer Präsentation innerlich und äußerlich benutzen. Wenn Sie beispielsweise Ziele festlegen, werden diese Ziele dann visuell repräsentiert? Werden Sie als Aktivitäten, also physisch, repräsentiert? Werden Sie verbal repräsentiert? Vielleicht werden sie auch als eine Art von Gefühl repräsentiert.

Ebenso können Sie überprüfen, ob die Evidenz, mit deren Hilfe Sie feststellen, ob Sie Ihre Ziele erreicht haben, verbal, visuell, emotional oder physisch ist.

Wenn Sie eine Präsentation durchführen, arbeiten Sie dann vorwiegend verbal? Oder benutzen Sie auch Bilder und bildliche Vorstellungen? Oder agieren Sie Ideen physisch aus, indem Sie »Mini-Vorführungen« veranstalten? Möglicherweise bevorzugen Sie eindeutig einen der genannten Repräsentationskanäle.

Vielleicht benutzen Sie bei Präsentationen verschiedene Arten von Repräsentationen und Repräsentationskanälen. Zum Beispiel können Ziele auf der Ebene konkret zu bewältigender Aufgaben durch ein Bild oder eine bildliche Vorstellung des gewünschten Ergebnisses repräsentiert werden, wohingegen Ziele auf Beziehungsebene verbal oder emotional repräsentiert werden. Bestimmte Ideen oder Konzepte werden möglicherweise durch mehrere Sinneskanäle repräsentiert, beispielsweise durch Gefühle und bildliche Vorstellungen.

Welche Sinne ein Mensch benutzt, um Information kognitiv zu repräsentieren – beispielsweise gewünschte zukünftige Ereignisse und potentielle Konsequenzen –, ist nicht nur ein triviales Detail. Beispielsweise geraten manche Menschen bei der Bewältigung von Aufgaben in Schwierigkeiten, weil sie zwar großartige Visionen haben, sich aber nicht vorstellen können, wieviel Anstrengung es erfordert, eine solche Vision zu verwirklichen. Oder Sie sind sich nicht darüber im klaren, in welcher logischen Folge die einzelnen Schritte getan werden müssen, um zum angestrebten Ziel zu gelangen.

Repräsentationskanäle und Lernstile

Die Vorstellung eines »Lernstils« beinhaltet im Grunde nichts anderes als die Erkenntnis oder das Anerkennen der Tatsache, daß Menschen auf unterschiedliche Weise lernen. Menschen entwickeln ihre verschiedenen sensorischen Fähigkeiten in unterschiedlichem Maße. Manche sind von Natur aus sehr stark visuell orientiert. Andere haben große Schwierigkeiten damit, visuelle Bilder zu entwickeln oder überhaupt visuell zu denken. Manche sind stärker verbal orientiert, weshalb sie sehr gut sprechen und Erfahrungen sprachlich zum Ausdruck bringen können. Hingegen haben wieder andere große Probleme mit dem verbalen Ausdruck, weil Worte sie verwirren. Und dann gibt es noch Menschen, die sehr stark gefühlsorientiert sind und die lernen, indem sie etwas tun. Ein Präsentator muß sich mit der Tatsache auseinandersetzen, daß Menschen unterschiedliche Stärken haben.

Ein wichtiger Teil der Kommunikationsstrategie bezieht sich nicht nur auf das, was erlernt werden sollte, sondern darauf, wer der Lernende ist und wie der Ausbilder oder Präsentator der Eigenart des Lernenden besser gerecht werden kann. Effektive Kommunikation beinhaltet, die Kanäle, die zur Übermittlung bestimmter Botschaften benutzt werden sollen, auszuwählen, die Sequenz sowie auch die genaue Proportion ihrer Benutzung festzulegen, und schließlich auch, sich über die Bedeutung der verschiedenen Kanäle innerhalb des kulturellen Rahmens, in dem die gesamte Transaktion stattfindet, im klaren zu sein.

Einflüsse unterschiedlicher Repräsentationskanäle

Die Repräsentationskanäle sind eine wichtige Dimension der Kommunikationsstrategie eines Präsentators. Unterschiedliche Repräsentationskanäle und verbale Muster steuern die kognitiven Prozesse von Gruppenmitgliedern auf unterschiedliche Weise und beeinflussen ihre Wahrnehmung der Rollenbeziehungen innerhalb einer Gruppe. Beispielsweise besteht eine einfache Methode, Konsens zu fördern, darin, daß man etwas für alle sichtbar aufschreibt, denn sobald etwas auf einer Tafel steht, wird die Person, die es in die Debatte gebracht hat, nicht mehr so eng mit der vorgetragenen Idee in Verbindung gebracht. Ein solches Externalisieren einer Idee ermöglicht es, das *Was* vom *Wer* zu trennen.

Die verschiedenen Repräsentationsmodalitäten haben unterschiedliche Stärken. So liegt beispielsweise die Stärke des verbalen Repräsentationsmodus darin, wie Information hinsichtlich logischer Abhängigkeiten sequenziert ist. Der visuelle Kanal ist oft die beste Möglichkeit, Information zu einem Ganzen oder zu einer *Gestalt* zu synthetisieren. Das Ausagieren (*acting out*) einer Idee oder eines Konzepts hingegen hebt die konkreten Aspekte hervor.

Es ist gefährlich, wenn wir automatisch davon ausgehen, daß andere Menschen auf die gleiche Weise denken wie wir selbst. Einige sind es nicht gewöhnt, Dinge zu visualisieren, obgleich oft über Dinge gesprochen wird, die die Fähigkeit, sich zu erinnern oder visuell zu phantasieren erfordern. In anderen Fällen fokussieren Menschen zu stark auf ein bestimmtes Bild, das sich ihrem Geist eingeprägt hat. Es hat für sie besondere Bedeutung, weil es einzigartig ist oder weil es zumindest das einzige dieser Art ist, das die betreffende Person bisher kennengelernt hat. Unter großer Belastung oder unter Streß greifen viele auf den Repräsentationskanal zurück, der ihnen der vertrauteste ist.

Wir gehen oft von der Annahme aus, daß andere über die gleichen kognitiven Fähigkeiten wie wir verfügen. Doch ist das meist nicht der Fall. Wenn wir mit anderen kommunizieren, ist die Angleichung an ihren Repräsentationskanal eine wichtige Methode, um Rapport herzustellen und sicherzustellen, daß Sie das Übermittelte verstehen.

Die Lernfähigkeit eines Menschen kann man verbessern, indem man entweder die Schwächen des Betreffenden stärkt oder seine Stärken nutzt. Wenn jemand es nicht gewohnt ist, Dinge zu visualisieren, kann es nützlich sein, wenn man diese Person auffordert, in Bildern zu denken. Und wenn jemand gut zu visualisieren vermag, so kann in bestimmten Situationen die Hervorhebung und Intensivierung des Gebrauchs dieser Fähigkeit ebenfalls die Lernfähigkeit steigern.

Der verstärkte Gebrauch bestimmter Kommunikations- und Repräsentationskanäle kann Menschen dazu bringen, bestimmte Denkstile zu bevorzugen. Beispielsweise kann man mit Hilfe des visuellen Kanals das imaginative Denken stimulieren. Der verbale Kanal ist oft für logisches und kritisches Denken der effektivste. Eine Fokussierung auf physische Kanäle lenkt Menschen zu einer aktiven Orientierung.

Man kann also bestimmte Repräsentationskanäle verstärken, um die Lernfähigkeit auf unterschiedliche Weisen zu verbessern:

1. Man kann sich auf den Kanal einstellen, der von einer bestimmten Art von Lernenden am häufigsten benutzt und am meisten geschätzt wird (womit man eine vorhandene Stärke aufgreift und nutzt).
2. Man kann sich auf einen Kanal konzentrieren, den der Betreffende nicht oft benutzt, um auf diese Weise neue Arten des Denkens und der Wahrnehmung zu stimulieren (wodurch man einen Schwachpunkt stärkt).
3. Man kann den Repräsentationskanal bevorzugen, der einen bestimmten kognitiven Prozeß oder eine bestimmte Art von Lernaufgabe am besten unterstützt.
4. Man kann Überschneidungen oder »Synästhesien« zwischen mehreren Repräsentationskanälen verstärken.

Zusammenfassung
Repräsentieren von Konzepten und Ideen

Der Einfluß der Repräsentationskanäle

Unterschiedliche Kommunikations- und Repräsentationskanäle sind für unterschiedliche Zwecke nützlich und haben unterschiedliche Stärken.

➤ Der verbale Kanal hilft, Ideen in einer sinnvollen Sequenz anzuordnen.
➤ Der Nutzen des visuellen Kanals liegt mehr in der Möglichkeit, die Bestandteile einer Idee zu einem Ganzen zu synthetisieren.
➤ Der kinästhetische (physische) Kanal hilft, Ideen konkreter werden zu lassen.

Wenn eine andere Person den gleichen Kanal wie der Lernende benutzt, so wird dadurch Rapport hergestellt und Kommunikation ermöglicht.

Man kann Menschen dazu bringen, bestimmte Denkstile zu bevorzugen, indem man unterschiedliche Repräsentationsmodi hervorhebt.

➤ den logisch/verbalen zur Förderung des kritischen Denkens,
➤ den visuellen zur Förderung des imaginativen Denkens,
➤ den physischen zur Förderung der Aktivität.

Kerngedanken
....

Verschiedene Kommunikations- und Repräsentationskanäle sind für unterschiedliche Zwecke nützlich und haben unterschiedliche Stärken.

Bei der Kommunikation ist die Abstimmung auf den Repräsentationsmodus des Kommunikationspartners eine wichtige Methode zur Herstellung von Rapport.

Man kann Repräsentationskanäle auf unterschiedliche Weisen zur Verbesserung der Lernfähigkeit benutzen: 1) Man kann den Kanal anreichern (verstärkt), der vom Lernenden am häufigsten benutzt und am meisten geschätzt wird (vorhandene Stärken aufgreifen). 2) Man kann einen Kanal benutzen, der vom Lernenden nur selten benutzt wird, um dem Betreffenden eine neue Art zu denken oder wahrzunehmen zu erschließen (einen Schwachpunkt stärken). 3) Man kann den Repräsentationskanal hervorheben, der für einen bestimmten kognitiven Prozeß oder für eine bestimmte Art von Kreativität am besten geeignet ist. 4) Man kann Überschneidungen oder »Synästhesien« zwischen mehreren Repräsentationskanälen verstärken.

Andere Repräsentationsstrategien

Sobald ein Konzept oder eine Idee definiert ist, kann man den damit verbundenen Wahrnehmungsraum erforschen, indem man entweder der existierenden Landkarte von der Idee oder von dem Konzept neue Elemente hinzufügt oder indem man die Landkarte auf irgendeine Weise verändert. Es gibt mehrere Prozesse, mit deren Hilfe man die Repräsentation von Konzepten und Ideen anreichern und die Lern- und Denkfähigkeit verbessern und erweitern kann. Jede dieser Möglichkeiten beinhaltet, daß etwas auf eine andere Weise repräsentiert wird:

1. Benutzen metaphorischer oder symbolischer Repräsentationen
2. Wechseln der Repräsentationskanäle
3. Erstellen multi-sensorischer Landkarten

Eine der grundlegendsten Kommunikationsstrategien besteht darin, etwas auf eine andere Weise zu repräsentieren, entweder in Form einer symbolischen Repräsentation oder als Metapher. Die Metapher ist eine besondere Form des Sprachgebrauchs, die anderen Botschaften einen Sinn gibt und die Verbindungen zu den Tiefenstrukturen von Menschen herstellt.

Metaphern sind keineswegs nur zweitrangig gegenüber der Realität; vielmehr liefern sie oft den Rahmen, in dem reale Ereignisse und Informationen erst ihren Sinn erkennen lassen.

Ein weiteres Element einer Kommunikationsstrategie ist das Wechseln des Repräsentationskanals, mit dessen Hilfe ein Konzept oder eine Idee wahrgenommen oder beschrieben wird. Beispielsweise kann man durch Zeichnen vom verbalen Kanal zum visuellen Kanal überwechseln, oder vom visuellen zum physischen, indem man etwas ausagiert.

Ein weiterer sehr grundlegender Aspekt einer Kommunikationsstrategie ist der Einsatz mehrerer Repräsentationskanäle gleichzeitig – wie es bei einer Multimedia-Präsentation geschieht.

Es gibt also drei grundlegende Möglichkeiten, die Repräsentation eines Konzepts oder einer Idee anzureichern: 1) durch Metaphern und durch Symbolismus, 2) durch Wechsel des Repräsentationskanals und 3) durch Benutzung mehrerer Repräsentationskanäle gleichzeitig.

Generell gilt: Je besser ein Mensch seine Repräsentationssysteme zu nutzen weiß, um so mehr Verbindungen werden stimuliert oder wahrgenommen.

Metaphern

Die Metapher ist wahrscheinlich die grundlegendste Form einer lateralen Denkstrategie. Wir glauben oft, Metaphern seien lediglich »Illustrationen« der Wirklichkeit, doch wird unsere Realitätswahrnehmung in vielerlei Hinsicht durch jene tieferen Metaphern beeinflußt, »nach denen wir leben«. Das bedeutet, daß wir die Wirklichkeit häufig im Sinne bestimmter Metaphern organisieren, also nicht umgekehrt. Metaphern bieten uns einfache, aber stark kodierte Repräsentationen von grundlegenden Beziehungen. Oft sind sie die beste Möglichkeit, tiefere Zusammenhänge zu repräsentieren, die etwas mit Werten und mit Identität zu tun haben. So kann es beispielsweise die Wahrnehmung, die man von einer Organisation hat, dramatisch verändern, ob man sie mit einer »Maschine«, einem »Bienenhaufen« oder einer »Fußballmannschaft« vergleicht.

Die metaphorische Repräsentation ist eine sehr häufig benutzte und sehr intensive Art, neue Assoziationen hinsichtlich des Verständnisses einer Idee oder eines Konzepts zu erzeugen. Außerdem leistet sie auch gute Dienste dabei, Erlerntes von einem Kontext in einen anderen zu transferieren. Die Metapher stimuliert eine Art des Denkens, die zu der Abstraktionsebene führen kann, welche man erreichen muß, um einen bestimmten Lerninhalt in einen anderen Kontext zu transferieren und ihn darin anzuwenden.

Durch Vergleiche zwischen verschiedenen Arten von Kontexten kann der Wahrnehmungsraum um neue Bereiche erweitert werden. Beispielsweise könnten Sie feststellen, daß eine gewisse metaphorische Beziehung zwischen Skifahren und der Arbeit in einem Büro besteht, obwohl Skifahren etwas ist, das man allein tut, und man bei der Büroarbeit mit vielen anderen Menschen kooperiert. Beispielsweise könnte man das Umfahren von Bäumen und Bodenvertiefungen mit den potentiellen Störungen vergleichen, durch die Menschen in einem Büro sich gegenseitig behindern.

Auch das Herausfiltern von Mikro-Metaphern aus dem idiomatischen Sprachgebrauch einer bestimmten Person (oder innerhalb einer bestimmten Kultur) kann helfen, einschränkende Annahmen oder Voraussetzungen aufzuspüren und den Weg zu neuen, nützlicheren Metaphern weisen. Nehmen wir an, jemand beschreibt ein Kommunikationsproblem mit Hilfe einer ziemlich aggressiven Mikro-Metapher wie »Schlacht« oder »Kampf«. Wird eine solche Metapher in eine weniger aggressive umgewandelt, wie beispielsweise »jemandem auf die Zehen treten«, so erleichtert dies wahrscheinlich, neue Wahrnehmungsräume zu finden. Ebenso kann man auch eine Metapher, die Führung beschreibt, wie beispielsweise »das Heft in der Hand halten«, in eine weniger zwingende umwandeln, beispielsweise »den Taktstock schwingen«.

Universalien, Metaphern und Symbole als Mittel
zum Transfer von Erlerntem

»Die Metapher ist der Faktor, durch den eine Sprache wächst.

Das Lexikon der Sprache... besteht aus einer endlichen Menge von Begriffen, die sich mit Hilfe der Metapher auf eine unendliche Menge von Umständen beziehen läßt, wobei dadurch sogar neue Umstände geschaffen werden können.

Eine Theorie ist... eine Metapher zwischen einem Modell und Daten. Und Verstehen im Sinne der Wissenschaft ist das Empfinden einer Ähnlichkeit zwischen komplizierten Daten und einem vertrauten Modell... Etwas zu verstehen bedeutet, daß man zu einer Vertrautheit schaffenden Metapher für es gelangt ist...«

Julian Jaynes, The Origin of Consciousness
in the Breakdown of the Bicameral Mind

Die Transferierbarkeit einer Lernerfahrung hat zwei Aspekte. Einer von diesen hat etwas mit dem Thema der Analogie oder Metapher zu tun. Die Transferierbarkeit einer Lernerfahrung hängt vom Ausmaß der Analogie der in der Präsentation benutzten Repräsentationen und Metaphern und der beruflichen Realität des Lernenden ab. In dem Maße, wie beide sich hinsichtlich der für den Transfer relevanten Merkmale ähneln, kann die eine als Referenzerfahrung für die andere benutzt werden.

Die Analogie ist eine sehr wirksame Kommunikationsstrategie, weil sie die Lernenden anregt zu fragen: »Wie ähnelt dies jenem?« – »Was von dem, was ich bereits weiß oder kenne, kann analog auf das neue Konzept oder die neue Idee übertragen werden?« Zum Beispiel könnte ein Präsentator eine Metapher wie »einen Apfel entwerfen« benutzen, um ein Konzept zu veranschaulichen, das sich auf das »Entwerfen eines Motors« bezieht, oder das Denken in dieser Hinsicht zu stimulieren. Vom Prozeß her mögen Ähnlichkeiten zwischen beiden bestehen, doch auf der Ebene des Tuns *(operational level)* gibt es sicherlich Aspekte, die zwar beim Entwerfen eines Apfels eine Rolle spielen, sich aber auf das Entwerfen eines Motors nicht übertragen lassen. Oft fördern solche Vergleiche das Verständnis, doch wenn es schließlich darum geht, ein adäquates Verhalten zu entwickeln, muß man eventuell zu einer anderen Art von Simulation oder einer anderen Repräsentationsmethode greifen.

Universalien sind bei der Durchführung einer Präsentation besonders wichtig. Universalien sind Metaphern oder Erfahrungen, die allgemein bekannt sind und mit denen alle Anwesenden etwas anfangen können. Eine Universalie ist eine Erfahrung, die wahrscheinlich alle innerhalb einer Gruppe gemacht haben, oder etwas, das alle bereits einmal beobachtet haben. Dazu gehören Dinge wie »ein Kind, das zu laufen lernt« oder »ein Essen zubereiten« usw. Ein Präsentator könnte sich fragen: »Wie stark kann ich das, was ich zu lehren versuche, mit Universalerfahrungen verbinden?«

Einige Universalien sind besonders nützlich für das Verständnis einer Idee oder eines Konzepts, andere helfen, Erlerntes aus der Präsentationssituation in die Alltagsrealität der Lernenden zu transferieren.

Es gibt unterschiedliche Ebenen der Universalität einer bestimmten Erfahrung. Ein Konzept kann in einer bestimmten Kultur als universell gelten, die damit assoziierte Verhaltensfähigkeit hingegen nicht. Ein metaphorischer Bezug kann beim Transferieren eines Konzepts sehr gute Dienste leisten, doch um die Fähigkeit zu transferieren, die vermittelt werden soll, benötigt der Präsentator möglicherweise andere Arten der Repräsentation und andere Referenzerfahrungen.

Ein drittes Element, das die Transferierbarkeit einer Lernerfahrung beeinflußt, hat etwas mit dem »symbolischen« Aspekt von Erfahrungen zu tun. Symbole und symbolische Erfahrungen sind beim Lernprozeß sehr nützlich. Symbole werden oft mit tieferen Strukturen der Erfahrung wie Glaubenssätzen und der Identität assoziiert, und sie mobilisieren diese (z. B. eine Nationalflagge, das Logo eines Unternehmens oder die Uniform seiner Mitarbeiter).

Auch eine Referenzerfahrung kann Symbolwert haben. »Einen Apfel entwerfen« kann auch eine symbolische Aussage sein. Im Grunde ist dies in stärkerem Maße ein symbolischer als ein realer Prozeß. Niemand entwirft tatsächlich einen Apfel, sondern diese Metapher symbolisiert eine bestimmte Art, über etwas zu denken.

Symbolische Erfahrungen werden häufig tiefer internalisiert, und sie lassen sich weiträumiger transferieren als eine spezifische Information oder ein spezifisches Beispiel.

Ein Rollenspiel beispielsweise dient primär dazu, eine spezifische Fähigkeit zu üben. Doch haben Rollenspiele andererseits auch einen symbolischen Wert. Selbst wenn Menschen nie real die Erfahrung gemacht haben, mit der sie in einem Rollenspiel konfrontiert werden, kann das Geschehen so symbolisch für ihre reale

Situation sein, daß dies eine wesentlich intensivere Lernerfahrung für sie ist, als wenn sie einfach ein bestimmtes Verhalten einüben würden.

Symbolische Erfahrungen werden oft zu Glaubenssätzen und Werten in Beziehung gebracht. Sie repräsentieren einen kulturspezifischen Sachverhalt im Gegensatz zu einer rein physischen Situation. Beispiele oder Analogien (Vergleiche) können ebenfalls sowohl symbolisch als auch einfach nur lehrreich sein.

Kognitive Pakete

Konzepte, Ideen und vollständige kognitive Landkarten werden mit Hilfe einer Reihe von »kognitiven Paketen« übermittelt. Ein »kognitives Paket« ist eine Kommunikations-Einheit (*Chunk*). Aus ihr läßt sich entweder eine größere kognitive Landkarte aufbauen, oder man kann sie benutzen, um eine Referenzerfahrung zu schaffen. Gewöhnlich setzt sich ein komplexes kognitives Paket aus einfacheren kognitiven Paketen zusammen.

Kognitive Pakete sind die konkreten Teile, die graphisch, verbal oder auf irgendeine andere Weise konkret sind – die Art von Botschaften, die man zu übermitteln versucht, um die Landkarte eines Konzepts oder einer Idee aufzubauen und sie mit Referenzerfahrungen zu verbinden. Eine Overhead-Folie beispielsweise ist ein kognitives Paket. Ein Beispiel oder eine Metapher ist ebenfalls ein kognitives Paket. Und auch eine Erklärung ist ein kognitives Paket. Diese Beispiele sind kognitive Pakete, die durch unterschiedliche Repräsentationsmodalitäten geformt werden.

Sich Kommunikation im Sinne von »Paketen« vorzustellen bringt den Vorteil mit sich, daß man die Information dann neu »verpacken« *(repackage)* oder anders sequenzieren *(resequence)* kann, je nachdem, welche Art von Repräsentation bei einem bestimmten Lernprozeß besonders effektiv ist. Der Repräsentationskanal, durch den ein kognitives Paket übermittelt wird, hat einen starken Einfluß. Ein Bild kann jemandem helfen, ein ganzes System zu visualisieren, doch verbale Anweisungen sind nützlich, um Informationen über eine bestimmte Verfahrensweise zu übermitteln. Und physische Aktivitäten sind hilfreich, um die Aktionen eines Menschen unmittelbarer zu formen.

Der Einfluß verschiedener Arten von Repräsentationen auf das Lernen

Ein Wahrnehmungsraum wird durch diejenigen Elemente eines Systems definiert, die man als relevant für eine bestimmte Idee bzw. für ein bestimmtes Konzept ansieht. Wie ein Wahrnehmungsraum repräsentiert wird, beeinflußt, welche Art von Assoziationen und Verbindungen wahrscheinlich hergestellt werden. Verschiedene Arten von Repräsentationen »interpunktieren« einen Wahrnehmungsraum auf unterschiedliche Weisen und heben verschiedene Faktoren und Beziehungen hervor. Verschiedene Arten von Repräsentationen und verschiedene Repräsentationskanäle fördern außerdem jeweils bestimmte Arten von Denkprozessen. Beispielsweise erhebt sich Kritik eher als Reaktion auf Worte als auf symbolische Bilder.

Verschiedene Arten von Landkarten repräsentieren Information jeweils auf einer bestimmten Ebenen besonders effektiv:

Was	→	Worte
Wie	→	Diagramme
Warum	→	Symbole
Wer	→	Metaphern

Der Einfluß von Annahmen auf die Kommunikation

Kontext und Kultur sind weitere Aspekte des Mediums, durch welches Botschaften kommuniziert werden. Kontext und Kultur determinieren die Arten von Annahmen und Erwartungen, mit deren Hilfe Empfänger den Sinn einer Kommunikation interpretieren.

Um eine bestimmte Repräsentation oder Erfahrung zu verstehen, muß man über den Wahrnehmungsraum, in dem man operiert, Annahmen entwickeln. Unterschiedliche Annahmen beeinflussen die Priorität und Relevanz, die man Elementen der Idee oder Erfahrung beimißt.

Zusammenfassung
Andere Repräsentationsstrategien

Einige andere Repräsentationsstrategien

➤ Metaphern
➤ Analogien (Vergleiche)
➤ symbolische Repräsentationen
➤ Mikro-Demonstrationen

Kerngedanken

Lernen läßt sich durch verschiedene Prozesse verbessern und erweitern, bei denen Information jeweils auf andere Weise repräsentiert wird:

1. Metaphorische oder symbolische Darstellungen
2. Repräsentationssysteme wechseln
3. Multi-sensorische Landkarten schaffen

Je besser ein Mensch seine Repräsentationssysteme zu nutzen versteht, um so wahrscheinlicher lernt er effektiv.

Eine Vielzahl von Perspektiven schaffen

Eine hochwirksame Form kooperativen Lernens ergibt sich aus der Tatsache, daß Menschen unterschiedliche Landkarten von der Welt haben. Die Art, wie jemand eine bestimmte Idee oder ein Konzept repräsentiert, kann andere Menschen zu neuen Sichtweisen und Einsichten inspirieren.

Die folgende Übung nutzt diesen natürlichen Prozeß des kooperativen Lernens.

Bei dieser Übung geht es um den Einfluß von Repräsentationskanälen. Sie sollte in einer Vierergruppe durchgeführt werden, damit ein ausreichendes Maß an Vielfalt vorhanden ist.

Jedes Mitglied der Gruppe wählt eine Idee oder ein Konzept aus, das wichtig ist oder dessen Präsentation eine Herausforderung darstellt. Die Gruppe kann auch beschließen, gemeinsam ein bestimmtes Thema näher zu untersuchen.

Die Gruppenmitglieder stellen fest, über welchen Repräsentationskanal die betreffende Idee oder das Konzept gewöhnlich kommuniziert wird. Anschließend sollen alle Teilnehmer sich je zwei andere Möglichkeiten überlegen, wie man diese Idee bzw. dieses Konzept außerdem repräsentieren könnte. Beispielsweise könnte man ein symbolisches oder metaphorisches Bild zeichnen oder ein Diagramm erstellen oder einen Sketch aufführen. Man könnte auch eine physische Mikro-Demonstration geben, wodurch man den physischen Repräsentationskanal benutzt hätte. In jedem Fall soll die Idee oder das Konzept auf zwei neuartige Weisen, mit Hilfe gewöhnlich hierfür nicht benutzter Repräsentationskanäle repräsentiert werden.

Jeder Teilnehmer überlegt sich seine Möglichkeiten der Repräsentation unabhängig von dem, was die anderen machen. Jeder stellt also drei Repräsentationen der Idee oder des gewählten Konzepts vor: die Standard-Repräsentation und zwei Alternativ-Repräsentationen in verschiedenen Repräsentationskanälen. Dann präsentiert jeder Teilnehmer die Idee oder das Konzept zunächst unter Verwendung des üblichen Kanals und anschließend der beiden neuen. Unterschiedliche Landkarten (Beschreibungen) und Repräsentationen einer Idee oder eines Konzepts miteinander zu vergleichen ist eine Möglichkeit, die Wahrnehmungen derselben anzureichern und ein umfassenderes Verständnis zu fördern.

Dies ist eine Übung im Repräsentieren und Erweitern der Wahrnehmung einer Idee oder eines Konzepts.

Nachdem ein Teilnehmer seine drei unterschiedlichen Repräsentationen der gewählten Idee bzw. des Konzepts präsentiert hat, diskutieren die Gruppenmitglieder darüber, wie sich die verschiedenen Arten der Repräsentation voneinander unterscheiden. Die Gruppe soll darüber befinden, was an den neuen Arten der Repräsentation effektiv ist und welche Stärken und Schwächen jede der drei Formen der Repräsentation in Beziehung zu unterschiedlichen Lernstilen und angestrebten Ergebnissen aufweist.

Wenn alle Gruppen sich auf ein bestimmtes Thema einigen, um potentielle Generalisierungen zu untersuchen, könnte ein Thema gewählt werden, das mit effektiver Kommunikation in Verbindung steht.

Die Voraussetzung der Übung ist, daß das Entwickeln äußerer Landkarten mit Hilfe verschiedener Repräsentationskanäle eine effektive Methode ist, um:

1. der Vielfalt von Lernstilen verschiedener Menschen gerecht zu werden und
2. viele verschiedene Perspektiven von einer bestimmten Idee oder von einem Konzept zu entwickeln.

Übung
Eine Vielzahl von Perspektiven schaffen

Bilden Sie Gruppen von vier Teilnehmern, die nacheinander die Rolle des Präsentators übernehmen:

1. Jedes Gruppenmitglied wählt eine Idee oder ein Konzept aus, das zu präsentieren wichtig oder eine Herausforderung ist. (Die Gruppe kann auch gemeinschaftlich ein bestimmtes Thema wählen.)
2. Jedes Gruppenmitglied entscheidet für sich, welcher Repräsentationskanal gewöhnlich zur Übermittlung der betreffenden Idee bzw. des Konzepts benutzt wird.
3. Jedes Gruppenmitglied überlegt sich zwei andere Möglichkeiten, die betreffende Idee bzw. das Konzept zu repräsentieren; beispielsweise in Form von Bildern, durch Metaphern, auf symbolische Weise oder durch eine Mikro-Demonstration.
4. Die Gruppenmitglieder präsentieren die von ihnen gewählte Idee bzw. das Konzept nacheinander der Gruppe, wobei sie zunächst den üblichen Repräsentationskanal und anschließend die beiden alternativen Möglichkeiten benutzen.

5. Die Gruppe diskutiert über Wirkung und Effektivität der verschiedenen Arten der Repräsentation.

Nach der Diskussion übernimmt das nächste Gruppenmitglied die Rolle des Präsentators.

Strategien zur Entwicklung von Referenzerfahrungen

In diesem Kapitel wird erforscht, wie man durch Verbinden oder »Ankern« kognitiver Landkarten mit bzw. an relevante Referenzerfahrungen Wissen und Fähigkeiten aus dem Präsentationszusammenhang in die Realität des Lernenden transferieren kann.

➤　Grundlegende Lernprozesse
➤　Arten von Referenzerfahrungen
➤　Das »Ankern« von Referenzerfahrungen
➤　Etablieren und Ankern von Referenzerfahrungen

Grundlegende Lernprozesse

Kognitive Landkarten und Referenzerfahrungen

Lernen könnte man ganz allgemein als »adaptive Verhaltensveränderungen infolge von Erfahrungen« bezeichnen. Im allgemeinen ist dazu ein Prozeß erforderlich, in dessen Verlauf Menschen ihr Verhalten verändern, um das Ergebnis zu beeinflussen, das sie in ihrer Umgebung kreieren.

Menschen verändern ihr Verhalten durch Schaffen von persönlichen Referenzerfahrungen und kognitiven Landkarten. Selbst die einfachsten Tiere scheinen kognitive Landkarten von ihrer Umgebung zu entwickeln, so daß sie sich an einer Landkarte orientieren können, die nicht aus ihrer unmittelbaren Umgebung abgeleitet ist. Ein großer Teil des Lernens besteht selbst bei den einfachsten Tieren im Schaffen kognitiver Modelle und Landkarten.

Doch ist uns allen wahrscheinlich das Problem bekannt, das entsteht, wenn man über kognitives Wissen, jedoch nicht über Erfahrungswissen *(experiential knowledge)* verfügt. In solchen Situationen wissen wir *über* etwas bescheid, sind jedoch nicht in der Lage, dieses Wissen zu nutzen oder es praktisch anzuwenden. Ein anderer Teil des Lernprozesses besteht deshalb darin, die kognitiven Landkarten und Modelle in die Praxis umzusetzen. Man kann Lernen dann als effektiv bezeichnen, wenn ein Modell in die Praxis umgesetzt wird oder wenn es mit einem Verhalten oder mit persönlichen Erfahrungen des Lernenden verbunden wird. Der wichtigste Schritt in einem Lernprozeß ist deshalb das Verbinden einer kognitiven Landkarte mit irgendeiner Art von konkreter Referenzerfahrung. Dies ist besonders wichtig, wenn Lernenden geholfen werden soll, im Kontext einer Präsentation Gelerntes in ihre konkrete berufliche Situation zu übertragen.

Unbewußte Kompetenz oder latente Kompetenz entsteht durch Schaffen von Referenzerfahrungen. Bewußte Kompetenz entsteht durch die Fähigkeit, die eigenen Erfahrungen zu kodieren. Kodieren ist das Herstellen einer Verbindung zwischen einer Landkarte, einer Abstraktion oder einem Label (Etikett) und persönlichen Referenzerfahrungen.

Zu den grundlegenden Lernfähigkeiten gehört die Fähigkeit, kognitive Landkarten und Referenzerfahrungen zu entwickeln, sowie die Fähigkeit, den Status der äußeren Umgebung zu erkennen, so daß die adäquaten kognitiven Landkarten und Referenzerfahrungen mobilisiert werden können, welche es wiederum ermöglichen, innerhalb des Systems, in dem sich der Betreffende zur Zeit befindet, die gewünschten Ergebnisse zu erzielen.

Um den Lernprozeß des Lernenden zu fördern, muß der Präsentator ihm (a) bei der Entwicklung einer inneren kognitiven Landkarte und (b) bei der Verbindung dieser Landkarte mit adäquaten Referenzerfahrungen helfen, wobei letztere der Landkarte einen konkreten Sinn geben, insofern sie sich mit der äußeren Situation und Auswirkungen der verhaltensrelevanten Resultate *(behavioural results)* beschäftigen. Die Aktivitäten eines Präsentators im Lernkontext beinhalten, generell gesagt, die Übermittlung kognitiver Pakete und die Schaffung von Referenzerfahrungen durch irgendeine Art von Lernaktivität.

> *a. Kognitive Pakete* definieren einen bestimmten Wahrnehmungs-»raum«, der geschaffen oder geöffnet werden soll. Ein spezifisches *kognitives Paket* ist eine verbale oder visuelle Verkörperung oder Manifestation einer Idee oder eines Konzepts.
>
> *b. Lernaktivitäten* definieren die Referenzerfahrung, die erforderlich ist, um dem kognitiven Paket einen konkreten Sinn zu geben. Die verbalen Etiketten und Beispiele und die visuellen Symbole, aus denen kognitive Pakete bestehen, erhalten für den Lernenden erst praktische Bedeutung, wenn sie mit einer für ihn persönlich gültigen Referenzerfahrung verbunden werden. Eine *Referenzerfahrung* ist a) eine persönliche Erinnerung, b) eine durchgehend beobachtbare Verhaltensdemonstration oder c) eine Erfahrung, die der Lernende konstruiert (imaginiert, phantasiert). Solche Erfahrungen dienen dazu, entweder existierende unbewußte Kompetenz oder bereits existierende Wahrnehmungen oder Fähigkeiten zu aktivieren.

Die Aktivitäten eines Präsentators dienen einem der vier folgenden Zwecke:

1. kognitive Pakete zu übermitteln,
2. die Wahrnehmungslandkarten (*perceptual maps*) des Lernenden zu erweitern,
3. Referenzerfahrungen für bestimmte kognitive Pakete zu aktivieren,
4. Referenzerfahrungen mit kognitiven Landkarten zu verbinden.

Indem er diese Aufgaben erfüllt, hilft der Präsentator den Lernenden, durch Fördern von Verbindungen zwischen dem kognitiven Material und ihrer allgemeinen oder beruflichen Realiät ihre Wahrnehmungslandkarten vom behandelten Material zu erweitern. Auf diese Weise pendeln die Lernenden ständig zwischen Denken und Handeln hin und her, von der Landkarte zum Gebiet. Die Effektivität einer Präsentation hängt ab von der Fähigkeit des Präsentators, mit Hilfe sprachlicher und anderweitiger kognitiver Prozesse a) Lernprozesse zu stimulieren, b) Ideen und Konzepte zu repräsentieren und c) den Lernenden dabei zu helfen, Aufgaben effektiver zu bewältigen.

Daraus ergeben sich drei grundlegende Schwerpunkte für die Entwicklung einer Kommunikationsstrategie. Einer von diesen besteht darin, eine geeignete kognitive Landkarte auszuwählen und den Lernenden zu helfen, diese Landkarte selbst zu entwickeln. Der zweite ist, herauszufinden, welche Referenzerfahrungen die gewählten kognitiven Landkarten am besten mit Leben erfüllen *(enact)*. Der dritte schließlich besteht im Herstellen einer Verbindung zwischen den beiden ersten. Dieser dritte Punkt ist der entscheidende Augenblick im gesamten Lernprozeß, das sogenannte »Aha«-Erlebnis, die Erkenntnis, daß »diese Landkarte zu der Erfahrung gehört«.

Bei jeder Art von Lernen sind diese drei Faktoren beteiligt: Man muß 1) kognitive Modelle entwickeln, 2) eine entsprechende Referenzerfahrung aktivieren und 3) eine Verbindung zwischen beiden herstellen. Die Reichhaltigkeit oder Robustheit jener Verbindung ist sehr oft der Faktor, der für die Qualität eines Ergebnisses ausschlaggebend ist.

Der Zyklus des Lernens

Ein weiterer grundlegender Aspekt des Lernens ist, wie Referenzerfahrungen und Landkarten »geschichtet« *(piled up)* werden und dadurch schließlich den Abschluß des Lernprozesses ermöglichen. Erfahrungslernen *(experiental learning)* erfolgt gewöhnlich in einem mehrere wichtige Phasen umfassenden Zyklus. Kompetenz entsteht durch das »Schichten« von Referenzerfahrungen durch Tun und Handeln. Bewußtes Gewahrsein entsteht durch die Existenz kognitiver Landkarten und von Unterscheidungskriterien, mit deren Hilfe Verhaltensweisen und Erfahrungen etikettiert und »verstanden« (eingeordnet) werden können.

Ein Lernprozeß beginnt gewöhnlich mit dem Stadium der *unbewußten Inkompetenz*. Der Lernende kennt die Fähigkeit nicht und weiß außerdem auch nicht, daß er nichts darüber weiß. Wenn man beispielsweise einen Vierjährigen fragt: »Kannst du Papis Auto fahren?«, wird das Kind möglicherweise antworten: »Klar kann ich das.« Es verfügt nicht über die Kompetenz, das Auto zu fahren, und ist sich nicht einmal darüber im klaren, daß es nicht über diese Kompetenz verfügt.

Daß Menschen nicht einmal klar ist, daß etwas existiert, das man können könnte, ist oft der Fall. Wenn jemand noch nie etwas mit Computern zu tun gehabt hat, hat der Betreffende keinerlei Vorstellung davon, über welche Kompetenzen man verfügen muß, um einen Computer zu bedienen.

Die zweite Phase ist oft die schwierigste. Sie tritt ein, wenn der Lernende das Stadium *bewußter Inkompetenz* erreicht. Ich halte sie deshalb für die schwierigste, weil Menschen oft heftige emotionale Reaktionen entwickeln, wenn ihnen klar wird, daß sie etwas »nicht wissen« oder »nicht können«. Für manche Lernende ist Verstehen mit Überleben verbunden. Wenn sie etwas nicht wissen oder können, überfällt sie Angst. Ein Beispiel hierfür wäre, daß ein Kind sich vor Autos zu fürchten beginnt, wenn ihm dämmert, daß es in Wahrheit keineswegs mit »Papis Auto« umgehen kann und daß Autos gefährlich sind. Das Kind nimmt seine Inkompetenz als mit Gefahr verbunden wahr. Außerdem wird mit dem Begriff »Inkompetenz« gewöhnlich ein starkes negatives Urteil verbunden.

Doch nicht jeder reagiert auf diese Phase negativ emotional. Manche Menschen freuen sich regelrecht, wenn ihnen klar wird, daß sie etwas Neues lernen müssen. Ob jemand auf diese Phase positiv oder negativ reagiert, hängt oft mit der Selbst-Wahrnehmung des oder der Betreffenden zusammen. Daß manche in freudige Erregung versetzt werden, wenn sie sich ihrer Inkompetenz in einem bestimmten Bereich bewußt werden, wohingegen andere angesichts dieser Erkenntnis Angst entwickeln, kann mit den Erwartungen der Betreffenden bezüglich ihrer Fähigkeiten zusammenhängen. Wenn Lernende merken, daß sie etwas nicht wissen oder können, jedoch überzeugt sind, daß sie es erlernen können, erleben sie die Lernaufgabe wahrscheinlich als positive Herausforderung. Halten sie sich hingegen nicht für fähig, die anstehende Lernaufgabe zu bewältigen, so empfinden sie diese wahrscheinlich als schwierig und bedrohlich. Die Selbstwahrnehmung eines Menschen spielt manchmal eine sehr wichtige Rolle hinsichtlich seiner Reaktion auf »nicht wissen« oder auf die Beurteilung seiner Leistung.

Was die Kommunikationsstrategie betrifft, so ist es sehr wichtig, die Reaktionen der Lernenden auf die Phase der *bewußten Inkompetenz* gut zu beobachten und zu wissen, wie man mit etwaigen Problemen in dieser Phase umgehen kann. Menschen, die nicht viel Vertrauen in ihre eigene Fähigkeit zu lernen setzen, brauchen möglicherweise mehr individuelle Begleitung, wohingegen ein Mensch mit starkem Vertrauen in die eigene Lernfähigkeit wesentlich weniger Anleitung benötigt. Bestimmte Arten emotionaler Reaktion auf bewußte Inkompetenz können charakteristisch für Einzelne, für ganze Gruppen oder für bestimmte Kulturen sein. Beispielsweise werden Menschen, die in einer Fabrik arbeiten, vermutlich auf ihre Kompetenz in technischen Fragen vertrauen, jedoch an ihrer Kompetenz im theoretischen, konzeptuellen Bereich eher zweifeln. Bei Managern ist die Situation wahrscheinlich genau umgekehrt. Indem ein Ausbilder oder Lehrer mögliche Reaktionen auf bewußte Inkompetenz antizipiert, kann er sich Gedanken über die Art von Kommunikationstrategie und persönlicher Unterstützung machen, die ein Individuum oder eine Gruppe wahrscheinlich benötigt.

Auf die Phase der bewußten Inkompetenz folgt der Prozeß des Entwickelns *bewußter Kompetenz*. Der Fahrschüler, der Autofahren lernen will, lernt bewußt, in die Spiegel zu schauen, den Sicherheitsgurt anzulegen, Gänge zu wechseln, Entfernungen abzuschätzen, sich an die Verkehrsregeln zu halten usw. Mit dieser Phase ist immer ein gewisses Maß an »Unbeholfenheit« und »Befangenheit« verbunden.

Wenn der Zyklus des Lernens typisch verläuft, erreicht der Lernende schließlich die Phase der *unbewußten Kompetenz*. Er braucht nun nicht mehr bewußt darüber nachzudenken, was er tun muß. Wenn jemand lange genug Auto fährt, wird die bewußte Aktivität, das bewußte Treffen von Entscheidungen stark verringert, weil vieles nun in den Bereich der unbewußten Kompetenz übergegangen ist. Je mehr Referenzerfahrungen sich ansammeln, um so stärker wird die Notwendigkeit, explizit kognitive Landkarten zu aktivieren und sich daran zu orientieren.

Der Zyklus der Bewegung von der *bewußten Inkompetenz* über die *bewußte Kompetenz* zur *unbewußten Kompetenz* ist jedoch nur *ein* möglicher Verlauf. In vielen Fällen bewegen sich Menschen von der unbewußten Inkompetenz direkt zur unbewußten Kompetenz. Sie entwickeln Kompetenz durch Erfahrung, ohne kognitive Landkarten zur Verfügung zu haben. Sie sind kompetent, können aber weder beschreiben noch erklären, was sie tatsächlich tun. Ihre Fähigkeit ähnelt mehr einem angeborenen Talent als etwas Erworbenem. Dies ist die Grundlage dessen, was »latentes Lernen« *(latent learning)* oder »Einsichtslernen« *(insight learning)* genannt wird. Wenn anzunehmen ist, daß Lernende über ein hohes Maß an unbewußter Kompetenz verfügen, besteht eine effektive Kommunikationsstrategie darin, die latenten Fähigkeiten zu identifizieren, über die die Betreffenden wahrscheinlich verfügen, und ihnen dann zu helfen, sich dessen bewußt zu werden, was sie ohnehin tun.

Beispielsweise denken diejenigen, die mit einer bestimmten Sprache aufgewachsen sind, beim Sprechen nicht bewußt darüber nach, wie sie Sätze grammatisch aufbauen, und trotzdem ist das, was sie sagen, grammatisch fast immer korrekt. Dies ist ein Beispiel für unbewußte Kompetenz. Wenn jemand nun Sprachwissenschaftler werden will, muß er bezüglich der Grammatik natürlich bewußte Kompetenz entwickeln, denn ohne diese könnte er niemandem im Unterricht den Aufbau der betreffenden Sprache vermitteln. Benutzen hingegen kann man eine Sprache durchaus, ohne sich dessen bewußt zu sein, was man tut. Man kann hinsichtlich einer Sprache unbewußt kompetent sein und gleichzeitig nicht bewußt kompetent. Muttersprachler erzielen in Grammatikprüfungen nicht immer gute Noten. Natürlich ist die Art, wie Grammatik gelehrt wird, nicht immer einem optimalen Verständnis der Strukturen förderlich.

Eine der größten Herausforderungen für einen Lehrer, Ausbilder oder Präsentator ist die, bewußte Kompetenz erreichbarer zu machen. Gewisse konzeptuelle Modelle erschweren es den Lernenden eher noch, Kompetenz zu erkennen oder zu entwickeln, weil die betreffenden Modelle nicht organisch sind oder nicht zum Lernstil der Lernenden passen.

Organisationales Lernen *(organizational learning)* existiert in zwei Formen: a) in Form der Manifestation eines »natürlichen« Lernprozesses und b) in Form der Initiierung eines »rationalen« Lernprozesses. Beim rationalen Lernprozeß benutzen die Lernenden Hilfsmittel und Modelle, um eine bewußte Kompetenz zu entwickeln. In einem natürlichen Lernprozeß fokussieren Lernende auf Ziele und bewegen sich sofort auf eine unbewußte Kompetenz zu, sie verfügen jedoch nicht über Modelle oder Hilfsmittel, um den Zuwachs ihrer Fähigkeiten zu verstehen, zu transferieren oder anderweitig damit umzugehen. Institutionalisiertes Lernen beinhaltet gewöhnlich einen »rationalen« Lernprozeß, bei dem die Entwicklung bewußter Kompetenz im Vordergrund steht. Allerdings führen sowohl natürliches als auch rationales Lernen letztlich zur Entwicklung unbewußter Kompetenz.

Zusammenfassung
Grundlegende Lernprozesse

➤ Schaffen kognitiver Landkarten
➤ Verbinden kognitiver Landkarten mit Referenzerfahrungen

Kerngedanken

Der grundlegende Lernprozeß beinhaltet die Verbindung kognitiver Landkarten mit Referenzerfahrungen.

Was den grundlegenden Lernprozeß anbetrifft, besteht der Zweck einer Präsentation darin:

1. kognitive Pakete in Form von sprachlichen Äußerungen, Labeln (Etiketten) und Symbolen zu übermitteln,
2. den Lernenden zu helfen, eine kognitive Landkarte der zu erlernenden Ideen und Konzepte zu entwickeln,
3. konkrete Referenzerfahrungen zu aktivieren oder zu schaffen,
4. die Verbindung von kognitiven Paketen und Landkarten mit relevanten Referenzerfahrungen zu ermöglichen.

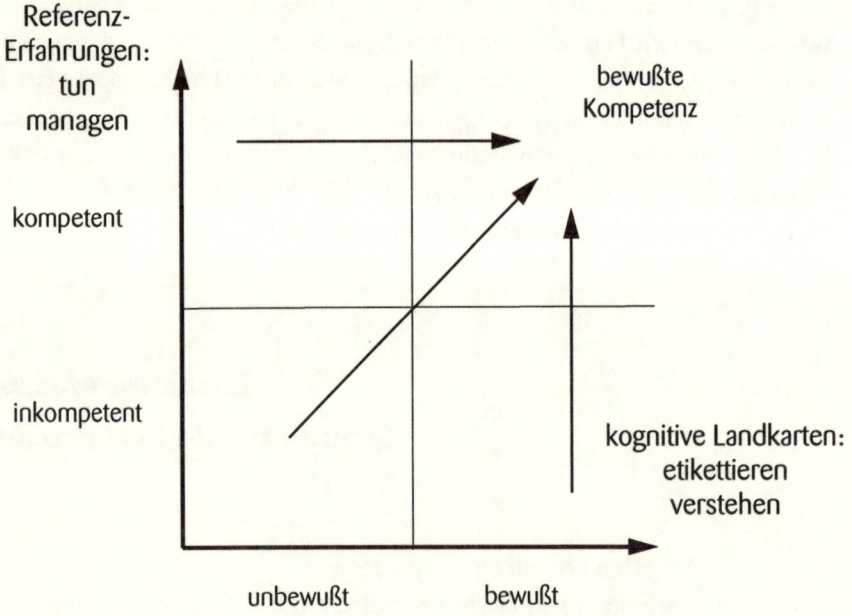

Das Ziel eines Trainingsprogramms

Kerngedanken
....

Kompetenz entsteht durch »Aufschichten« von Referenzerfahrungen, die durch Tun und Handeln *(doing and acting)* angesammelt werden.

Bewußtes Gewahrsein entsteht durch die Existenz von kognitiven Landkarten und Unterscheidungen, mit deren Hilfe Verhaltensweisen und Erfahrungen etikettiert und »verstanden« werden.

Organisationales Lernen *(organizational training)* ist im allgemeinen ein »rationaler« Lernprozeß, bei dem die Entwicklung bewußter Kompetenz im Vordergrund steht.

Arten von Referenzerfahrungen

Eine der wichtigsten Pflichten eines Präsentators ist, den Lernenden kognitive Landkarten zu liefern. Wenn diese Landkarten ohne jede Referenzerfahrung geliefert werden, so vermittelt der Ausbilder oder Präsentator nur Information. Anders gesagt: Kognitive Landkarten, die nicht mit Referenzerfahrungen verbunden sind, sind nichts weiter als Information. Der »Nutzen« der Information entsteht erst, wenn die Landkarte mit spezifischen Aktivitäten verbunden und auf andere Referenzerfahrungen bezogen wird. Die Qualität des Lernens hängt von der Reichhaltigkeit und Robustheit der Verbindungen zwischen Landkarten und Referenzerfahrungen ab.

Der Lehrer, Ausbilder oder Präsentator hat die Aufgabe, irgendeine Art von kognitivem Paket zu vermitteln und dasselbe mit Referenzerfahrungen zu verbinden, und zwar zunächst im Kontext der Lernsituation. Dann stellt sich die Frage: »Kann der Lernende die Landkarte auf andere Erfahrungen und Kontexte übertragen?«

Angenommen, es handelt sich um ein Konzept wie »Zyklus des Lernens«. Nehmen wir an, jemand würde diese Landkarte prinzipiell verstehen, jedoch dann fragen: »Ja und?« Die Landkarte muß mit mehreren Referenzbeispielen verbunden werden, so daß sie konkreter erscheint und ihr Sinn klar wird. Sobald die Landkarte mit einigen Erfahrungen verbunden ist, werden die Lernenden versuchen, sie selbst mit weiteren zu verbinden. Anschließend überprüfen sie zusammen mit dem Ausbilder, ob die Beispiele, die sie selbst gefunden haben, der Landkarte angemessen sind. Das Gelernte gewinnt für die Lernenden an Tiefe, wenn sie selbst neue Beispiele finden, das Konzept mit anderen Erfahrungen in Verbindung bringen und dann auf irgendeine Weise die Gültigkeit dessen überprüfen, was sie gefunden und internalisiert haben.

Es gibt verschiedene Arten von Referenzerfahrungen. Ein Beispiel für den Zyklus des Lernens zu geben, indem man das Erlernen eines Musikinstruments beschreibt, wäre ein verbales Beispiel. Ein physisches Beispiel wäre, daß Lernende tatsächlich etwas tun. Außerdem wären visuelle Beispiele in Form von Demonstrationen oder Illustrationen möglich.

Während des Lernprozesses stellt das Nervensystem Verbindungen zwischen verschiedenen Arten von Landkarten sowie zwischen Landkarten und Verhaltensweisen her. Während die Verbindungen hergestellt werden, werden im Inneren des Lernenden Erfahrungen »aufgeschichtet«. Es könnte auch sein, daß ein

Lernender eine Referenzerfahrung dafür hat, was ein »Zyklus des Lernens« ist, jedoch nicht dafür, wie man diesen nutzen kann und warum er wichtig ist.

Eine der wichtigsten Überlegungen für einen Präsentator ist, ob die Referenzerfahrung, die aktiviert werden soll, 1) eine erinnerte Erfahrung ist – wobei er den Lernenden dazu bringt, sich an etwas aus seiner Vergangenheit zu erinnern, 2) eine gerade stattfindende Erfahrung ist – wobei er auf etwas, das im Augenblick vorhanden ist, hinweist, oder 3) ob es sich um irgendeine Art von konstruiertem oder imaginiertem Szenario handelt.

Ein Szenario ist eine konstruierte Erfahrung. Fragenkataloge können Menschen dazu bringen, sich an frühere Erfahrungen zu erinnern oder sich Ereignisse in der Zukunft vorzustellen. Demonstrationen oder Simulationen erzeugen ständig präsente Erfahrungen.

So hat beispielsweise die erste Übung in diesem Buch, in der die Mitglieder einer Gruppe ein Thema auswählen und eine fünfminütige Präsentation darüber durchführen sollten, eine dauerhafte Referenzerfahrung erzeugt. Es war eine konkrete Situation, die sich in Echtzeit abspielte. Mit Hilfe des T.O.T.E.-Fragenkatalogs sollten die Lernenden sich einen antizipierten (also in der Zukunft liegenden) Präsentationskontext vorstellen. Bei der Übung im Kreieren kognitiver Pakete war eine Kombination von Erinnerungen, Imagination und ständig präsenten Erfahrungen erforderlich. Anfänglich ging es um den Zugang zu erinnerter Erfahrung. Später sollten die Lernenden zusammen mit der Gruppe ein Beispiel durchspielen. Und schließlich wurde jenes Beispiel benutzt, um auf zukünftige Möglichkeiten und auf Alternativen hinzuweisen.

Welche Art von Referenzerfahrungen sich in einem konkreten Fall eignet, hängt von den Zielen der Präsentation ab, sowie in einem gewissen Maße auch von der Art des Publikums. Wenn eine Gruppe beispielsweise keinen Zugang zu gemeinsamen Erfahrungen und Erinnerungen hat, muß der Präsentator entweder im betreffenden Augenblick etwas kreieren, oder er muß die Gruppe ähnliche Erfahrungen konstruieren oder imaginieren lassen.

Die Auswahl kann auch durch die kognitiven Lernstile der Zuhörer beeinflußt werden. Wieviel Imaginationsfähigkeit verlange ich einer Gruppe ab oder was für eine Art von Erinnerung? Die Erinnerungs- und Imaginationsfähigkeit ist bei allen Menschen unterschiedlich.

Zusammenfassung
Arten von Referenzerfahrungen

➤ **gerade stattfindende**
äußere Erfahrungen, die unmittelbar präsent sind

➤ **erinnerte**
erinnerte Erfahrungen aus der Vergangenheit

➤ **konstruierte**
»Als ob«-Erfahrungen, die der Lernende konstruiert oder imaginiert.

Kerngedanken

Es gibt drei grundlegende Arten von Referenzerfahrungen: 1) diejenigen, die sich auf erinnerte frühere Erfahrungen beziehen, 2) gerade stattfindende Erfahrungen, die Bestandteil der aktuellen Umgebung sind, und 3) imaginierte oder konstruierte Erfahrungen, die sich meist auf die Zukunft beziehen.

Unterschiedliche Mischungen von Referenzerfahrungen eignen sich für unterschiedliche Präsentationen, je nach den Zielen der Präsentation und den Einschränkungen, die durch den Kontext der Präsentation gegeben sind.

Ankern von Referenzerfahrungen

Der Prozeß des »Ankerns« dient dazu, Lernerfahrungen zu festigen und zu transferieren. »Ankern« beinhaltet, eine Assoziation zwischen einem äußeren Hinweis (cue) oder Stimulus und einer inneren Erfahrung oder einem Zustand herzustellen. Eine Analogie für das Ankern ist der berühmte Versuch Pawlows, bei dem Hunden durch das Ertönen einer Glocke die bevorstehende Fütterung angekündigt wird. Lernen hat sehr viel mit Konditionierung zu tun, und Konditionierung beinhaltet das Verbinden bestimmter Stimuli mit bestimmten Reaktionen. Ein Anker ist die Art von Stimulus, die mit einer Lernerfahrung assoziiert wird. Wenn man etwas in einem Unterrichtsraum ankern kann, kann man diesen Anker auch auf die Arbeitsumgebung übertragen, als zumindest assoziative Erinnerung an das, was erlernt wurde.

Hierzu möchte ich folgendes Beispiel erwähnen. Eine Gruppe von Lernpsychologen führte mit Studenten eine Studie durch. Die Studenten sollten in einem bestimmten Unterrichtsraum eine bestimmte Aufgabe erlernen. Dann wurde die Gruppe in zwei Hälften geteilt, und eine der beiden Teilgruppen mußte in einen anderen Raum umziehen. Bei einer späteren Überprüfung des Lernerfolgs stellte sich heraus, daß diejenigen, die in dem Raum geblieben waren, in dem sie das Material erlernt hatten, in den Prüfungen besser abschnitten als die Studenten, die in den neuen Raum umgezogen waren. Der Grund war vermutlich, daß mit dem erlernten Material Umgebungsreize (environmental cues) verbunden worden waren.

Wahrscheinlich haben wir alle schon in einer ungewohnten Umgebung versucht, uns an etwas zu erinnern, doch weil dort völlig andere Stimuli auf uns einwirkten, war unsere Erinnerungsfähigkeit nicht besonders gut. Indem Präsentatoren lernen, gewisse Arten von Ankern zu benutzen, können sie ihrem Publikum helfen, das Gelernte zu generalisieren. Die Möglichkeit eines Transfers des Gelernten wird sicherlich vergrößert, wenn auch gewisse Stimuli sich transferieren lassen.

Es gibt noch einen anderen Aspekt des Ankerns, der mit der Tatsache zusammenhängt, daß Pawlows Hunde sich in einem gewissen Zustand befinden mußten, damit das Ertönen der Glocke für sie eine Bedeutung hatte. Die Hunde mußten hungrig sein; nur dann konnte Pawlow den Reiz an der Reaktion ankern. Ebenso hängt auch die Effektivität des Ankerns davon ab, in welchem Zustand Lernende sich befinden. Beispielsweise ist ein Dia oder eine Overheadfolie einerseits eine Landkarte, aber andererseits auch ein Stimulus. Das heißt, sie übermittelt Information, kann aber auch ein Trigger (Auslöser) für eine Referenzerfahrung sein. Ein Präsentator muß wissen, wann es dienlich ist, eine Botschaft zu übermitteln und wann nicht. Wenn Menschen eine plötzliche Einsicht haben – Aha! –, und Sie setzen dann ein Dia oder eine Overhead-Folie ein, so wird das so Vermittelte anders aufgenommen und assoziiert, als wenn die Zuhörer damit ringen, ein Konzept zu verstehen.

Timing (der richtige Zeitpunkt, etwas zu tun) kann ein sehr wichtiger Faktor sein. Ein Präsentator sollte bei der Präsentation des Materials immer den Zustand berücksichtigen, in dem das Publikum sich befindet. Wenn der Präsentator ein kognitives Paket präsentieren will, beispielsweise einen wichtigen Begriff oder eine visuelle Landkarte, muß er darauf warten, daß das »Eisen heiß ist«. Wenn er merkt, daß in der Gruppe eine gewisse Bereitschaft oder eine positive Spannung oder eine Offenheit entstanden ist, sollte er genau in diesem Augenblick die Konzepte oder Schlüsselbegriffe einführen, um die es geht. Denn der Sinn des Ankerns ist, daß nicht nur Information vermittelt, sondern auch Stimuli geliefert und mit den Referenzerfahrungen des Publikums verbunden werden. Deshalb sind symbolische Stimuli oft die effektiveren Anker.

Ein Präsentator muß sich fragen: »Wann führe ich diese Idee ein?« und: »Wie stark sollen meine Zuhörer sie erfahren oder darauf reagieren?« Wenn er beispielsweise eine Diskussion anregt, kann ein Thema zur Sprache kommen, das für einige Anwesende zutiefst mit bestimmten Glaubenssätzen und Werten verbunden ist. Vermittelt er in einem solchen Augenblick Information, so wird diese mit jenem gesteigerten Interesse oder mit dem in jenem Augenblick aktivierten stärkeren Engagement verbunden.

Ankern ist kein rein mechanisch gehandhabtes Detail der Vermittlung von kognitiven Landkarten und von Beispielen. Auch Engagement und Interesse der Zuhörer spielen dabei eine wichtige Rolle. Manchmal läßt ein Präsentator einem Gespräch seinen Lauf, und zwar nicht nur, weil die Anwesenden dadurch selbst logische Verbindungen herstellen, sondern weil auch der Zustand der Gruppe dadurch intensiviert wird und er dies nutzen will. Läßt hingegen das Engagement und die Intensität der Aufmerksamkeit in der Gruppe aus irgendwelchen Gründen nach, so wird er möglicherweise davon absehen, gewisse Inhalte oder Referenzerfahrungen an jenen Zustand zu ankern.

Ein Präsentator kann Anker auch benutzen, um bestimmte Zustände bei sich selbst sowie auch beim Publikum wieder zu erschließen. Er kann auch einen Selbst-Anker *(self-anchor)* benutzen, um sich in einen Zustand zu versetzen, in dem er während der Präsentation sein möchte. Ein Selbst-Anker kann ein inneres

Bild von etwas sein, das, sobald man daran denkt, automatisch den gewünschten Zustand hervorruft – beispielsweise das Bild von einem besonders nahestehenden Menschen. Auch durch ein Beispiel kann man einen Selbst-Anker setzen, beispielsweise indem man über die eigenen Kinder oder über eine Erfahrung spricht, mit der viele tiefe Assoziationen verbunden sind.

Setzen eines Ankers

Eine der Fähigkeiten eines effektiven Präsentators ist, daß er in der Lage ist, etwas »einzuprägen« *(imprint)*, indem er Augenblicke nutzt, in denen die Information mit positiven oder starken inneren Zuständen verbunden wird. Pawlow fand heraus, daß es zwei Möglichkeiten gab, Assoziationen zu schaffen: einerseits durch Wiederholung, durch ständigen Rückbezug auf eine Verknüpfung zwischen einem Reiz und einer Reaktion; und andererseits durch Erzeugung einer sehr intensiven und spezifisch an einen bestimmten Stimulus gebundenen Erfahrung. Menschen können sich an etwas, das mit einem sehr starken Gefühl oder mit etwas für sie sehr Wichtigem verbunden ist, jederzeit erinnern. Sie brauchen eine solche Information nicht unentwegt zu wiederholen, um sie zu lernen, da die Verbindung in einem einzigen Augenblick hergestellt wird.

Beim Setzen eines Ankers für eine Gruppe sind zwei Aspekte zu berücksichtigen. Einer ist die ständige Verstärkung des Ankers. Pawlow stellte fest, daß die Reaktion auf die Glocke allmählich nachließ und schließlich sogar völlig ausblieb, wenn er den Hunden bei Ertönen der Glocke nichts zu fressen gab. Damit ein Anker über lange Zeit oder gar für immer bestehen bleibt, muß er auf irgendeine Weise immer wieder verstärkt werden. Dies ist wichtig für das kontinuierliche Eigen-Lernen *(self-learning)* und die Supervision *(tutoring)* nach einer Präsentation. In diesem Fall könnte etwas als Anker gewählt werden, das an andere weitergegeben werden kann. Es ist wichtig, auf eine Konsistenz der Sprache und der vermittelten Modelle zu achten.

Der andere Aspekt des Ankerns innerhalb einer Gruppe hat etwas damit zu tun, wie reichhaltig *(rich)* der anfängliche Anker ist. Wenn ein Präsentator nur begrenzte Zeit zur Verfügung hat, ist die Möglichkeit, Dinge zu wiederholen sehr beschränkt. In diesem Fall muß er versuchen, die Wirkung der Information und der Anker zu intensivieren. Natürlich ist es besser, Erlerntes im Unterrichtsraum oder im Präsentationskontext zu ankern, doch negative Situationen zu ankern ist ebenfalls ein wichtiger Teil des Lernens. Menschen lernen sowohl durch ihr Streben nach Belohnungen als auch durch das Bemühen, Strafe zu vermeiden.

Ankern ist eine sehr interaktive Fähigkeit, doch sollte ein Präsentator in die Vorbereitung einer Präsentation auch die Frage des adäquaten Ankerns einbeziehen. Er könnte sich Gedanken darüber machen, welche Art von Anker der Assoziation bestimmter Informationen oder Erfahrungen am dienlichsten ist. Am besten wählt man Stimuli für Anker, die nicht nur in der Präsentationssituation oder im Unterricht, sondern auch in der realen Umwelt der Zuhörer vorhanden sind.

Die Auswahl der Anker entscheidet über deren spätere Nutzungsmöglichkeit. Nehmen wir an, ein Präsentator versucht, eine Gruppe für ein Brainstorming in einen positiven Zustand zu führen, und es ist ihm gelungen, die Gruppe in einen motivierten Zustand zu versetzen. Die Frage ist nun, wie er diesen Zustand auf eine Weise ankern kann, so daß er später schneller auf die gleiche gesteigerte Motivation zurückgreifen kann. Eine Möglichkeit wäre, dies durch bestimmte Verhaltensweisen zu erreichen – durch eine bestimmte Art des Augenkontakts oder durch einen bestimmten Gesichtsausdruck, durch den er den betreffenden Zustand später erneut aktivieren kann. Eine andere Möglichkeit ist, die Gruppe mit Hilfe eines äußeren Mittels zu fokussieren – beispielsweise durch Einsatz eines Flipchart oder einer Overhead-Folie.

Diese verschiedenen Arten von Ankern wirken sich unterschiedlich auf die Informationsübermittlung aus. Manche Präsentatoren sind sehr charismatisch, was zur Folge hat, daß ihr Publikum alles neu Erlernte an die Person des Präsentators ankert. Doch birgt dies die Gefahr, daß das Erlernte rasch wieder in Vergessenheit gerät, wenn der charismatische Vermittler nicht mehr physisch präsent ist. Manchmal kann man ein Erfolgserlebnis an die Technik ankern. Oder man kann es an irgendwelche symbolische Stimuli ankern. Die Art der Entscheidung ist in strategischer Hinsicht wichtig. Menschen können ihren Erfolg damit verbinden, daß eine bestimmte Person sie zum Erfolg geführt hat, oder damit, daß sie die erforderliche Technik richtig angewandt haben oder daß der Präsentator sie verstanden hat.

In Unterrichts- oder Präsentationszusammenhängen gibt es eine Reihe von natürlichen Ankern. Notizbücher beispielsweise sind Anker. Auch Slogans können als Anker fungieren. Wenn Menschen in einer bestimmten Umgebung zusammenarbeiten, können sie einander als Anker dienen, um das in einem Kurs oder in einer Präsentation Gelernte zu transferieren. Wenn Menschen mit anderen zusammentreffen, mit denen zusammen sie bei einer Präsentation anwesend waren, so kann sie dies daran erinnern, was sie dort gelernt haben.

Ankern ist eine andere Ebene des Prozesses als das Kodieren, und es trägt dazu bei, Wissen zu transferieren, das andernfalls möglicherweise nicht transferierbar wäre. Ankern ist ein organischer Prozeß, der sowohl innerhalb als auch außerhalb von Unterrichtssituationen benutzt wird. Denken Sie beispielsweise an Athleten, die sich auf einen Wettkampf vorbereiten.

Ich möchte dazu ein Beispiel aus meinem Privatleben anführen. Als meine Frau sich mit mir zusammen auf die Geburt unseres zweiten Kindes vorbereitete, übernahm ich die Rolle ihres Helfers. Eine der Schwierigkeiten für den Helfer bei einer Geburt ist die Intensität des Geschehens, die es sehr schwierig macht, alles, was man zuvor gelernt hat, in der realen Situation auch tatsächlich anzuwenden, weil die reale Situation sich so völlig anders darstellt als die der Vorbereitung. Wenn man zu Hause Atemübungen macht und verschiedene andere Techniken übt, so tut man das in einem entspannten Zustand, wohingegen es bei der Geburt selbst schwierig ist, sich im entscheidenden Augenblick an alle in der Vorbereitungsphase geübten Techniken zu erinnern.

Wir beschlossen also, einen Anker zu setzen. Als meine Frau sich in dem Zustand befand, den sie während des gesamten Geburtsprozesses beibehalten wollte, bat ich sie, ein Symbol zu kreieren. Was symbolisierte für sie diesen Zustand? Sie stellte sich eine Nautilus-Muschel vor. Deren Schale gleicht der einer Schnecke, die an der Unterseite eine große Öffnung hat. Dieses Symbol enthält eine der Situation angemessene symbolische Bedeutung. Ich kaufte also eine solche Muschel, und während unserer gemeinsamen Übungssitzungen fokussierte sie ihre Augen jedesmal auf dieselbe. Wir nahmen die Muschel auch mit ins Krankenhaus, und sie wurde während des realen Geburtsprozesses zu einem permanenten Trigger, der meiner Frau half, den erwünschten Zustand auf die reale Geburtssituation zu generalisieren. Dies war für uns beide sehr hilfreich.

Zusammenfassung
Ankern von Referenzerfahrungen

Ankern

Anker nutzen den Prozeß der Assoziation, um

- ➤ die Aufmerksamkeit zu fokussieren,
- ➤ kognitives Wissen und innere Zustände wieder zugänglich zu machen,
- ➤ Erfahrungen miteinander zu verbinden, um
      Bedeutungen anzureichern und Wissen zu festigen,
- ➤ Erlerntes und Erfahrungen auf andere Kontexte zu transferieren.

Kerngedanken

Ankern hilft, Lernerfahrungen zu festigen und zu transferieren.

Durch Ankern wird eine Verbindung zwischen einem äußeren Hinweis *(cue)* oder einem Stimulus und einer inneren Erfahrung bzw. einem inneren Zustand hergestellt.

Hinweise, die als Anker dienen, können helfen, Erlerntes auf andere Kontexte zu übertragen.

Präsentatoren können Anker benutzen, um sowohl sich selbst als auch ihre Zuhörer wieder in bereits früher erreichte Zustände hineinzuversetzen.

Zusammenfassung
Ankern von Referenzerfahrungen *(Fortsetzung)*

Arten von Ankern

➤ **Stimuli**
Stimmcharakter
Gestik
Positionen *(locations)*
Schlüsselwörter

➤ **Symbole**
Metaphern
Slogans

➤ **Universalien**
Analogien (Vergleiche)
Allgemeinerfahrungen

Kerngedanken

Der »Hinweis«, der als Anker benutzt wird, kann verbal, nonverbal oder symbolisch sein. (Sogar der Präsentator selbst kann zu einem Anker werden.)

Oft ist es nützlich, wenn der Präsentator im voraus plant, bestimmte Hinweise als Anker zu benutzen.

Objekte und Hinweise aus der Arbeitsumgebung der Zuhörer können effektive Anker sein.

Etablieren und Ankern
von Referenzerfahrungen

Ebenso wie sich die Reichhaltigkeit des Verständnisses einer kognitiven Landkarte am besten anhand dessen beurteilen läßt, wie viele Sinne damit verbunden sind, kann die Reichhaltigkeit einer Referenzerfahrung daran gemessen werden, in welchem Ausmaß sie mit Imagination, Erinnerung oder gegenwärtig präsenter Erfahrung verbunden ist.

Nehmen wir an, ein bestimmtes Lernziel steht fest, und ein bestimmtes kognitives Paket soll vermittelt werden. Was für eine Art von Referenzerfahrung kann dann bei einem bestimmten Publikum geschaffen werden, so daß das Erreichen des Lernziels optimal unterstützt wird? In welchen Fällen hat Erinnerung den größten Wert, in welchen anderen Imagination oder ständig präsente Erfahrung? Außer der Repräsentation von Information bilden Referenzerfahrungen den Kern einer effektiven Präsentation.

Ein wichtiges Thema ist in diesem Zusammenhang der Grad der Transferierbarkeit einer bestimmten Referenzerfahrung. Ein geschriebenes Szenario kann eine Person dazu stimulieren, Zugang zu erinnerter oder konstruierter Erfahrung zu erlangen, doch da das Szenario nicht interaktiv ist, wird das neu Erlernte nicht verbunden, wenn der Betreffende wieder in seine interaktive Realität zurückkehrt.

Der Zyklus »Ankern und Ausgestalten«

In diesem Zusammenhang ist auch die Fähigkeit, Anker zu etablieren, die helfen, Lernerfahrungen auf andere Umgebungen zu übertragen, wichtig. Ein Anker läßt sich am besten setzen, indem der Reiz zunächst mit der Erfahrung assoziiert wird und man anschließend einen Zyklus durchläuft, in dem man die Erfahrung kontinuierlich ausgestaltet und den Anker immer wieder auffrischt. Dieser Ausgestalten-Ankern-Zyklus ist ein guter Weg, das Erlernte und die Assoziationen zu be- und verstärken.

Nachdem die anfängliche Assoziation hergestellt ist, versucht der Präsentator, die Zahl der Anknüpfungspunkte zu vermehren, indem er weitere Assoziationen stimuliert und sie mit den bereits vorhandenen verbindet, beispielsweise durch Fragen wie: »In welcher Beziehung steht dies zu Ihrer Arbeit?« – »Was hat dies mit Ihrer Familie zu tun?« – »In welcher Beziehung steht dies zu einem Freund oder zu einer bestimmten aktuellen Situation?« Dies ist nicht nur eine Verstärkung durch Wiederholung, sondern eine Anreicherung und Ausgestaltung des Erfahrungsraums, den man an etwas ankern möchte.

Je mehr hinsichtlich eines bestimmten Konzepts oder einer Referenzerfahrung ausgestaltet oder elizitiert werden kann, um so stärker wird der damit verbundene Anker. Beispielsweise versetzt Musik Menschen oft in einen bestimmten Gefühlszustand, weil wir bestimmte Musikstücke oder Lieder mit der Situation verbinden, in der wir sie zum erstenmal gehört haben. Irgend etwas Wichtiges oder Bedeutsames war zum betreffenden Zeitpunkt in unserem Leben im Gange, und zufällig wurde gerade dieses Lied im Radio gespielt. Dies ist das Wesen aller »Nostalgie«.

Je stärker ein Mensch sich im Lernprozeß engagiert, um so mehr lernt er und um so mehr wird geankert. Wenn man in der Lage ist, etwas an einen bestimmten Stimulus zu ankern, der bereits Assoziationen in und durch verschiedene Kontexte hat und der nicht zu speziell ist, dann hat man damit so etwas wie eine Art automatischen Transfer-Faktor eingebaut.

Und wenn man den Raum des Präsentierten so erweitern kann, daß die Bedeutung anderen Menschen einleuchtet, so hat man das, was man ankert, ebenfalls ausgestaltet. Wenn man sich auf andere Referenzerfahrungen beziehen und dann zum gleichen Anker zurückkehren kann, so wird dieser Anker dadurch angereichert. Wenn eine persönliche Assoziation existiert, beispielsweise eine Erfahrung aus der eigenen Familie, außerdem eine Assoziation zu einer Erfahrung in der Unterrichtssituation und schließlich eine imaginierte Erfahrung, so hat der Anker eine breitere Basis von Referenzerfahrungen.

Wichtig ist auch die Frage, in wie viele Kontexte ein bestimmter Anker sich wahrscheinlich übertragen läßt. Wenn der Anker der Präsentator ist, so sind die Lernenden, so begeistert sie von der Arbeit des Präsentators auch sein mögen, sobald sie den Unterrichtszusammenhang verlassen, nicht mehr in der Lage, das Erlernte auf andere Situationen zu übertragen, weil der Präsentator die reichhaltige Erfahrung an sich selbst geankert hat.

Man kann etwas ankern, indem man immer wieder auf bestimmte Beispiele, Geschichten oder Witze zurückkommt. Stellen Sie sich vor, Sie wären mit einer Gruppe von Freunden zusammen. Wenn Sie dann eine Geschichte über eine bestimmte Erfahrung zum wiederholten Mal erzählen, aktivieren Sie dadurch das Gefühl, das die Gruppe gemeinsam hatte, als diese Geschichte das vorige Mal erzählt wurde.

Das Wort »Ankern« selbst ist ein Anker. Wir haben im Verlauf dieses Textes eine Reihe unterschiedlicher Referenzerfahrungen mit dem Begriff »Anker« verbunden. Wir kommen immer wieder auf den Begriff »Ankern« zurück, um den Reichtum seiner Bedeutung zu erkunden.

Übung

In der nächsten Übung soll erforscht werden, wie man Referenzerfahrungen kreieren kann, die sich gut mit relevanten kognitiven Paketen verbinden und auf die Realität des Lernenden generalisieren lassen.

Der Prozeß ähnelt jenem der Übung zur Erzeugung kognitiver Landkarten. Zunächst werden kleine Gruppen gebildet. Alle Beteiligten wählen eine Idee oder ein Konzept, das sie ihrem Publikum vermitteln wollen, weil sie es für wichtig halten. Dabei soll erreicht werden, daß die Zuhörer das Vermittelte verstehen, sich daran erinnern und es mit ihrer beruflichen Realität verbinden. Jeder Teilnehmer soll dann für sich darüber entscheiden, welche Arten von Referenzerfahrungen typischerweise benutzt werden, um die betreffende Idee oder das Konzept zu veranschaulichen oder zu demonstrieren (falls es typische Referenzerfahrungen dafür gibt). Außerdem soll jeder Teilnehmer sich andere Arten von Referenzerfahrungen überlegen, die benutzt werden können, um entweder die Verbindung zu verstärken oder sie in die reale Situation eines bestimmten Publikums zu transferieren. Dabei ist zu beachten, daß das Schaffen von Referenzerfahrungen für das *Warum* anders sein muß als das Schaffen von Referenzerfahrungen für das *Wie*. Bestimmte kognitive Pakete können hinsichtlich der unterschiedlichen Erfahrungsebenen andere Erfordernisse mit sich bringen, insofern der Schwerpunkt dabei möglicherweise *nur* auf dem *Was* oder auf dem *Warum und* auf dem *Was* liegt. Untersuchen Sie, welche Arten von Referenzerfahrungen mit der für die Erfassung des betreffenden kognitiven Pakets erforderlichen Ebene des Lernens verbunden werden kann.

Die Mitglieder der Gruppe wechseln sich dann ab, die Gruppe durch die Referenzerfahrungen zu führen, und versuchen, die Erfahrung zu »ankern«. Der Präsentator kann dabei Schlüsselwörter benutzen sowie eine bestimmte Stimmcharakteristik, Gesten, Positionen im Raum *(physical location)* oder eine andere Form eines »Ankers«.

Nach der Präsentation diskutiert die Gruppe darüber, was an den neuen Referenzerfahrungen und an dem »Anker« anders und effektiv war.

Übung
Etablieren und Ankern und Referenzerfahrungen

Bilden Sie eine Gruppe von vier Personen. Alle Teilnehmer fungieren nacheinander als Präsentatoren.

1. Jedes Gruppenmitglied wählt eine Idee, eine Fähigkeit oder ein Konzept, von dem es meint, daß es für das Publikum wichtig oder daß es eine Herausforderung ist, dasselbe zu verstehen, sich daran zu erinnern oder es mit der beruflichen Realität zu verbinden. (Die Gruppe kann auch beschließen, daß alle das gleiche Thema wählen.)

2. Jedes Gruppenmitglied entscheidet individuell, welche Arten von Referenzerfahrungen typischerweise benutzt werden, um die betreffende Idee, die Fähigkeit oder das Konzept zu veranschaulichen oder zu demonstrieren (falls es dafür typische Referenzerfahrungen gibt). Stellen Sie fest, ob es sich um eine aktuell stattfindende, eine erinnerte oder eine konstruierte Referenzerfahrung handelt. Denken Sie auch darüber nach, welche Ebene des Lernens dabei betont werden sollte – das *Was*, *Wie*, *Warum* oder *Wer*.

3. Die Gruppenmitglieder werden sich für unterschiedliche Arten von Referenzerfahrung für die gleiche Idee bzw. Fähigkeit oder für das gleiche Konzept entscheiden (ständig präsent, erinnert oder konstruiert) und die von ihnen gewählte Variante für die effektivste halten.

4. Die Gruppenmitglieder fungieren nacheinander als Präsentatoren, die die Gruppe durch die Referenzerfahrung führen und versuchen, die Erfahrung durch Verwendung von Schlüsselwörtern, Stimmcharakteristik, Gestik, Positionen im Raum oder durch irgendeine andere Form von Anker zu ankern.

5. Die Gruppe diskutiert über Wirkkraft und Effektivität der neuen Referenzerfahrung und des Ankers.

Nach der Diskussion übernimmt der nächste Präsentator die Leitung der Gruppe.

Zusammenfassung
Etablieren und Ankern von Referenzerfahrungen

Aspekte des Ankerns

Wann
➤ Timing des Stimulus

Was
➤ kognitives Wissen versus emotionale Zustände oder Motivations-
  zustände
➤ positive oder negative Erfahrungen

Wie
➤ geplant versus spontan
➤ Verstärken versus Ausgestalten

Warum
➤ wieder zugänglich machen
➤ anreichern
➤ transferieren

Wer
➤ selbst versus andere

Kerngedanken

Ein Anker wird am besten etabliert, indem man zuerst den Hinweis mit der Erfahrung assoziiert und dann immer wieder einen Zyklus durchläuft, in dem die
Erfahrung kontinuierlich ausgestaltet und der Anker ständig wiederholt wird.

Der Zyklus des »Ausgestaltens und Ankerns« ist eine nützliche Methode, um Erlerntes und Assoziationen zu verstärken.

Die Transferierbarkeit und die Beständigkeit (Haltbarkeit) eines Ankers hängt mit folgenden Faktoren zusammen:

1. wie oft er verstärkt wird,
2. wie intensiv die Erfahrung ist, die geankert wird,
3. als wie relevant der Anker und seine Anwendung wahrgenommen wird.

Eine erfolgreiche Erfahrung kann an verschiedene Elemente des Kontexts, die zum Erfolg geführt haben, geankert werden.

Innere Erfahrungen können durch den Prozeß der Assoziation zu Ankern für andere innere Erfahrungen werden.

TEIL II

Strategien zur Entwicklung und Umsetzung effektiver Präsentationen

Einschätzung des Publikums

Grundlegende Beziehungsfähigkeiten

Nonverbale Kommunikationsfähigkeiten

Einschätzung des eigenen inneren Zustandes
und Zustands-Management

Phasen des Planens einer Präsentation

Strategien zur Entwicklung und Umsetzung effektiver Präsentationen

Die Zielsetzung des zweiten Teils ist:

1. die das Verhalten betreffenden und die nonverbalen Aspekte der Durchführung effektiver Präsentationen zu untersuchen,
2. Möglichkeiten aufzuzeigen, wie man die zur Durchführung effektiver Präsentationen notwendigen Fähigkeiten bei sich selbst und bei anderen beobachten und modellieren kann,
3. die Präsentationsfähigkeiten der Leser durch Untersuchung verschiedener Techniken und Strategien für die Interaktion mit einem Publikum anzureichern,
4. Möglichkeiten des Transfers nützlicher Fähigkeiten in andere Kontexte oder zu anderen Menschen zu beschreiben.

Teil II besteht aus fünf Kapiteln:

Kapitel 5: Einschätzung des Publikums
Hier werden die Beobachtungsfähigkeiten definiert, die man braucht, um wichtige Zustände und Reaktionen anderer zu erkennen und zu »kalibrieren«.

Kapitel 6: Grundlegende Beziehungsfähigkeiten
Hier werden grundlegende Interaktionsfähigkeiten beschrieben, die helfen, verschiedene Arten von Zuhörern zu verstehen und Rapport zu ihnen herzustellen.

Kapitel 7: Entwickeln nonverbaler Kommunikationsfähigkeiten
Hier werden die grundlegenden Bereiche nonverbaler Kommunikation definiert, die bei der Durchführung von Präsentationen eine Rolle spielen. Außerdem wer-

den in diesem Kapitel die Fähigkeiten erforscht, die man braucht, um eine Präsentation nonverbal zu unterstützen.

Kapitel 8: **Einschätzung des eigenen inneren Zustands und Zustands-Management**

Hier werden Unterscheidungskriterien sowie eine Methode bereitgestellt, die Präsentatoren helfen, innere Zustände, die für die effektive Durchführung einer Präsentation wichtig sind, zu identifizieren und wieder zugänglich zu machen.

Kapitel 9: **Phasen des Planens einer Präsentation**

Hier wird eine Methode zur Planung und Beurteilung einer effektiven Präsentation erläutert, die auf der *Storyboarding*-Strategie Walt Disneys basiert.

Annahmen

Dem in Teil II behandelten Material liegen einige *Annahmen* über die Interaktion zwischen einem Präsentator und seinem Publikum zugrunde:

Es gibt keine einzig richtige Methode zu lernen oder zu lehren. Vielmehr gibt es eine Vielfalt von Strategien, die zu mehr oder weniger effektiven Ergebnissen führen können, je nach den speziellen Charakteristika bestimmter Lehrender und Lernender, der Lernaufgabe und dem Kontext.

Unterschiedliche Menschen haben unterschiedliche Landkarten von der Welt sowie unterschiedliche Motivationen und Lernstile. Die Kommunikations- und Beziehungsfähigkeiten zu entwickeln, die zum Umgang mit dieser Vielfalt notwendig sind, hat entscheidenden Einfluß auf die effektive Durchführung einer Präsentation.

Es besteht ein Unterschied zwischen Form und Inhalt einer beim Lehren bzw. Lernen und Präsentieren benutzten Strategie. Gewisse Prozeßelemente einer Präsentation, die in einem bestimmten Kontext gute Dienste leisten, brauchen in anderen Zusammenhängen nicht die gleiche positive Wirkung zu entfalten.

Die Fähigkeit von Menschen, effektiv zu lernen und zu präsentieren, wird durch verschiedene Erfahrungsebenen beeinflußt, wobei es einige Elemente gibt, die möglicherweise nur durch die Introspektion persönlicher subjektiver Erfahrung wahrgenommen werden können, und andere, die durch die Beobachtung anhand äußerer Anzeichen zu erkennen sind.

Die Fähigkeit von Menschen, effektive Präsentationen durchzuführen, wird beeinflußt durch die Art, wie die Betreffenden eine Situation wahrnehmen, durch ihren inneren Zustand und durch die Entscheidungsalternativen, die sie als akzeptabel oder in der betreffenden Situation vorhanden ansehen.

Subjektive kognitive Prozesse werden von Mikro-Verhaltensmustern begleitet, die die betreffenden Prozesse unterstützen. Gleichzeitig fungieren diese Muster nach außen als Hinweise dafür, daß die betreffenden Prozesse im Gange sind.

Effektive Präsentationsfähigkeiten können durch Erkennen und durch Beeinflussung kognitiver Muster und von Mikro-Verhaltenshinweisen verbessert oder in andere Kontexte transferiert werden.

Einschätzung des Publikums

Hier werden die Beobachtungsfähigkeiten definiert, die man braucht, um wichtige innere Zustände sowie die Reaktionen anderer zu erkennen und zu »kalibrieren«.

➤ Faktoren, die bei effektiven Präsentationen eine Rolle spielen
➤ Anwendung von Beobachtungsfähigkeiten in der Kommunikation
➤ Mikro-Verhaltenshinweise
➤ Beurteilung des Publikums

Faktoren, die bei effektiven Präsentationen eine Rolle spielen

Menschen lernen auf unterschiedliche Weisen, und jede Lernaufgabe erfordert eine andere Vorgehensweise. Die Tatsache, daß Menschen unterschiedliche Landkarten von der Welt haben, kann sich in einer Organisation, je nachdem, wie damit umgegangen wird, positiv oder negativ auswirken.

Ein Prinzip der Kommunikation ist, daß bestimmte Präsentationsstile sich für bestimmte Zusammenhänge eignen, für andere hingegen weniger. Ein weiteres wichtiges Prinzip ist, daß die Art, wie eine Kommunikation oder Information präsentiert wird, erheblichen Einfluß darauf hat, wie das Präsentierte vom Empfänger aufgenommen wird. Und je flexibler man hinsichtlich der eigenen Landkarte und des bei der Präsentation benutzten Verhaltensstils ist, um so effektiver ist man als professioneller Kommunikator.

Wir können aus dem, womit wir uns bisher beschäftigt haben, unter anderem den Schluß ziehen, daß unterschiedliche Kontexte, Funktionen und Rollen oft jeweils andere Strategien erfordern, wenn durch eine Präsentation das angestrebte Ziel erreicht werden soll. Menschen, die zu einem bestimmten Denkstil tendieren oder die über bestimmte Begabungen verfügen, fühlen sich in bestimmten Kontexten besonders wohl. Ihre Denkweise paßt möglicherweise von Natur aus zu Strategien und Fähigkeiten, die für die Bewältigung einer bestimmten Aufgabe erforderlich sind. Dies ist insofern positiv, als Menschen aufgrund dieser Unterschiede jeweils für andere Aufgaben prädestiniert sind. Doch ergibt sich daraus andererseits auch die Notwendigkeit, die unterschiedlichen Denkweisen verschiedener Menschen durch eine Strategie auf einer Makro-Ebene miteinander in Einklang zu bringen, so daß die natürlichen Unterschiede wirklich dem gemeinsamen übergeordneten Ziel zugute kommen.

Diese unterschiedlichen menschlichen Strategien kommen auch auf der Makro-Ebene und sogar auf interkultureller Ebene zum Ausdruck. Beispielsweise haben sich die amerikanische und die japanische Kultur hinsichtlich der jeweils bevorzugten Orientierung in der Weiterentwicklung von Technologie in den vergangenen Jahrzehnten in sehr unterschiedliche Richtungen entwickelt. Amerikanische Technologiefirmen konzentrieren sich gewöhnlich auf Innovationen großen Stils und auf die Entwicklung bahnbrechender Visionen von völlig neuen Technologien. Japanische Technologieunternehmen hingegen konzentrieren ihre

Kreativität darauf, existierende Produkte immer weiter zu verbessern. Beide sind effektiv, jedoch auf unterschiedliche Weise.

Die Struktur des Lern- und Lehrprozesses steht in Beziehung zur T.O.T.E.-Sequenz. Bei jeder strukturierten Aktivität gibt es ein Ziel und eine kontinuierliche Feedback-Schleife, welche den Prozeß in die Richtung des besagten Ziels steuert.

Auf die Mikro-Ebene bezogen haben wir gesagt, daß die Effektivität und die Reichhaltigkeit und Vielschichtigkeit im Funktionieren *(richness of functioning)* dieser Feedback-Schleife von gewissen fundamentalen Prozessen abhängt, die damit zusammenhängen, wie Information in Form von

1. kognitiven Paketen und
2. Referenzerfahrungen

repräsentiert und präsentiert wird.

Auf der Makro-Ebene gibt es unterschiedliche Lern- und Lehrstile, die mit bestimmten Prozessen in Zusammenhang gebracht werden können, welche die folgenden Punkte betreffen:

a. die Mischung und Balance unterschiedlicher Elemente des Präsentierens (z.B. Sachaspekt versus Beziehungsaspekt),
b. den Grad der Betonung unterschiedlicher Erfahrungsebenen (Umwelt, Verhalten, geistige Fähigkeiten, Glaubenssätze und Werte, Identität),
c. die Informationskanäle und Filter, die beim Festlegen von Zielen, beim Definieren von Evidenzen und bei der Auswahl der Vorgehensweisen zur Durchführung einer Präsentation benutzt werden.

Zusammenfassung
Faktoren, die bei effektiven Präsentationen
eine Rolle spielen

➤ Menschen denken und lernen auf unterschiedliche Weisen.
➤ Es gibt verschiedene Arten von Kommunikations- und Beziehungsfähigkeiten, die bei verschiedenen Arten und Phasen von Präsentationen eine Rolle spielen.
➤ Ein wichtiges Thema bei der Durchführung einer Präsentation ist, wie man mit den unterschiedlichen kognitiven Prozessen und Beziehungsprozessen von Einzelnen und Gruppen umgeht.

Kerngedanken

Die Lernstrategien von Menschen sind unterschiedlich.

Verschiedene Lernstrategien sind für unterschiedliche Zusammenhänge und unterschiedliche Aufgaben jeweils besonders geeignet.

Verschiedene Mikro-Strategien sind charakteristisch für verschiedene allgemeine Denkstile.

Effektive Koordination organisationalen Lernens erfordert die Koordination unterschiedlicher Lernstile.

Anwendung von Beobachtungsfähigkeiten
in der Kommunikation

Bei der Durchführung von Präsentationen ist die Fähigkeit, Verhaltenshinweise zu beobachten, die mit bestimmten Einstellungen und Reaktionen in Zusammenhang stehen, sehr wichtig. Einstellungen kommen oft in Form von Mikro-Verhaltenshinweisen zum Ausdruck. Wenn man auf solche Hinweise achtet, erkennt man schnell, daß einige von ihnen ziemlich offensichtlich sind. Das gilt besonders für Situationen, in denen Menschen spontan handeln.

Auch die Physiologie eines Menschen liefert wichtige Hinweise über den Zustand, in dem sich der Betreffende befindet, sowie auch darüber, wie man die Denkprozesse dieses Menschen erkennen und beeinflussen kann. Physiologische Hinweise können zu »Ankern« werden, mit deren Hilfe man den eigenen Zustand und den Zustand anderer so beeinflussen kann, daß es möglich wird, positive Erfahrungen und frühere gute Leistungen zu reproduzieren oder den Zugang zu ihnen wieder zu erschließen. Wenn Sie in der Lage sind, solche physischen Hinweise bewußt zu registrieren, können sie Menschen helfen, unabhängig vom jeweiligen Kontext in einen effektiven Zustand einzutreten.

Vielleicht ist Ihnen bei Präsentationen schon aufgefallen, daß Menschen manchmal das Verhalten anderer imitieren. Wenn im Laufe einer Interaktion Rapport zwischen den Kommunikationspartnern entsteht, gleichen sich oft einige ihrer Verhaltensweisen an. Dieser Prozeß wird *Pacing* genannt. Wenn Sie gut beobachten, werden Sie feststellen, daß Menschen, wenn sie tatsächlich in Rapport stehen, in starkem Maße Verhaltensweisen des Kommunikationspartners spiegeln. Dies ist ein Grundprinzip der Kommunikation, das man nutzen kann, um den Umgang mit anderen Menschen effektiver zu gestalten.

Wenn Sie sichergehen wollen, daß Sie den Denk- oder Lernprozeß eines anderen Menschen nicht stören, während Sie mit dieser Person kommunizieren, können Sie eine Hypothese über gewisse Elemente des Verhaltens Ihres Kommunikationspartners aufstellen, was praktisch bedeutet, daß Sie versuchen, sich in die Situation des anderen hineinzuversetzen. Natürlich ist das bei Menschen, die man gut kennt und zu denen man bereits Rapport hat, leichter als bei Fremden. Es ist dann fast wie ein Eingestehen des bereits existierenden Rapports. Doch wenn man es mit Menschen zu tun hat, die man nicht so gut kennt, kann dies schwierig oder unter Umständen sogar unangebracht sein. Man könnte in einem solchen Fall versuchen, sich immer nur auf ein bestimmtes Verhaltenselement einzustellen.

Man könnte zuerst die eigene Stimme auf den Stimmcharakter der anderen abstimmen, dann die Gestik, usw.

Wir werden in diesem Kapitel untersuchen, wie man mit Hilfe der Physiologie die inneren Zustände und die Lernprozesse anderer beeinflussen kann, indem man:

1. durch den Prozeß des *Pacing* und *Matching* (Sich-Angleichen) der allgemeinen Verhaltensmuster Rapport herstellt,
2. durch Spiegeln *(Mirroring)* wichtiger Elemente der Physiologie die Weltsicht anderer Menschen besser versteht oder nachempfinden kann,
3. aus den physiologischen Signalen von Menschen Informationen über deren innere Prozesse ableitet und ihnen hilft, den Zugang zu Zuständen und kognitiven Mustern wieder zu erschließen, die mit effektiven Leistungen assoziiert sind, oder jene Zustände und Muster zu erweitern.

Zusammenfassung
Anwendung von Beobachtungsfähigkeiten
in der Kommunikation

1. Herstellen von Rapport zu anderen Menschen durch *Pacing (Mirroring)*
2. Kalibrieren der inneren Reaktionen anderer
3. Ankern und Wiederzugänglichmachen positiver Erfahrungen

Kerngedanken

Physiologische Signale können helfen, auf den kreativen Prozeß anderer einzuwirken, und zwar durch:

1. Herstellen von Rapport zu anderen Menschen durch den Prozeß des *Pacing* und *Matching*, des Eingehens auf die allgemeinen Verhaltensmuster der Kommunikationspartner,
2. Verstehen oder Nachempfinden der Weltsicht des anderen und
3. indem man aus physiologischen Signalen Information über die inneren Prozesse von Menschen ableitet und ihnen hilft, die mit Lernen assoziierten inneren Zustände und kognitive Muster wieder zugänglich zu machen oder zu erweitern.

Mikro-Verhaltenshinweise

Sprachlicher Ausdruck ist nur eine der Arten, wie Menschen miteinander kommunizieren. Die nonverbale Kommunikation ist ebenso wichtig wie die verbale, wenn nicht sogar wichtiger. Worte repräsentieren gewöhnlich, wessen ein Mensch sich bewußt ist, wogegen nonverbales Verhalten der bewußten Aufmerksamkeit des Betreffenden größtenteils entgeht. Menschen senden eine Unmenge von unbewußten nonverbalen Signalen aus, die Sie als Präsentator nutzen können, wenn Sie in der Lage sind, sie zu erkennen und darauf zu reagieren.

Ein Prinzip der Kommunikation ist, daß Menschen ihre Art zu denken durch verschiedene subtile Anzeichen zu erkennen geben. Man kann Anzeichen für die Gedanken anderer sowie für bestimmte Muster erkennen. Beispielsweise gibt es Verhaltenshinweise, die anzeigen, wie ein Mensch denkt – ob er Bilder sieht, Klänge oder Worte hört oder einfach etwas fühlt. Sobald man herausgefunden hat, wie jemand denkt, kann man die eigene Kommunikationsweise so abwandeln, daß sie derjenigen des Kommunikationspartners entgegenkommt, was es leichter macht, Rapport herzustellen.

Auch die Körperhaltung hat entscheidenden Einfluß auf den inneren Zustand eines Menschen. Beispielsweise fällt es den meisten Menschen sehr schwer, mit gesenktem Kopf und nach vorn gezogenen Schultern zu lernen. Wenn Sie es einmal ausprobieren, diese Haltung anzunehmen, werden Sie feststellen, daß sie die Inspiration nicht gerade fördert. Wenn Menschen visualisieren, nehmen sie häufig eine sehr aufgerichtete Haltung ein. Beim Zuhören lehnen sie sich oft ein wenig zurück und verschränken eventuell die Arme oder legen den Kopf leicht schräg. Wenn Menschen Gefühle erleben, lehnen sie sich oft leicht vor und atmen tiefer als gewöhnlich. Signale dieser Art geben nicht unbedingt Aufschluß über Einzelheiten wie die Frage, ob die Gefühle, die jemand gerade erlebt, positiv oder negativ sind, sondern nur darüber, *daß* der Betreffende im Augenblick für Gefühle offen ist. Beispielsweise kann jemand, der sich sehr entspannt fühlt, eine ähnliche Körperhaltung haben wie jemand, der sich deprimiert fühlt.

Auch die Stimmcharakteristik kann sehr aufschlußreiche Hinweise liefern. Beim Visualisieren sprechen Menschen häufig etwas höher und schneller. Die Stimme von Menschen, die sich in einem intensiven Gefühlszustand befinden, ist häufig tiefer, und sie sprechen langsamer. Umgekehrt können diese unterschiedlichen Muster stimmlichen Ausdrucks auch den Zustand von Menschen beeinflussen. Wenn beispielsweise ein Präsentator mit tiefer Stimme und in langsamem

Tempo sagt: »Ich möchte, daß Sie sich sehr genau anhören, wie ich dieses komplizierte Konzept beschreibe«, dann wird Ihnen vermutlich mehr danach sein, ein Nickerchen zu halten, als intensiv zuzuhören. Und wenn jemand sehr schnell und mit hoher Stimme sagt: »Okay, entspannen Sie sich jetzt alle, und machen Sie es sich bequem!«, werden Sie dies als inkongruent (der Botschaft nicht angemessen) empfinden. Stimmcharakteristik und Sprechgeschwindigkeit können als Signale fungieren, die bestimmte kognitive Prozesse auslösen. Fokussierung der Aufmerksamkeit auf das Hören wird oft durch melodische Stimmbewegungen und durch Fluktuationen im Ton, Sprechtempo und Sprechrhythmus erreicht.

Auch Gesten sind wichtige Verhaltenssignale. Menschen deuten oft auf das Sinnesorgan, das bei ihnen in einem bestimmten Augenblick besonders aktiv ist. Sie berühren ihre Augen oder deuten darauf, wenn sie versuchen, etwas zu visualisieren, oder wenn sie plötzlich etwas verstehen. Sie deuten auf ihre Ohren, wenn sie über etwas sprechen, das sie gehört haben, oder wenn sie etwas zu hören versuchen. Und sie berühren ihren Mund, wenn sie verbal denken (so wie Rodins berühmte Plastik *Der Denker*). Wenn Menschen ihre Brust oder ihren Bauch berühren, zeigt dies gewöhnlich an, daß sie sich in einem intensiven Gefühlszustand befinden.

Augenbewegungsmuster gehören zu den interessantesten Mikro-Verhaltenshinweisen. Man hat die Augen als Fenster der Seele bezeichnet. Gelegentlich werden sie auch Fenster des Geistes genannt. Wohin die Augen eines Menschen schauen, kann Aufschluß darüber geben, was in ihm vorgeht. Sind die Augen nach oben gerichtet, so zeigt dies gewöhnlich an, daß der Betreffende etwas visualisiert. Sind die Augen nach links oder rechts gerichtet, so deutet dies auf Hören hin. Nach unten gerichtete Augen zeigen an, daß jemand sich in einem intensiven Gefühlszustand befindet. Sind die Augen nach links gerichtet, so deutet das oft auf eine Erinnerung hin, wohingegen eine Bewegung nach rechts eine aktivierte Imagination anzeigt.

Oft lassen Menschen auch durch die Art, wie sie reden, ihre Denkprozesse erkennen. Beispielsweise deutet die Aussage »Ich *spüre* einfach, daß irgend etwas nicht stimmt«, auf eine andere Sinnesmodalität hin, als wenn jemand sagt: »Sehr ein*leuchtend*, diese Idee.« oder »Das ist für mich völlig *klar*.« Jede dieser Aussagen zeigt an, daß kognitiv eine andere Sinnesmodalität involviert ist.

Natürlich sind einige Signale für eine ganz bestimmte Person charakteristisch, ebenso wie einige der kognitiven Aspekte des Denkstils eines Menschen. Andere Signale treten bei vielen Menschen auf. Beispielsweise haben bestimmte Gesten in verschiedenen Kulturen eine unterschiedliche Bedeutung, wohingegen andere

Formen physiologischen Ausdrucks und Signale anderer Art ebenso wie gewisse Gesichtsausdrücke in allen Kulturen die gleiche Bedeutung vermitteln.

Die Fähigkeit, individuelle und kulturspezifische Signale als solche richtig zu erkennen, ist für einen Präsentator sehr wichtig.

Zusammenfassung
Mikro-Verhaltenshinweise

Arten von Signalen oder Hinweisen

Jeder Mensch hat seine eigenen Signale für unterschiedliche Zustände.

Einige Signale – zum Beispiel Gesten – haben in verschiedenen Kulturen eine unterschiedliche Bedeutung.

Individuelle und allgemeingültige Hinweise bzw. Signale

➤   einer Gruppe
➤   einer Kultur

muß man erkennen können, wenn man eine Präsentation erfolgreich durchführen will.

Kerngedanken

Physische Aktivitäten beeinflussen neurologische Aktivitäten und umgekehrt.

Bestimmte Mikro-Verhaltenshinweise können mit kognitiven Prozessen assoziiert werden.

Diese Mikro-Verhaltenshinweise können benutzt werden, um 1) bestimmte Aspekte unbewußter geistiger Prozesse zu identifizieren und 2) Prozesse zu mobilisieren oder zu aktivieren, die mit kognitiven Mustern oder physiologischen Zuständen zusammenhängen, welche für effektive Präsentationen von Bedeutung sind.

Beurteilung des Publikums

Zur effektiven Durchführung einer Präsentation muß man sein Publikum richtig einschätzen können. Die beiden wichtigsten Aspekte bezüglich Kommunikation und Beziehung sind 1) die Einstellung und 2) der innere Zustand des Publikums. Von ihnen hängt ab, wie ein Präsentator die interaktiven Aspekte seiner Präsentation gestalten muß, um bei einem bestimmten Publikum möglichst erfolgreich zu sein. Die Einstellung beeinflußt die generelle Reaktion der Zuhörer auf den Kontext und auf das präsentierte Material. Der innere Zustand beeinflußt die spezifische emotionale und physische Verfassung der Teilnehmer. Einstellungen stehen in Beziehung zu Glaubenssätzen und Werten, und sie bleiben gewöhnlich über längere Zeit konstant. Innere Zustände werden durch eine ganze Reihe von Faktoren beeinflußt (beispielsweise durch die Tageszeit, durch frühere Ereignisse usw.), und sie verändern sich schneller.

Ein Präsentator muß gut beobachten, um die allgemeine Einstellung und den inneren Zustand eines bestimmten Publikums und einzelner Zuhörer beurteilen zu können.

Im Umgang mit anderen Menschen muß man beobachten können, ohne gleich zu interpretieren. Wenn man kein sehr genauer Beobachter ist, kann es schwierig sein, während einer Präsentation Veränderungen und Unterschiede in der Mikro-Physiologie der Zuhörer zu erkennen, weil die meisten Verhaltensweisen dieser Art äußerst subtil sind. Ein solcher Grad von Genauigkeit erfordert ein gewisses Engagement bei der Beobachtung, wofür man nicht immer die Zeit zu haben glaubt. Andererseits kann es in bestimmten Zusammenhängen lohnend sein, diese Präzision aufzuwenden – beispielsweise im Hinblick auf eine bestimmte wichtige Person unter den Zuhörern oder wenn in einem Augenblick sehr wichtig ist, was in Ihren Interaktionen geschieht. Ein hochgestellter Manager hat einmal gesagt: »Es gibt Augenblicke, in denen eine Führungskraft in der Lage sein muß, die zweite Hälfte eines Satzes aufgrund des Feedbacks abzuwandeln, das sie in Reaktion auf die erste Hälfte des Satzes erhalten hat.« Man muß dies nicht ständig tun, aber manchmal erfordern die Umstände ein besonderes Engagement hinsichtlich der Beobachtungsfähigkeit.

Kalibrieren wird der Prozeß genannt, durch den man lernt, die Reaktionen eines anderen Menschen in einer gerade stattfindenden Interaktion zu lesen. Statt sich seinen Vorurteilen oder Phantasien über die inneren Reaktionen des Publikums hinzugeben, lernen gute Präsentatoren, Reaktionen im Augenblick des Geschehens zu lesen. Nehmen wir beispielsweise an, ein Präsentator hätte bemerkt, daß eine bestimmte Zuhörerin jedesmal, wenn sie über das Gefühl der »Verwirrung« spricht, die Augenbrauen hebt, die Schultermuskulatur anspannt und die Zähne leicht zusammenbeißt. Wenn er dann später beobachtet, daß die gleichen Hinweise bei einem bestimmten Teil der Präsentation bei dieser Frau auftreten, so hätte er damit eine Evidenz dafür, daß sie einen »verwirrten« Zustand erlebt, und kann dann adäquat darauf reagieren.

Das sensorische Gewahrsein, das solche Beobachtungen ermöglicht, ist bei allen Arten von Kommunikation sehr wichtig. Man kann diese Fähigkeit verbessern, indem man übt, den Ausdruck eines anderen Menschen zu lesen. Sie könnten beispielsweise einen Freund bitten, an etwas zu denken, worüber der oder die Betreffende sehr zufrieden ist. Beobachten Sie dann den Gesichtsausdruck, die Augenbewegungen und etwaige Veränderungen der Haltung. Bitten Sie die Person anschließend, an etwas zu denken, womit sie unzufrieden war, und beobachten Sie wieder sehr genau. Sie müßten einige Unterschiede in den nonverbalen Reaktionen auf diese beiden Arten von Gedanken feststellen können. Bitten sie die Person schließlich, erneut an eine dieser beiden Erfahrungen zu denken, jedoch nicht zu sagen, welche es jeweils ist. Versuchen Sie dann, den Zustand zu erraten, indem Sie sich an den auftretenden Verhaltenshinweisen orientieren, und teilen Sie der Person dann das Ergebnis Ihrer Beobachtungen mit. Sie werden wahrscheinlich überrascht sein, wie genau Sie raten können.

Übung
Entwickeln der Beobachtungsfähigkeit

Kalibrieren beinhaltet, Verhaltenshinweise mit inneren kognitiven und emotionalen Reaktionen zu verbinden. Probieren Sie die folgende Übung zusammen mit einem Partner aus.

1. Bitten Sie Ihren Partner oder Ihre Partnerin, an ein Konzept zu denken, das er oder sie zu kennen oder zu verstehen meint.
2. Beobachten Sie die Physiologie Ihres Partners genau. Achten Sie auf die Augenbewegungen, auf den Gesichtsausdruck, die Handbewegungen usw.
3. Bitten Sie Ihren Partner nun, an etwas zu denken, das für ihn oder sie verwirrend oder unklar ist. Beobachten Sie Augen und Verhalten erneut genau.

4. Achten Sie darauf, worin sich die beiden Verhaltensmuster unterscheiden.

5. Bitten Sie Ihren Partner nun, noch einmal an eines der beiden Konzepte zu denken.

6. Beobachten Sie die Verhaltensweise Ihres Partners. Sie müßten nun einen der beiden Cluster von Merkmalen wiedererkennen, die mit Verstehen und Verwirrung verbunden sind.

7. Teilen Sie dem Partner mit, was Sie geraten haben, und lassen Sie ihn oder sie das Ergebnis bestätigen.

8. Bitten Sie Ihren Partner, an andere Konzepte zu denken, die er oder sie versteht oder als verwirrend empfindet, und versuchen Sie wieder zu raten, welcher Kategorie das Konzept angehört. Nachdem Sie sich entschieden haben, bitten Sie den Partner, Ihr Ergebnis zu bestätigen.

9. Erklären Sie Ihrem Partner anschließend ein Konzept, und stellen Sie anhand des Verhaltens fest, ob er oder sie es verstanden hat oder ob es unklar geblieben ist. Versuchen Sie festzustellen, in welchem Augenblick genau sich das Verständnis einstellte.

Zusammenfassung
Beurteilung des Publikums

Schlüsselcharakteristika eines Publikums

➤ Innerer Zustand
➤ Einstellung

Beobachtungsfähigkeiten zur *Kalibrierung* des Zustands von Individuen und Gruppen

Kerngedanken

Weil die inneren Zustände, die kognitiven Prozesse und die Einstellungen von Menschen durch Mikro- und Makro-Verhaltenshinweise zum Ausdruck kommen, hilft *Pacing* und *Mirroring* physischer Hinweise, das Empfinden oder die Weltsicht eines anderen Menschen zu verstehen.

Grundlegende Beziehungsfähigkeiten

Hier werden grundlegende Interaktionsfähigkeiten beschrieben, die helfen, verschiedene Arten von Zuhörern zu verstehen und Rapport zu ihnen herzustellen.

➤ Wie man Rapport zu einer Gruppe herstellt
➤ Grundlegende Wahrnehmungspositionen in der Kommunikation und in Beziehungen
➤ Wie man durch Aufbauen der »zweiten Position« Rapport zu einer Gruppe herstellt

Wie man Rapport zu einer Gruppe herstellt

Eine der wichtigsten Beziehungsfähigkeiten eines Präsentators ist die Fähigkeit, *Rapport* zu seinem Publikum herzustellen. Die Qualität der Information, die Sie einer Gruppe übermitteln können, hängt unmittelbar davon ab, wie stark Ihr Rapport zu Ihren Zuhörern ist. Wir haben generell besseren Rapport zu Menschen, die die Welt ähnlich sehen wie wir selbst.

Angleichung der Muster sprachlichen Ausdrucks ist eine Möglichkeit, sich dem Weltmodell anderer Menschen anzunähern. Identifizieren und Benutzen von Schlüsselwörtern, Mikro-Metaphern und Beispielen, die für ein bestimmtes Publikum oder zumindest für einige der Zuhörer charakteristisch sind, ist eine der Möglichkeiten, an ihren Landkarten von der Welt teilzuhaben und Rapport herzustellen.

Auch *Pacing* oder subtiles *Spiegeln (Mirroring)* der nonverbalen Kommunikation kann die Rapport-Erfahrung des Publikums erheblich verstärken, weil die Zuhörer Sie dann als ihresgleichen erleben. Weitere Möglichkeiten, einen Menschen nonverbal zu »pacen« oder zu spiegeln, sind, eine ähnliche Körperhaltung anzunehmen, ähnliche Intonationsmuster und ähnliche stimmliche Ausdrucksformen zu benutzen, sich ähnlich zu kleiden usw. Dies ist eine sehr wirksame Möglichkeit, sich in andere Menschen hineinzuversetzen.

Ein Präsentator, der effektiv sein will, sollte sich stets vor Augen führen, daß *jeder Mensch seine eigene geistige Landkarte von der Welt hat*. Wenn ein Mensch etwas kommunizieren oder verstehen will, so kreiert er eine mentale Landkarte von der betreffenden Idee oder von dem Konzept. Es ist Aufgabe des Präsentators, die vom Publikum bevorzugten Denkstile zu erkennen (und in manchen Fällen zu helfen, sie zu entwickeln) und so viele Wahlmöglichkeiten wie möglich anzubieten, die diesen Denkstilen entsprechen.

Hierzu eine Analogie. Denken Sie einen Augenblick lang darüber nach, welches der folgenden Häuser Ihnen am besten gefallen würde:

Das erste Haus ist ruhig und pitturesk. Es sieht sehr idyllisch aus. Man sieht, daß viel Liebe in die Gestaltung der wunderschönen Veranda und des Gartens gesteckt worden ist. Es hat sehr große Fenster, so daß man den Ausblick genießen kann. Das Haus ist eindeutig sein Geld wert.

Das zweite Haus ist sehr harmonisch konstruiert und befindet sich in einer guten Lage. Die Gegend ist so ruhig, daß man, beim Spazierengehen nur das Singen der Vögel hört. Die Einrichtung des Hauses ist ein Gedicht, so daß Sie sich wahrscheinlich fragen werden, weshalb Ihnen dies beim Vorübergehen noch nie aufgefallen ist.

Das dritte Haus ist nicht nur solide gebaut, sondern es vermittelt außerdem auch ein ganz spezielles Feeling. Es kommt nicht oft vor, daß man auf etwas stößt, bei dem einen so viele wichtige Einzelheiten zutiefst anrühren. Das Haus ist so geräumig, daß man das Gefühl hat, sich wirklich frei darin bewegen zu können, und trotzdem ist es so heimelig, daß man nicht bis zum Umfallen arbeiten muß, um es in Ordnung zu halten.

Für welches dieser drei Häuser würden Sie sich entscheiden?

Tatsächlich handelt es sich um drei Beschreibungen des gleichen Hauses! Der einzige Unterschied besteht darin, daß sich jede der drei Beschreibungen an einen anderen Sinneskanal wendet. Wenn Ihnen das erste Haus am besten gefällt, sind Sie wahrscheinlich vorwiegend visuell orientiert. Wenn Ihnen die zweite Beschreibung am meisten zusagt, ist Ihre Orientierung wahrscheinlich vorwiegend auditiv. Und wenn Sie die dritte Variante bevorzugen, sind Ihnen Ihre Gefühle wichtiger als alle übrigen Sinnesempfindungen.

Die Landkarten, die Menschen von der Welt entwickeln, beruhen auf den Erfahrungen, die sie mit Hilfe ihrer sensorischen Repräsentationssysteme machen. Menschen fühlen sich beim Aufbau ihrer mentalen Landkarten oft stärker zu einer bestimmten Art von Sinneseindrücken hingezogen als zu den übrigen Arten. Für manche Menschen gilt: »Sehen ist glauben«; andere verlassen sich stärker auf ihre Gefühle; und wieder andere schätzen das, was sie hören höher ein, weshalb sie sich an den verbalen Äußerungen anderer orientieren.

Der visuell orientierte Lernende sagt: »Menschen lernen am besten, indem sie sich Vorführungen anschauen. Menschen lernen durch Beobachten. Können Sie häufiger Dinge praktisch vorführen?« Kinästhetisch orientierte Lernende hingegen sagen: »Vorführungen verwirren mich. Menschen lernen, indem sie selbst etwas tun. Können wir mehr Übungen machen?« Und der auditiv orientierte Lernende sagt natürlich: »Menschen lernen am besten, indem sie zuhören und diskutieren. Üben kann ich auch alleine. Könnten Sie ein wenig mehr über Ihre Gedanken und Erfahrungen sprechen?« Menschen benutzen unterschiedliche Strategien. Deshalb sollte ein Präsentator ein wenig vortragen, ein paar praktische Vorführungen machen und ein paar Übungen einflechten, um die verschiedenen Lerntypen anzusprechen.

Gewöhnlich benutzt man bei der Arbeit mit einer Gruppe einen multi-senso-
rischen Ansatz. Bei der Vorbereitung einer Präsentation sollte man sich fragen:
»Wie kann ich dies visuell veranschaulichen? Wie kann ich es so darstellen, daß
die Zuhörer ein Gefühl dafür entwickeln? Wie kann ich es vermitteln, so daß sie
es hören?« Da Menschen auf unterschiedliche Weise lernen, ist es wichtig, alle
Lernstile zu berücksichtigen.

Eine der wichtigsten Fähigkeiten eines effektiven Präsentators ist, die Modelle,
die andere Menschen von der Welt haben, zu erkennen und zu respektieren.
Wenn Sie das tun, profitieren Sie von der Vielfalt; andernfalls kämpfen Sie unentwegt dagegen an.

Pacing und Leading

Sobald man durch Beobachten nonverbaler Signale und/oder Sprachmuster sowie
durch Identifizierung bestimmter Sprachmuster herausgefunden hat, wie bestimmte Menschen denken, kann man die eigene Sprechweise und das eigene
Verhalten auf den Kommunikationspartner abstimmen und so Rapport herstellen.
Dies wird durch einen Prozeß erreicht, der *Pacing und Leading* genannt wird.

Pacing besteht darin, wichtige verbale und nonverbale Signale eines anderen
Menschen aufzugreifen. Es erfordert die Flexibilität, Sprach- und Verhaltens-
gewohnheiten anderer in das eigene Sprechen und Handeln einzubeziehen. Dieser
Prozeß ist bei allen wichtigen Aspekten effektiver Kommunikation von Nutzen,
beispielsweise um Rapport herzustellen und Vertrauen aufzubauen. Beim *Pacing*
versucht man, sich in eine andere Person hineinzuversetzen, so daß man die Welt
so sieht wie sie. Man versucht, mit ihr in ihrer eigenen Sprache und in dem von
ihr benutzten Denkstil zu kommunizieren.

Beim *Leading* versucht man einen anderen Menschen dazu zu bringen, sein
Verhalten oder seine Denkprozesse zu verändern, zu erweitern oder anzureichern,
indem man seine verbalen Muster oder Verhaltensmuster behutsam in die gewünschte Richtung umlenkt. Die Grundidee des *Pacing und Leading* ist, Menschen allmählich an Veränderungen ihres Verhaltens oder ihrer Sichtweise her-
anzuführen, indem man sich zunächst auf die derzeitige Sichtweise des Betreffenden einstellt und sie bestätigt und sie dann allmählich erweitert. Wenn Menschen
beispielsweise etwas Neues lernen oder mit etwas Neuem bekannt gemacht werden sollen, beginnt man am besten mit etwas, das sie bereits kennen, und bewegt
sich dann von dort aus auf das Neuartige zu.

Die meisten Menschen meinen, bei einer Präsentation gehe es in erster Linie um *Leading*. Doch sind die besten Präsentatoren oft diejenigen, die sich zunächst in die Sichtweise ihrer Zuhörer hineinversetzen.

Ein gutes Beispiel für die erstaunliche Wirkung des *Pacing und Leading* ist eine Episode aus einem Verkaufsseminar, das wir einmal für eine Tele-Marketing-Gruppe durchgeführt haben. Es gab da einen Kunden, dem keiner aus der Gruppe etwas hatte verkaufen können. Dieser Mann sprach *seeeeehr laaaangsaaaam*. Da er jedoch Präsident eines großen Unternehmens war, war er ein potentiell sehr wichtiger Kunde. Die Verkäufer hatten ihn mehrfach angerufen und etwas gesagt wie: »Hallo, Sir, mir ist klar, daß Sie sehr beschäftigt sind, aber vielleicht haben Sie trotzdem eine Minute Zeit für mich.« Dabei sprachen sie etwa doppelt so schnell wie der potentielle Kunde.

Aber das war nun einmal nicht die Art, wie dieser Mensch dachte oder zuhörte. Um die Kommunikation zu ihm zu verbessern, sollte ein Mitglied der Gruppe den Mann noch einmal anzurufen und sagen: »Hallo... (sehr langsam)... ich bin von der Firma XXX... und ich würde wirklich gerne... einmal in aller Ruhe mit Ihnen sprechen... wenn Sie Zeit haben... um über unsere Produkte nachzudenken... Ich weiß, daß es sehr wichtig für Sie ist... in Ruhe über die Dinge nachzudenken... Könnten Sie mir sagen, wann ich Sie anrufen soll...« und so weiter. Statt zu sagen, »Ich brauche nur eine Minute«, sollte der Verkäufer sagen: »Wann soll ich Sie anrufen, damit Sie genug Zeit haben, um alles in Ruhe und gründlich zu überdenken?« Dem Firmenchef gefiel dies so sehr, daß er einen Termin anbot, und tatsächlich erhielt die Tele-Marketing-Gruppe dann den begehrten Großauftrag.

Eines der wichtigsten Ziele des *Pacing* ist, Rapport herzustellen. Wenn Menschen wissen, daß Sie so denken können wie sie selbst und daß Sie ihre Art, die Welt zu sehen, berücksichtigen, sind sie neuen Ideen gegenüber wesentlich aufgeschlossener.

Es gibt viele kreative Möglichkeiten, jemanden zu »pacen«. Abgesehen von der Anpassung der Stimmcharakteristik und des Sprechtempos kann man auch bestimmte Schlüsselwörter aus dem sprachlichen Repertoire des vom Kommunikationspartner bevorzugten Repräsentationssystems benutzen sowie bestimmte Körperhaltungen einnehmen, die der andere bevorzugt. Eine Möglichkeit, auf einer sehr tiefen Ebene zu »pacen« besteht darin, in der Geschwindigkeit zu sprechen, in der die andere Person atmet. Man spricht dann also in dem Rhythmus, in dem die andere Person atmet.

Dies kann sogar den Umgang mit problematischen Teilnehmern während einer Präsentation erleichtern. Einmal stand während einer Präsentation, in der es um Kommunikationsfähigkeiten ging, ein Mann auf und sagte: »Sie haben leicht reden! So einfach ist das alles aber in Wirklichkeit nicht. Ich lebe in der *realen Welt*. Dieses Zeug hier taugt nur für Seminare. Ich glaube einfach nicht, daß es bei *meinen* Kunden funktioniert.« Daraufhin sagte der Präsentator: »Was halten Sie davon, sich als Demonstrationsobjekt zur Verfügung zu stellen? Sie tun so, als wären Sie einer Ihrer schwierigsten Kunden in der realen Welt, und wir versuchen herauszufinden, wie der Prozeß, mit dem wir uns hier beschäftigen, Ihren Kontakt zu Ihren Kunden verbessern könnte.«

Daraufhin kam er nach vorn, setzte sich mir gegenüber, und wir fingen mit einem »Rollenspiel« an. Als erstes paßte ich meine Körperhaltung unmerklich der seinen an. Er sagte: »Ich bin ein vielbeschäftigter Mann. Ich treffe täglich hundert Leute von Ihrer Art, und die meisten von ihnen haben nichts als Flausen im Kopf. Es ist reine Zeitverschwendung, sich mit ihnen zu unterhalten. Sehen wir zu, daß wir das hier hinter uns bringen.« Der Präsentator paßte sich mit seiner Antwort dem Atemtempo des Mannes an und sagte: »Für mich klingt das so... als bräuchten Sie jemanden... bei dem Sie das Gefühl haben... ihm vertrauen zu können... Jemanden, dem wichtig ist... was Sie brauchen... Denken Sie an jemanden... dem Sie in Ihrem Leben... schon einmal vertraut haben... und erinnern Sie sich daran... wie Sie sich dabei fühlten... Das ist die Art von Beziehung... die ich zu Ihnen entwickeln möchte.« Der Präsentator fuhr fort, den Atem des Mannes zu »pacen«, und nach ungefähr drei Minuten sagte dieser schließlich: »Wissen Sie, ich hatte mir vorgenommen, soviel Widerstand wie möglich zu leisten, aber im Augenblick würde ich Ihnen alles abkaufen.«

Übungen im Pacing und Leading

Pacing und Leading übt man am besten in einer Dreiergruppe, wobei eine Person als Beobachter, eine als Präsentator und eine als Lernender fungiert. In den folgenden Übungen geht es jeweils um bestimmte mit dem *Pacing und Leading* verbundene Fähigkeiten. Bei allen Übungen gibt es die drei gleichen Rollen:

> A = Lernender
> B = Präsentator
> C = Beobachter

Gewöhnlich ist es besser, wenn Person A nicht über die genaue Aufgabe von Person B informiert ist, weil es B übermäßig befangen machen kann, dies zu wissen.

Nach jeder Übung berichtet der Beobachter, was ihm am Verhalten von Person A (dem Lernenden) *in Reaktion* auf das Verhalten von Person B (dem Präsentator) aufgefallen ist. Person A berichtet über ihre Gedanken und ihre Gefühle und darüber, wie sie den Rapport zu Person B empfunden hat.

Nonverbaler Rapport

In der ersten Übung wird die Beziehung zwischen verbaler und nonverbaler Angleichung *(Matching)* untersucht. Zuerst gleicht B sich verbal und nonverbal A an. Dann »*mismatcht*« B A verbal und gleicht sich weiterhin nonverbal A an. Anschließend »*mismatcht*« B A nonverbal und »*matcht*« A wieder verbal. Und schließlich bemüht B sich wieder um ein verbales und nonverbales *»Matching«* von A. Die Auswirkungen auf Person A werden wahrscheinlich unterschiedlich ausfallen, je nachdem, welchen Repräsentationskanal A am stärksten benutzt. Ist Person A verbal orientiert, so hat verbale Nichtangleichung *(Mismatching)* wahrscheinlich eine stärkere Wirkung auf sie. Ist Person A stärker visuell oder physisch (kinästhetisch) orientiert, so reagiert sie möglicherweise sehr sensibel auf die nonverbale Angleichung oder Nichtangleichung von Person B.

1. Person B beginnt ein Gespräch mit Person A und fragt diese nach Ihren Ansichten zu verschiedenen Themen.
2. Während Person B das Gespräch führt, fängt sie an, sich auf subtile Weise Aspekten der Physiologie von A anzugleichen (einschließlich der Stimmcharakteristik und des Sprechtempos). Dies läßt sich am leichtesten im Kontext des kontinuierlichen *Backtracking* oder »aktiven Zuhörens« erreichen.
3. Wenn Person B Person A vollständig »spiegelt«, kann B den Grad des Rapports durch *Leading* überprüfen – das heißt, B verändert ein winziges Element der eigenen Physiologie und beobachtet, ob A folgt.
4. Wenn Person B davon überzeugt ist, daß der Rapport stark genug ist, widerspricht sie verbal einer Meinung, die A geäußert hat, gleicht sich jedoch weiter der Physiologie von A an. (C kalibriert unterdessen, ob A sich in Rapport befindet oder Schwierigkeiten hat, zu B in Beziehung zu treten.)
5. Person B gibt nun die physische Angleichung an Person A auf, äußert jedoch verbal ihre Übereinstimmung mit einer Meinung von A. (C kalibriert unterdessen, ob Person A sich in Rapport befindet oder Schwierigkeiten hat, zu B in Beziehung zu treten.)
6. B gleicht sich erneut physisch A an und kalibriert, um Rapport herzustellen.

Pacing und Leading während des Kalibrierens

Pacing und Leading können eingesetzt werden, um die Denkrichtung eines Menschen zu beeinflussen. In dieser Übung versucht Person B, A zur Herstellung einer bestimmten Assoziation zu bewegen, indem B sich auf die Physiologie von A abstimmt, während A an bestimmte Erfahrungen denkt.

1. Person B fordert Person A auf, an jemanden zu denken, den A wirklich als »aufregend und interessant« empfindet, sowie an jemanden, den A für »langweilig« hält, und währenddessen kalibriert sie die Unterschiede der Physiologie von A.
2. B fährt dann fort, A über die beiden erinnerten Personen zu befragen, und spiegelt unterdessen die physiologischen Signale, die A währenddessen aussendet. Dies läßt sich am leichtesten erreichen, indem B kontinuierlich jede Äußerung von A rekapituliert (*Backtracking* oder »Aktives Zuhören«).
3. Während des Rateteils der Übung bittet Person B Person A, jeweils an eine der beiden erinnerten Personen zu denken, indem B A in die Physiologie leitet, die A mit der betreffenden Person assoziiert, und gleichzeitig fragt: »Wählen Sie jetzt nach Belieben eine der beiden Personen, und denken Sie an sie.«

Überkreuzspiegeln (Crossover Mirroring)

Nicht immer kann ein Präsentator das Verhalten anderer Menschen direkt spiegeln. In dieser Übung übt Person B *Pacing und Leading* durch Koordinieren eines Musters ihres Verhaltens mit einem anderen Verhaltensmuster bei Person A.

1. B beginnt ein Gespräch mit A. B soll etwas aktuell Stattfindendes und sich Wiederholendes im Verhalten von A finden (z.B. die Atemgeschwindigkeit).
2. B soll das sich wiederholende Verhalten mit einem anderen Verhaltensmuster »spiegeln« oder »pacen« – beispielsweise die Atemgeschwindigkeit von A durch Nicken im Atemrhythmus. (Dies läßt sich am leichtesten im Kontext des *Backtracking* oder *aktiven Zuhörens* erreichen.)
3. Person B prüft den Rapport, indem sie allmählich das Überkreuz-Verhalten verändert und dabei darauf achtet, ob das sich wiederholende Verhalten von A sich ebenfalls verändert.

Zusammenfassung
Wie man Rapport zu einer Gruppe herstellt

Pacing und Leading

Pacing = Angleichen an ein Verhaltensmuster eines anderen Menschen oder *Spiegeln (Mirroring)* desselben.

➤ Sich angleichen *(Matching)* oder Schlüsselwörter benutzen
➤ Spiegeln *(Mirroring)* von Gesten
➤ Mit einer ähnlichen Stimmcharakteristik sprechen

Leading = allmählich das eigene Verhalten so verändern, daß das Verhaltensmuster des anderen verändert wird.

➤ Einfügen neuer Wörter
➤ Einbeziehen neuer Gesten
➤ Verändern der Stimmcharakteristik oder des Sprechtempos

Kerngedanken

Durch *Pacing* (sich angleichen an, spiegeln) der verbalen und nonverbalen Signale eines anderen Menschen kann man Rapport zum Betreffenden herstellen.

Wenn man sich durch *Pacing* auf Einzelne oder eine Gruppe abgestimmt hat, kann man sie durch *Leading* in verschiedene Zustände oder Denkprozesse hineinführen, indem man relevante verbale Äußerungen oder physiologische Signale verändert.

Grundlegende Wahrnehmungspositionen
in der Kommunikation und in Beziehungen

Unsere Wahrnehmungen von Ideen oder Erfahrungen werden stark durch die Perspektive beeinflußt, aus der wir etwas betrachten. Es gibt drei grundlegende *Wahrnehmungspositionen*, aus denen eine Kommunikationssituation betrachtet werden kann. Wahrnehmungspositionen sind die grundlegenden Sichtweisen, die man hinsichtlich der Beziehung zu einer anderen Position einnehmen kann:

1. **Position:** Assoziiert sein im eigenen Betrachtungsstandpunkt, in den eigenen Glaubenssätzen und Annahmen. Man sieht die Außenwelt durch die eigenen Augen.
2. **Position:** Assoziiert sein im Betrachtungsstandpunkt des oder der anderen – ebenso in dessen oder deren Glaubenssätzen und Annahmen.
3. **Position:** Assoziiert sein in einem Betrachtungsstandpunkt außerhalb der Beziehung, die man zu einer anderen Person hat. Man sieht die Welt durch die Augen des oder der anderen.

Eine der wichtigsten Beziehungsfähigkeiten, die ein Präsentator entwickeln kann, ist wahrscheinlich, die Betrachtungsstandpunkte zu wechseln und verschiedene Perspektiven hinsichtlich einer Situation oder Erfahrung wählen zu können. Versuchen Sie, hinsichtlich einer Präsentationssituation verschiedene Wahrnehmungspositionen einzunehmen, indem Sie die folgenden Schritte üben.

1. Denken Sie an eine für Sie schwierige Präsentation, die Sie bereits durchgeführt haben oder die Sie durchführen wollen.
2. Versetzen Sie sich vollständig in die 1. Position, indem Sie sich vorstellen, daß das Publikum in diesem Augenblick vor Ihnen sitzt und Sie Ihre Zuhörer mit Ihren eigenen Augen anschauen.
3. Versetzen Sie sich nun in die Position Ihrer Zuhörer, und stellen Sie sich vor, Sie würden mit ihren Augen Sie, den Präsentator, anschauen. Machen Sie sich die Perspektive, die Glaubenssätze und die Annahmen des Publikums für einen Augenblick völlig zu eigen.
4. Sehen Sie die Beziehung zu Ihrem Publikum nun so, als würden Sie sich ein Video von der Interaktion eines Präsentators mit seinem Publikum anschauen.

Achten Sie darauf, wie das Einnehmen der verschiedenen Wahrnehmungspositionen Ihre Wahrnehmung vom Geschehen verändert. Welche neuen Erkenntnisse haben Sie dadurch über sich selbst, das Publikum oder die Situation gewonnen?

Zusammenfassung
Grundlegende Wahrnehmungspositionen
in der Kommunikation und in Beziehungen

➤ **1. Position**
Durch die eigenen Augen und auf der Grundlage der eigenen Weltsicht
➤ **2. Position**
Mit den Augen des anderen
➤ **3. Position**
Aus der Perspektive eines unbeteiligten Beobachters

Kerngedanken

Man kann in jedem Kommunikations- und Beziehungskontext drei grundlegende Wahrnehmungspositionen einnehmen.

1. Die Perspektive der ersten Person – die »Ich«-Position,
2. die Perspektive der zweiten Person – die Position anderer, die an der Situation beteiligt sind,
3. die Perspektive der 3. Person – die Position eines unbeteiligten Beobachters.

Die Fähigkeit, sich in die Perspektive der Zuhörer versetzen zu können, ist eine wichtige Voraussetzung für die effektive Durchführung von Präsentationen.

Wenn man sich in die »2. Position«, also in die des Kommunikationspartners, versetzen kann, so kann man sich Klarheit darüber verschaffen, wie gut man die Sichtweise des anderen kennt, und außerdem feststellen, in welchen Bereichen mehr Klarheit notwendig ist.

Wie man durch Aufbauen der *zweiten Position* Rapport zu einer Gruppe herstellen kann

Um seine Zuhörer richtig einschätzen zu können, muß man Informationen über sie und ihre Bedürfnisse sammeln. Man muß dazu nicht nur herausfinden, was diese Menschen brauchen, sondern auch, wie sie lernen. Außerdem muß man ihre Werte, ihre Glaubenssätze und ihre Selbstwahrnehmung kennen und verstehen.

In der nächsten Übung sollen Sie versuchen, sich in die Situation anderer Menschen hineinzuversetzen und ihre Sichtweise in Beziehung zu Ihrer eigenen zu erforschen.

Bilden Sie dazu wieder Vierergruppen. Jeder Teilnehmer wählt auch diesmal ein Thema oder Konzept und ein typisches oder besonders schwieriges Publikum. Die übrigen Gruppenmitglieder versuchen, sich in die Situation dieses »Publikums« hineinzuversetzen. Sie bemühen sich, sich die Sichtweise jener imaginären Empfänger zu eigen zu machen und aus dieser Perspektive zu beurteilen, wie gut die Empfänger das Thema verstehen und, was noch wichtiger ist, wie intensiv sie den Rapport zum Präsentator erleben.

Vor der Präsentation begibt sich der Präsentator in die zweite Position, also in die des Publikums, um aus dieser Perspektive heraus zu entscheiden, welche Arten von Wörtern, Beispielen und Metaphern, welche Stimmcharakteristik usw. den Rapport zum Publikum verbessern würden. Anders gesagt stellt er fest, was das Publikum am liebsten von einem Präsentator sehen und hören würde.

Um die Perspektive der zweiten Position zu vertiefen, kann der Präsentator darüber nachdenken, 1) welche kognitiven Fähigkeiten erforderlich sind, um das Thema zu verstehen. Was muß das Publikum dazu können? 2) Setzt es irgend etwas voraus, das mit Motivation oder einer bestimmten Überzeugung in Zusammenhang steht? Wie paßt das Thema zu den Werten und Motivationen des Publikums? 3) Wie nimmt das Publikum sich selbst wahr? Manche Menschen haben im Hinblick auf gewisse Arten von Information einschränkende Vorstellungen über sich selbst. Sie denken beispielsweise: »Das ist unwichtig« oder: »Ich bin mathematisch nicht begabt« oder: »Das ist zu kompliziert«. Der Präsentator sollte sich darüber im klaren sein, wie seine Zuhörer sich selbst einschätzen.

Der Wechsel in die zweite Position vor einer Präsentation hat den Vorteil, daß Sie entweder a) die Perspektive des Publikums besser kennenlernen oder b) sich darüber klar werden, daß Sie wichtige Dinge nicht wissen und deshalb mehr Informationen sammeln müssen. Die Übung zeigt Ihnen, was Sie bereits über Ihr Publikum wissen und worüber Sie noch mehr herausfinden müssen. Vielleicht wissen Sie nicht, welche Art von Werten das, was Sie vorhaben, von seiten des Lernenden voraussetzt. Wenn Sie sich über irgendwelche Aspekte dieser Art nicht im klaren sind, müssen Sie die betreffenden Bereiche gründlicher erforschen und prüfen. Überwechseln in die zweite Position vor einer Präsentation ermöglicht Ihnen auch, die Präsentation der aktuellen Situation anzupassen. Aber denken Sie daran: Selbst wenn Sie sich in die Bedürfnisse Ihres Publikums einzufühlen versuchen, gilt immer noch, daß »die Landkarte nicht das Gebiet ist«. Auch nach gründlichster Vorbereitung finden Sie im Unterrichts- oder Präsentationsraum eine andere Gruppe vor als die erwartete. Deshalb ist es auch während der Präsentation ratsam, sich in wichtigen Situationen erneut in die Zuhörer hineinzuversetzen. Sie sollten die Perspektive des Publikums immer im Auge behalten.

Der Präsentator sollte die in der zweiten Position gesammelte Information in seine Präsentation einbeziehen und die Fähigkeit des *Pacing und Leading* anwenden, um während der Präsentation Rapport zum Publikum herzustellen und aufrechtzuerhalten.

Nach der Präsentation sollten der Präsentator und die übrigen Gruppenmitglieder ihre Eindrücke über das Publikum miteinander vergleichen und darüber diskutieren, was an der Präsentation gelungen war, insbesondere wie das Publikum den Rapport erlebt hat. Der Präsentator teilt außerdem mit, welche Signale und Denkstile er oder sie zu »pacen« und zu »leaden« versucht hat.

Übung
Wie man durch Aufbau der *zweiten Position* Rapport zu einer Gruppe herstellt

1. Der Präsentator definiert ein Thema und ein typisches oder ein besonders schwieriges Publikum.
2. Gruppenmitglieder übernehmen die Rolle des Publikums.
3. Der Präsentator versetzt sich in die »zweite Position« (die Sichtweise des Publikums) und überlegt, welche Wörter, Beispiele, Metaphern, Stimmcharakteristik usw. dazu beitragen würden, Rapport zum Publikum herzustellen.

Der Präsentator kann die zweite Position vertiefen, indem er *drei Ebenen der Analyse* einbezieht:

a. *Die vorausgesetzten Fähigkeiten.* Setzt das Thema voraus, daß man bereits etwas anderes weiß oder kennt oder daß man etwas Bestimmtes tun kann? Welche Arten von bewußter und unbewußter Kompetenz werden vorausgesetzt?

b. *Die vorausgesetzten Werte und Glaubenssätze.* Das Thema kann etwas mit bestimmten Glaubenssätzen über die Firma zu tun haben, oder mit individuellen Werten. Wie ist das Glaubenssystem dieses Publikum beschaffen? Welche Ansichten hat das Publikum über die Präsentation und den Präsentator?

c. *Die Wahrnehmungen des Publikums von sich selbst.* Welche Aspekte der Identität oder Rollenidentität können durch das gewählte Thema entweder angesprochen oder als Voraussetzung einbezogen werden?

4. Der Präsentator behandelt das von ihm gewählte Thema und versucht, Rapport herzustellen und aufrecht zu erhalten, indem er die Information nutzt, die er in der »zweiten Position« gewonnen hat.

5. Die Gruppe diskutiert darüber, wodurch der Rapport hergestellt und optimiert wurde, sowie über die Fähigkeit des Präsentators im *Pacing und Leading*.

Entwickeln nonverbaler Kommunikationsfähigkeiten

Hier werden die grundlegenden Bereiche nonverbaler Kommunikation beschrieben, die bei der Durchführung von Präsentationen eine Rolle spielen. Außerdem werden in diesem Kapitel die Fähigkeiten erforscht, die man braucht, um eine Präsentation auch nonverbal bewußt zu gestalten.

➤ Botschaften und Meta-Botschaften
➤ Grundlegende nonverbale Kommunikationsfähigkeiten, die helfen, Präsentationen effektiv zu gestalten
➤ Die Nutzung von Mikro-Verhaltenshinweisen

Botschaften und Meta-Botschaften

Wie gut Menschen in einer Gruppe zu lernen vermögen, hängt von ihrer Fähigkeit ab, miteinander zu kommunizieren. Die Kommunikation zwischen den einzelnen Mitgliedern einer Gruppe findet sowohl verbal als auch nonverbal statt, und auf das Verhalten der Gruppe als Ganzes wirken sowohl verbale als auch nonverbale Einflüsse ein.

Der Präsentator hat Möglichkeiten, nonverbale positive Zustände, die spontan in der Gruppe auftreten, zu erkennen und zu fördern. Eine diesem Ziel dienende Methode wird *Shaping* (»Formen«) genannt. *Shaping* beinhaltet, daß man etwas Physiologisches ermutigt. Als Beispiel hierfür möchte ich eine Geschichte von einem Psychologie-Professor wiedergeben, der mit einer Gruppe von Studenten ein Experiment durchführte. Er gab den männlichen Studenten seiner Klasse die Anweisung, Frauen, die rote Pullover trugen, Komplimente zu machen, ohne jedoch direkt den roten Pullover zu erwähnen. Sie sollten einfach etwas sagen wie: »Oh, du siehst heute aber gut aus«, oder die Frau einfach anlächeln. Angeblich soll nach einer Woche die überwältigende Mehrheit der Studentinnen mit roten Pullovern erschienen sein.

Offenbar beschlossen die Studenten, das Experiment auch auf den Professor selbst anzuwenden. Sobald der Professor während des Unterrichts zu einer bestimmten Seite des Raumes ging, gähnten sie und brachten auch auf andere Weise ihr Gelangweiltsein zum Ausdruck. Ging er hingegen zur anderen Seite des Raums, so richteten sich alle auf, nickten eifrig und demonstrierten durch ihr Verhalten lebhaftes Interesse. Nach einer Weile blieb der Professor während des gesamten Unterrichts nur noch auf der »Interesse-Seite« des Raumes!

Manager tun oft ähnliche Dinge, doch sind sie sich meist nicht dessen bewußt, was sie tun. Beispielsweise benutzte ein Top-Manager der IBM diesen Prozeß des *Shaping* unbewußt, um andere dazu zu bringen, selbst zu »entdecken«, daß sie seine Ansicht befürworteten. Wenn er mit jemandem sprach, der ähnlich dachte wie er, so war er ein ausgezeichneter und sehr aktiver Zuhörer, der ständig Augenkontakt hielt, nickte und Dinge sagte wie »Tatsächlich?« – »Das ist ja sehr interessant!« – »Erzählen Sie mir mehr über Ihre Idee.« Schlug jemand im Gespräch eine Richtung ein, die ihm weniger gefiel, so starrte er ausdruckslos vor sich hin und murmelte »Hmmm, hmmmm«. Es war dann für den Gesprächspartner so, als würde er gegen eine Wand anreden. Sobald der andere jedoch seinen Ausführungen eine andere Orientierung gab, erwachte der Manager zu neuem Leben und interessierte sich wieder ungemein für das, was sein Kommunikationspartner ihm zu sagen hatte. So schaffte er es schließlich, andere zu seiner Sichtweise zu bekehren, ohne daß sie verstanden, wie es dazu gekommen war.

Signale dieser Art werden *Meta-Botschaften* genannt. Der Kommunikationsprozeß besteht in der Übermittlung sowohl von Botschaften, die den Inhalt des Kommunizierten enthalten, als auch von Meta-Botschaften, die dem Inhalt übergeordnet sind. Meta-Botschaften sind Botschaften *über* andere Botschaften. Meta-Botschaften geben gewöhnlich Aufschluß über a) den Typ oder die Ebene der übermittelten Botschaft, b) den Zustand, in dem sich jemand befindet, oder c) über den Status oder die Beziehung zwischen den Mitgliedern einer Gruppe. Außerdem übermitteln Menschen auch Meta-Botschaften über die Botschaften, die sie empfangen haben, so wie es das Beispiel des IBM-Managers zeigt.

Meta-Botschaften sind für die Interpretation einer Botschaft sehr wichtig. Es besteht ein Unterschied zwischen dem, was ein Mensch »sagt«, und dem, was der oder die Betreffende »meint« oder intendiert. Die empfangene Botschaft ist nicht immer die Botschaft, die intendiert oder gesendet wurde. Und tatsächlich ist die Bedeutung einer Kommunikation, die an einen anderen Menschen gerichtet ist, eben das, was jene Person empfangen hat, unabhängig von dem, was der Sender damit beabsichtigt haben mag.

Der Umgang mit dem Wechselspiel zwischen Botschaften und Meta-Botschaften beinhaltet drei grundlegende permanente Mikro-Kommunikationsprozesse:

1. Nutzen der Beobachtungsfähigkeit und von Feedback, um Unstimmigkeiten zwischen der intendierten und der empfangenen Botschaft zu verringern,
2. Auswahl und Kombination von Botschaften und Meta-Botschaften,
3. Sicherstellen dessen, daß die Mikro-Botschaften die umfassenderen Botschaften unterstützen und daß sie der Orientierung des angestrebten Kommunikationsergebnisses entsprechen.

Zusammenfassung
Botschaften und Meta-Botschaften

Der Einfluß verbaler und nonverbaler Kommunikation

Es gibt in der Kommunikation zwei Arten von Botschaften:

1. verbal-inhaltliche
2. nonverbale Meta-Botschaften:
   Botschaften über den Charakter der übermittelten verbalen Botschaft

Meta-Botschaften sind notwendig zur Interpretation der Botschaft.

➤ Meta-Botschaften sind oft analog; d.h., sie kommen zum Ausdruck durch

   ➤ die Stimmcharakteristik,
   ➤ die Betonung eines bestimmten Satzteils,
   ➤ die Intensität des Gesichtsausdrucks.

➤ In einer Gruppensituation handeln Meta-Botschaften oft »von« Beziehungen.

Kerngedanken

Effektive Kommunikation umfaßt sowohl Botschaften als auch *Meta-Botschaften*. Letztere sind Botschaften *über* andere Botschaften, die dem Empfänger helfen, den Sinn der übermittelten Botschaft zu verstehen.

Meta-Botschaften sind gewöhnlich der nonverbale Teil der Kommunikation.

Meta-Botschaften beziehen sich meist auf den Kontext, den Zustand, die Beziehung oder die Fokusebene, auf welcher die Botschaft übermittelt wird oder empfangen werden soll.

Grundlegende nonverbale Kommunikationsfähigkeiten, die helfen, Präsentationen effektiv zu gestalten

Es gibt mehrere Klassen von Aktivitäten, die mit der Beziehung zwischen Botschaften und Meta-Botschaften im Präsentationskontext und dem Umgang damit zu tun haben:

1. Auswählen und Aufteilen *(Chunking)* der gesamten Botschaft in die Elemente des Inhalts und in Meta-Botschaften,
2. Entscheiden, über welche Kanäle die einzelnen Elemente der Botschaft und der Meta-Botschaften gesendet werden sollen,
3. Erkennen empfangener Botschaften und Meta-Botschaften und Reaktion auf dieselben als Feedback.

Eine effektive Kommunikationsstrategie beinhaltet Elemente, die vorausgeplant sind, und solche, die in Reaktion auf das Feedback gewählt werden. Die Vorausplanung von Meta-Botschaften für eine Präsentation kommt darin zum Ausdruck, wie Information vorbereitet und übermittelt wird. Beispielsweise ist die Tatsache, daß die gleiche Botschaft in einem Kursbegleitheft und auf einer Overhead-Folie erscheint, eine Meta-Botschaft über die Wichtigkeit der Information. Der Grad der Strukturierung des Materials oder auch ganz einfach sein Umfang ist eine Meta-Botschaft darüber, wieviel Zeit darauf verwendet wurde. Ob gedrucktes Material am Anfang eines Kurses verteilt wird oder erst im Laufe des Unterrichts, ist eine Meta-Botschaft darüber, wie die in den schriftlichen Unterlagen vermittelte Information im Zusammenhang mit dem übrigen Geschehen während der Präsentation verstanden werden muß.

Die unmittelbaren Aspekte des Umgangs mit Botschaften und Meta-Botschaften hängen eng mit den nonverbalen Verhaltensweisen und Reaktionen des Präsentators und des Publikums zusammen. In direkter Kommunikation werden Meta-Botschaften meist nonverbal übermittelt. Auch wenn Menschen nicht sprechen, senden sie ständig Meta-Botschaften aus. Linguisten nennen dies scherzhaft das »Grunz-und-Stöhn-Phänomen«. Beim Zuhören bringen viele Laute wie »Ah« und »Hmmm« hervor. Diese Laute sind keineswegs rein zufällig und austauschbar, sondern wenn jemand schnell »Aha, aha« sagt, so nimmt er die übermittelte Botschaft anders auf, als wenn jemand langsam »Aaaah-haaaa« verlauten läßt.

Die gleiche Botschaft hat unterschiedliche Bedeutungen, wenn sie von unterschiedlichen nonverbalen Meta-Botschaften begleitet wird. Denken Sie einmal über die unterschiedlichen Implikationen der folgenden Botschaften nach:

»Du solltest *das* hier nicht tun.«
»Du *solltest* das hier *nicht* tun.«
»*Du* solltest das hier nicht tun.«

Je nach der Betonung enthält die Botschaft unterschiedliche Implikationen hinsichtlich der betonten Ebene: Du (Identität) solltest nicht (Glaubenssätze / Werte) tun (Fähigkeit) das (Verhalten) hier (Umgebung). Das Vorhandensein oder Fehlen solcher Meta-Botschaften entscheidet oft darüber, wie eine Botschaft interpretiert wird und ob sie adäquat interpretiert wird. Wenn ein Präsentator beispielsweise sagt: »*Sie* haben sich nicht an die Regeln gehalten«, so wird dies mit hoher Wahrscheinlichkeit als Botschaft auf der Identitätsebene aufgefaßt. Sagt er hingegen: »Sie haben die *Regeln* nicht beachtet«, so geht es weniger um die Identität des Angesprochenen, sondern um die Ebene des *Warum* und *Wie*.

Eine typische nonverbale Fähigkeit ist der Einsatz stimmlicher Akzentuierungen. Wenn ein Präsentator sagt: »Ich möchte, daß Sie nun genau zuhören, was ich als nächstes sagen werde«, und er spricht dabei mit monotoner Stimme, so wird es ihm wahrscheinlich nicht gelingen, wie beabsichtigt die Aufmerksamkeit der Zuhörer zu konzentrieren. Würde der gleichen Botschaft durch Stimmcharakteristik und Betonung eine andere Meta-Botschaft beigefügt, so erhielte sie dadurch eine andere Bedeutung. Der Präsentator könnte sagen: »Ich möchte, daß Sie sich *genau anhören* (mit einer deutlichen Betonung), was ich als nächstes sagen werde.« Dieser nonverbale Aspekt der Kommunikation hat Einfluß darauf, wie Menschen die übermittelte Botschaft aufnehmen. Lernende werden oft derartig mit Information überhäuft, daß für sie die entscheidende Frage ist, was von alldem vorrangig und wirklich wichtig ist. Dies wird gewöhnlich durch nonverbale Meta-Botschaften übermittelt, die die Information begleiten.

Man hat den Einfluß von Meta-Botschaften am Computer untersucht. Ein Problem von Computern ist, daß sie keine Meta-Botschaften übermitteln. Deshalb beschloß man, Computerprogramme so zu gestalten, daß sie den Benutzern Meta-Botschaften übermitteln: Auf dem Bildschirm erschienen ständig Reaktionen wie »Oh ja«, »Ich verstehe«, »Sehr gut!«. Und es stellte sich heraus, daß die Anwender diese Programme sehr gern benutzten. Sie waren damit wesentlich produktiver als sonst, weil sie das Gefühl hatten, besseren Rapport zu ihrem Computer zu haben, obwohl sie nicht genau erklären konnten, warum das so war.

Unterschiedliche Arten von Meta-Botschaften werden in verschiedenen Kulturen auf unterschiedliche Weisen benutzt. Beispielsweise ist einmal eine Untersuchung über die Interaktionen zwischen Menschen in englischen Pubs und in französischen Bistros durchgeführt worden. Man fand heraus, daß die Franzosen einander durchschnittlich ungefähr 110 Mal pro Stunde anfaßten. Hingegen berührten die Engländer einander nur durchschnittlich dreimal pro Stunde.

Meta-Botschaften umfassen nicht nur sprachliche Betonungen, sondern sie entstehen auch durch andere nonverbale Aspekte des Präsentierens. Abgesehen von der Sprachmelodie übermittelt der Präsentator auch durch Gesten und Körperbewegungen Meta-Botschaften. Auch die Gestaltung des Präsentations- oder Unterrichtsraums ist eine Meta-Botschaft darüber, zu welcher Art von Interaktion man die Teilnehmer anregen möchte.

Die räumliche Beziehung der Gruppenmitglieder zueinander ist ein wichtiger nonverbaler Einfluß auf den Gruppenprozeß. Oft beeinflußt dies sowohl real physisch als auch symbolisch die Interaktion zwischen den Teilnehmern. Beispielsweise werden durch Sitzen im Kreis, etwa an einem runden Tisch, andere Arten von Feedback und Interaktion zwischen den Teilnehmern gefördert als durch Sitzen an einem rechteckigen Tisch oder wie im traditionellen Frontalunterricht. Ein runder Tisch symbolisiert nicht zuletzt auch eine andere Art von Beziehung zwischen den Gruppenmitgliedern. Diesen Einfluß nennt man die *Psychogeographie*.

Shaping-Übung

Eine einfache nonverbale Kommunikationsfähigkeit ist die des *Shaping*, eine nonverbale Verstärkung bestimmter erwünschter Verhaltensweisen eines Kommunikationspartners (so wie es am Beispiel des IBM-Managers beschrieben wurde). Es folgt eine einfache *Shaping*-Übung, zu deren Durchführung drei Personen erforderlich sind: A, B und C.

1. Person B beginnt ein Gespräch mit Person A. B »shaped« A, in dem sie auf subtile Weise bestimmte Aspekte von A's Verhalten durch eine nonverbale Meta-Botschaft »verstärkt« (z.B. durch einen bestimmten Gesichtsausdruck, durch die Stimmcharakteristik usw.).
2. Person C versucht herauszufinden, auf welche von A's Verhaltensweisen sich das *Shaping* bezieht und welches Verstärkungssignal *(reinforcing cue)* B benutzt.

Zusammenfassung
Grundlegende nonverbale
Kommunikationsfähigkeiten, die helfen,
Präsentationen effektiv zu gestalten

Die Fähigkeit, Meta-Botschaften einzusetzen

- ➤ Stimmcharakteristik
- ➤ Gestik
- ➤ »räumliche Anker«

Die Fähigkeit, Meta-Botschaften zu erkennen
Die Fähigkeit, auf Meta-Botschaften, die als Feedback übermittelt werden, zu reagieren

Kerngedanken

Es gibt mehrere Klassen von Aktivitäten, die sich auf den Umgang mit Botschaften beziehen:

1. Auswählen und Portionieren *(chunking)* der gesamten Botschaft in Inhaltselemente und Meta-Botschaften;
2. Festlegen, über welche Kanäle Botschaften und Meta-Botschaften übermittelt werden sollen;
3. Erkennen empfangener Botschaften und Reaktion darauf, um Feedback zu geben.

Die Nutzung von Mikro-Verhaltenshinweisen

Einer der wichtigsten Einflüsse auf die Effektivität einer Präsentation hängt mit dem Zustand zusammen, in dem sich die Gruppe der Zuhörer befindet. Der Zustand, in dem sich ein Mensch befindet, beeinflußt seine Fähigkeit zu lernen und die Stärke seiner Motivation. Der Zustand steht in Beziehung zur inneren Erfahrung der Lernenden. Sind sie müde? Sind sie wütend? Sind sie skeptisch?

Menschen nehmen Botschaften unterschiedlich auf, je nachdem, in welchem Zustand sie sich befinden und in welcher Rolle sie den Präsentator sehen. Wenn sie ihn als Experten ansehen, nehmen sie das, was er zu sagen hat, anders auf, als wenn sie ihn als ihresgleichen ansehen. Wenn Menschen sehr begeistert sind, nehmen sie Botschaften anders auf, als wenn sie zerstreut sind. Um einen Vergleich, eine Metapher heranzuziehen, können Sie sich den Körper als eine Art Schaltkreis vorstellen. Verändert man den Schaltkreis, so erhält man mit der gleichen Information andere Resultate. Zu den für eine Präsentation wichtigsten Zuständen zählen: Aufmerksamkeit, Motiviertheit und Konzentration.

Welche Einflüsse, die auf den Zustand eines Menschen einwirken, kann ein Präsentator ansprechen? Was beeinflußt die Zustände von Menschen? Starken Einfluß auf den Zustand einer Gruppe haben 1) die Umgebung, 2) die Physiologie der Teilnehmer und 3) die Meta-Botschaften des Präsentators.

Die Umgebung hat ganz sicher starken Einfluß auf den Zustand von Menschen. Auch die Temperatur, die Lichtverhältnisse, die Gestaltung eines Raumes, in dem Menschen sich aufhalten, wirken sich auf ihre Physiologie aus.

Ein weiterer starker Einfluß auf die Zustände von Menschen ist ihre eigene Physiologie. Wenn man lange genug in einer bestimmten Haltung sitzt, so beeinflußt dies die Atmung sowie auch andere Mikro-Verhaltensweisen, die wiederum kognitive Prozesse beeinflussen. Wenn man aufrecht sitzt und beim Atmen die ganze Brust füllt, wird man kaum einschlafen. Ein Präsentator kann also Dinge tun, um die Physiologie seiner Zuhörer zu verändern.

Ein dritter wichtiger Einfluß sind die nonverbalen Meta-Botschaften des Präsentators. Eine der wichtigsten Funktionen von Meta-Botschaften betrifft das Identifizieren und Beeinflussen der eigenen inneren Zustände und des Zustandes, in dem das Publikum sich befindet. Nonverbale Mikro-Verhaltenssignale können durch eine Art starker Hebelwirkung die Zustände und Denkprozesse anderer Menschen verändern. Der Präsentator könnte beispielsweise mit sehr flacher, monotoner Stimme sagen: »Ich werde Ihnen jetzt etwas erklären, das für dieses

Seminar sehr wichtig ist.« Oder er könnte sagen: »Also, ich werde Ihnen jetzt etwas sagen, daß *sehr* wichtig ist!«

Physiologische Signale sind auch Anker, die man eigenen Zuständen hinzufügen kann, um sie bei Bedarf nach Belieben wieder zu aktivieren. Wenn Sie sich Ihrer eigenen physischen Signale gewahr sind, haben Sie damit ein Werkzeug zur Verfügung, das Ihnen hilft, unabhängig vom jeweiligen Kontext in einen effektiven Zustand überzuwechseln. Es ist auch möglich, Prozesse in einer Gruppe nonverbal zu ankern, indem man gewisse Hinweise bzw. Signale mit dem Zustand der Gruppe assoziiert. Wenn eine Gruppe sich beispielsweise in einem besonders produktiven Lernzustand befindet, kann ein Präsentator irgendeine Art von Stimulus wie Klatschen oder eine ermutigende Geste benutzen. Schon bald wirkt der betreffende Stimulus wie ein Trigger für den gewünschten effektiven Zustand.

Auf diese Weise kann der Präsentator nicht nur auf den Lernstil seiner Zuhörer reagieren, sondern auch auf seinen eigenen inneren Zustand und auf den der Zuhörer. Zumindest sollte der Präsentator in der Lage sein, dies in seine Kommunikationsstrategie einzubeziehen. Einige der wichtigsten Verwendungszwecke von Mikro-Verhaltenssignalen und Meta-Botschaften sind:

1. positive Zustände bei sich selbst und bei anderen wieder zugänglich zu machen,
2. den eigenen Zustand so zu beeinflussen, daß man zu optimalen Leistungen fähig ist,
3. die aktuellen Zustände von anderen zu beeinflussen und zu lenken.

Verschiedene Arten von Meta-Botschaften können mehr oder weniger geeignet sein, um Zustände zu beeinflussen, je nach dem, welche anderen Einflüsse auf die Zustände einwirken. Ein Präsentator kann in der Lage sein, etwas zu tun, um den Zustand einer Gruppe zu beeinflussen, oder er kann es nicht, wenn der Einfluß, der den betreffenden Zustand hervorruft, zu weit vom unmittelbaren Augenblick entfernt ist. Wenn einer Gruppe von Menschen soeben mitgeteilt wurde, daß sie ihren Arbeitsplatz verlieren werden, so macht es der starke Einfluß, den dies auf ihren Zustand hat, erforderlich, daß der Präsentator den Zustand einfach als ein existierendes Hindernis akzeptiert. In anderen Fällen läßt sich der Zustand einer Gruppe ganz einfach durch eine kurze Kaffeepause verändern.

Übung
Nonverbale Kommunikation in einer Präsentation

Der Umgang mit dem eigenen Zustand und mit dem des Publikums ist eine der wichtigsten und wirksamsten Fähigkeiten eines Präsentators. Nonverbale Signale haben oft den stärksten Einfluß auf innere Zustände. In der nun folgenden Übung werden wir einige der Verwendungsmöglichkeiten nonverbaler Kommunikation bei der Gestaltung einer effektiven Präsentation untersuchen:

1. Der Präsentator wählt ein Thema, das zu präsentieren ihm wichtig erscheint oder für ihn eine Herausforderung ist.

2. Der Präsentator definiert eine Reihe von Meta-Botschaften, die er im Zusammenhang mit dem gewählten Thema übermitteln möchte. Diese sollen umfassen:

   ➤ seinen oder ihren eigenen Zustand,
   ➤ die Art der Beziehung, die er/sie zum Publikum herstellen möchte,
   ➤ den Zustand, in den er/sie das Publikum befördern möchte,
   ➤ die Fokusebene der Kommunikation.

3. Der Präsentator entscheidet, wie er/sie Stimmcharakteristik, Gestik, räumliche Position usw. einsetzen kann, um die Meta-Botschaft zu übermitteln.

4. Der Präsentator führt eine kurze Präsentation durch, in welche er die gewählten Meta-Botschaften einbezieht.

5. Nach der Präsentation zeichnet jedes Gruppenmitglied durch Beantwortung der folgenden Fragen die empfangenen Meta-Botschaften auf:

   ➤ In welchem Zustand befand sich der Präsentator?
   ➤ Was für eine Art von Beziehung wollte der Präsentator zum Publikum herstellen?
   ➤ Welche Fokusebene hat der Präsentator hervorgehoben? *(Wo, Wann, Was, Wie, Warum, Wer)*

6. Gruppe und Präsentator vergleichen »beabsichtigte« und »empfangene« Meta-Botschaften.

Zusammenfassung
Die Anwendung von Mikro-Verhaltenshinweisen

➤ **Wiederzugänglichmachen positiver Zustände**
➤ **Beeinflussen des eigenen Zustands**
➤ **Beeinflussen der Zustände anderer**

Kerngedanken

Eine der wichtigsten Verwendungsarten von Meta-Botschaften ist das Identifizieren und Beeinflussen der inneren Zustände, in denen sich das Publikum befindet.

Zu den für eine Präsentation wichtigsten Zuständen gehören: Aufmerksamkeit, Motiviertheit und Konzentration.

Physiologische Signale sind Anker, die helfen, den eigenen Zustand zu beeinflussen, um einen bestimmten Zustand nach Belieben reproduzieren oder wieder zugänglich machen zu können.

Verhaltenssignale kann man *»pacen«* (man kann sich ihnen angleichen), um Rapport zu jemandem herzustellen.

Einschätzung des eigenen inneren Zustandes und Zustands-Management

Hier werden Unterscheidungskriterien erklärt sowie eine Methode, die Präsentatoren hilft, innere Zustände, die für die effektive Durchführung einer Präsentation wichtig sind, zu identifizieren und zu aktivieren.

> ➤ Effektive Leistung und persönliche Zustände
> ➤ »Kreis der Exzellenz«: Analyse des Mikro-Verhaltens

Effektive Leistung und persönliche Zustände

Der Zustand des Senders sowie auch der des Empfängers beeinflußt den Kommunikationsfluß. Zustände fungieren sowohl als Filter wie auch als Ausrichter (*bias*) beim Empfangen und Interpretieren von Botschaften. Wie können wir willentlich eine effektive Leistung initiieren oder umsetzen? Wie verschafft man sich auf konsistente Weise Zugang zu kognitiven Prozessen und Verhaltensprozessen?

Wir werden in diesem Kapitel einige Werkzeuge untersuchen, mit deren Hilfe man die persönliche Leistung optimieren und Augenblicke effektiver Leistung einfangen oder darauf fokussieren kann. Mit Hilfe der gleichen Werkzeuge kann man auch nach einer Störung oder Unterbrechung erneut Zugang zu einem effektiven Zustand erlangen.

Ein großer Teil des Geschehens bei effektiver Arbeit läuft unbewußt ab. Viele wichtige Aspekte bleiben dem Bewußtsein verborgen. Abgesehen von der Möglichkeit, unbewußte Gedanken bewußt zu machen, ist es auch hilfreich, wenn man unbewußte Prozesse fördern oder sogar steuern oder nutzen kann.

Zustände werden oft durch Meta-Botschaften beeinflußt und sind selbst ebenfalls Meta-Botschaften darüber, welche Art von Information gesendet oder empfangen wurde. Von zentraler Bedeutung für eine effektive Leistung ist die Fähigkeit, die Verbindung zwischen Verhaltenshinweisen und -mustern einerseits und inneren kognitiven Strukturen und unbewußten Prozessen andererseits zu erkennen. Außer der Bedeutung mentaler Strategien und der Beobachtungsfähigkeiten spielen beim Prozeß des Präsentierens auch physiologische Aspekte und Verhaltensaspekte eine Rolle. Natürlich kann man sprachliche Signale benutzen, um die Leistung eines Menschen zu stimulieren, zu aktivieren oder zu fördern. Und man kann auch reine Verhaltenssignale einsetzen.

Beispielsweise behauptete der Gründer einer großen Reederei, verschiedene physische Aktivitäten würden ihm helfen, verschiedene Arten von Problemen zu lösen. Bei bestimmten Problemen müsse er Golf spielen, um sich in den zu ihrer Lösung erforderlichen Geisteszustand zu versetzen. Bei anderen müsse er fahrradfahren, um sie effektiv lösen zu können. Er hatte so spezifische Vorstellungen darüber, mit Hilfe welcher Art von Physiologie man eine bestimmte Art von Problemen lösen könne, daß er zu sagen pflegte: »Bei diesem Problem kann man nicht golfen. Das ist eines von der Art, bei denen man fahrradfahren muß.«

Dem liegt die erwiesene Tatsache zugrunde, daß bestimmte physiologische Aktivitäten bestimmte neurologische Prozesse stimulieren. Fahrradfahren ist eine

Aktivität auf der Makro-Ebene. Außerdem gibt es auch physiologische und verhaltensbezogene Mikro-Hinweise und -Prozesse, die kognitive Prozesse begleiten.

Effektives Lehren und Lernen hängt mit dem inneren Zustand eines Menschen sowie mit seinen mentalen Prozessen zusammen. Es ist wichtig, sich über den Einfluß des Verhaltens auf die Leistung im klaren zu sein, selbst subtiler Aspekte der Physiologie. Wenn Sie Athleten zuschauen, die sich auf einen Wettkampf vorbereiten, so werden Sie bemerken, daß sie sich durch gewisse physische Signale in einen für sie günstigen Zustand versetzen. Ebenso wirkt sich auch bei jedem anderen Menschen der innere Zustand auf die Präsentationsfähigkeit aus, und dieser läßt sich durch gewisse Verhaltenshinweise auf der Makro- und Mikro-Ebene beeinflussen.

Manchmal ist die Leistungsfähigkeit bedauerlicherweise *zu* stark zustandsabhängig. Dies veranschaulicht der amerikanische Film *Butch Cassidy and the Sundance Kid. Sundance Kid* war ein großer Revolverheld, der jedoch nur schießen konnte, wenn er sich bewegte. Wenn er versuchte, aus dem Stand zu schießen, traf er nie; er mußte springen oder fallen oder sich drehen, um zu treffen. Dies ist einerseits ein Vorteil, andererseits aber auch ein Manko. Ebenso können manche Menschen nur unter Streß gute Leistungen erbringen.

Unterschiedliche Menschen haben unterschiedliche Motive zu lehren oder zu lernen. Manche Menschen sind effektiv, wenn sie auf etwas hinarbeiten. Andere sind leistungsfähiger, wenn sie etwas zu vermeiden versuchen. Es gibt im Amerikanischen ein Sprichwort, das lautet: »*When the going gets tough, the tough get going*«, was soviel bedeutet, wie: »Wenn es knüppeldick kommt, kommen die richtig harten Burschen erst in Bewegung.« Die Schwierigkeit der Situation zwingt sie, ihre inneren Ressourcen richtig zu nutzen. Problematisch wird es für sie in eher normalen Situationen, denn dann müssen sie auf irgendeine Weise eine schwierige Situation kreieren, um »in Bewegung zu kommen«. Mit Hilfe physiologischer Signale können wir sowohl unseren eigenen Zustand als auch die kognitiven Prozesse beeinflussen, die mit effektivem Lehren und Lernen verbunden sind.

Es gibt Makro-Signale wie Körperhaltungen und Gesten, und außerdem gibt es die subtileren Mikro- oder Minimalhinweise.

Wir werden in diesem Kapitel die Beziehung zwischen Physiologie und Leistung untersuchen. Den Einfluß des physischen Zustandes auf das Lernen zu untersuchen ist wichtig, weil erst dann unser Verständnis des Lernprozesses abgerundet und wirklich ausgewogen ist.

Gegenüberstellende Analyse

Eine der einfachsten und gleichzeitig tiefgründigsten Möglichkeiten, relevante Verhaltenshinweise bzw. -signale zu definieren, ist die sogenannte *gegenüberstellende Analyse (contrastive analysis)*. In unserem Fall würde sie zum Ziel haben, Zustände, die gute Leistung begünstigen, mit Zuständen der Stagnation oder des Abgelenktseins zu vergleichen.

Denken Sie beispielsweise an eine Situation, in der Sie eine inspirierte Präsentation durchgeführt haben, und versetzen Sie sich so vollständig wie möglich in diese Erfahrung. Stellen Sie dem dann eine Situation gegenüber, in der Sie sich bemüht haben, Inspiration zu entwickeln, jedoch abgelenkt oder unterbrochen wurden. Achten Sie darauf, welche (offensichtlichen und subtilen) Verhaltenshinweise sich beim Wechsel zwischen diesen beiden Zuständen verändern.

Selbst sehr subtile Verhaltensweisen können die Leistungsfähigkeit entscheidend beeinflussen. Wenn es Ihnen gelingt, einige dieser Signale zu finden, so kann Ihnen dies erleichtern, den betreffenden Zustand auf bewußtere und zielgerichtetere Weise erneut zu erreichen.

Einige Verhaltenssignale sind natürlich ganz spezifisch für eine bestimmte Person, beispielsweise gewisse kognitive Aspekte der kreativen Strategie eines bestimmten Menschen. Andere Signale sind vielen Menschen gemeinsam. Beispielsweise haben bestimmte Gesten je nach Kultur eine unterschiedliche Bedeutung, wohingegen andere Arten physiologischen Ausdrucks und andere physiologische Signale verschiedensten Kulturen gemeinsam sind, beispielsweise bestimmte Arten von Gesichtsausdruck.

Für Ihre persönliche Leistungsfähigkeit ist es wichtig, daß Sie soviel Meta-Wahrnehmung oder -Gewahrsein wie möglich entwickeln. Dies hilft Ihnen festzustellen, ob Sie sich in einem für die Durchführung einer effektiven Präsentation günstigen Zustand befinden, und außerdem ermöglicht es Ihnen, bei Bedarf wieder in jenen Zustand zurückzukehren. Je mehr Sie über die bei Ihnen erforderlichen kognitiven und physiologischen Voraussetzungen für Spitzenleistungen wissen, um so sicherer können Sie diese Aspekte nach Belieben wieder aktivieren.

Was die Arbeit mit anderen betrifft, nehmen viele Menschen an, die Voraussetzung für effektive Leistungen seien bei anderen die gleichen wie bei ihnen selbst, und bestimmte Verhaltenssignale würden für alle Menschen das gleiche bedeuten. Diese Sichtweise kann bei der Zusammenarbeit mit anderen Menschen problematisch sein. Probleme, die durch falsche Interpretation des Verhaltens anderer entstehen, können Sie vermeiden, indem Sie ein Bewußtsein dessen entwickeln, welche Verhaltenssignale für Sie allein charakteristisch sind und welche Sie mit vielen anderen gemeinsam haben.

Zusammenfassung
Effektive Leistung und persönliche Zustände

Gegenüberstellende Analyse positiver und einschränkender Erfahrungen gibt Aufschluß über die Unterschiede

Wie ein Mensch im Laufe einer Erfahrung denkt hinsichtlich sensorischer Repräsentationen:

➤ Bilder
➤ innere Sprache
➤ Emotionen

Wie die Physiologie beschaffen ist und sich verändert bezüglich:

➤ der Körperhaltung,
➤ des Atems,
➤ der Stimme,
➤ der Gestik.

Kerngedanken

Einige Zustände sind für die Durchführung von Präsentationen günstiger als andere.

Effektive Zustände können modelliert und angereichert werden.

Die Gegenüberstellung unterschiedlicher Zustände ist eine sehr wirksame Methode, wenn man herausfinden will, welche Arten von physischen Signalen und welche kognitiven Muster am wichtigsten sind.

Verhaltenshinweise und kognitive Muster, die persönliche Exzellenz begünstigen, kann man durch Gegenüberstellung effektiver Zustände mit Zuständen der Stagnation oder mit Problemzuständen entdecken.

»Kreis der Exzellenz«:
Analyse des Mikro-Verhaltens

Die Ziele der Übung, mit der wir uns als nächstes beschäftigen werden, sind:
1) daß Sie etwas über Ihre eigenen Signale für einen effektiven Zustand herausfinden, und 2) daß Sie die Signale (Hinweise) anderer Menschen besser zu beobachten und zu deuten lernen. Vielleicht werden Sie etwas Neues über die mit
bestimmten persönlichen Zuständen verbundene Physiologie herausfinden, das
Ihre Fähigkeit, gute Präsentationen durchzuführen, beeinflußt. Außerdem werden
Sie auch ein Gewahrsein für die Arten von Signalen entwickeln, die Ihnen helfen,
die Zustände anderer Menschen zu erkennen und damit umzugehen.

Die Übung soll in einer Dreiergruppe ausgeführt werden. Eine Person ist der
»Erforscher«, die Person, die verschiedene Erfahrungen effektiver und ineffektiver
Zustände durchlebt. Der zweite Teilnehmer beobachtet die Physiologie des Erforschers. Der dritte Teilnehmer, der Begleiter, gibt dem Erforscher Anweisungen,
und er bestätigt gegebenenfalls die Beobachtungen des Beobachters.

Der Begleiter hilft dem Erforscher unter Verwendung der im Buch abgebilde-
ten Zeichnungen, sich an eine Situation zu erinnern, in der er oder sie eine ge-
lungene Präsentation durchgeführt hat. Der Erforscher versucht, sich dieses Beispiel für persönliche Exzellenz so vollständig wie möglich in Erinnerung zu rufen
und sich in diese hineinzuversetzen. Sowohl der Beobachter als auch der Begleiter
halten unter Verwendung der in diesem Buch enthaltenen Anleitungen nach si-
gnifikanten Verhaltenssignalen Ausschau. Dann bittet der Begleiter den Erforscher, an eine Situation zu denken, in der er oder sie blockiert oder abgelenkt war.
Beobachter und Begleiter vergleichen die Verhaltenssignale, die mit den beiden
Zuständen verbunden sind.

Beobachter und Begleiter teilen dem Erforscher anschließend ihre Beobachtungen mit. Bei dieser Übung ist es wichtig, den Unterschied zwischen Beobachtung
und Interpretation klar vor Augen zu haben. So ist die Aussage »Du sahst aus, als
ob es dir gut gehen würde« keine Beobachtung, sondern eine Interpretation. Die
Kunst besteht darin, wirklich das beobachtete Verhalten zu beschreiben, beispielsweise: »Dein Kopf war erhoben«, »Deine Hand befand sich auf deinem Gesicht«,
»Du warst nach vorn gebeugt« usw. Andernfalls wird es aufgrund unterschiedlicher persönlicher Interpretationen zu Meinungsverschiedenheiten kommen.

Um die Beobachtungsfähigkeit zu überprüfen, kann der Begleiter dann den
Erforscher bitten, sich eine andere Situation zu vergegenwärtigen, in der er oder

sie entweder inspiriert oder blockiert war, ohne jedoch durch eine verbale Äußerung zu enthüllen, was von beidem der Fall war. Nachdem die beiden anderen
Teilnehmer ihre Vermutung über die Art des Zustandes geäußert haben, bestätigt
oder korrigiert der Erforscher sie.

Der Sinn dieses Tests ist nicht, die richtige Antwort möglichst gut zu verber-
gen. Die Teilnehmer sollen lernen, einander besser zu beobachten und zu »lesen«.

Nehmen Sie sich nach Beendigung des ersten Teils der Übung ein paar Minuten Zeit, um miteinander darüber zu diskutieren, durch welche Art von Makro-
Verhalten Sie sich gewöhnlich auf eine Präsentation vorbereiten. Fahren Sie Fahr-
rad wie jener Reederei-Manager? Manche Leute sitzen einfach still da und spielen
eine mentale »Kostümprobe« durch. Andere stehen auf und gehen ein wenig herum. Sprechen Sie mit den anderen Mitgliedern Ihrer Gruppe ein wenig darüber,
wie jeder von Ihnen sich durch Makro- und Mikro-Verhaltensweisen auf gute
Leistungen vorbereitet.

Körperhaltung und Leistungsfähigkeit

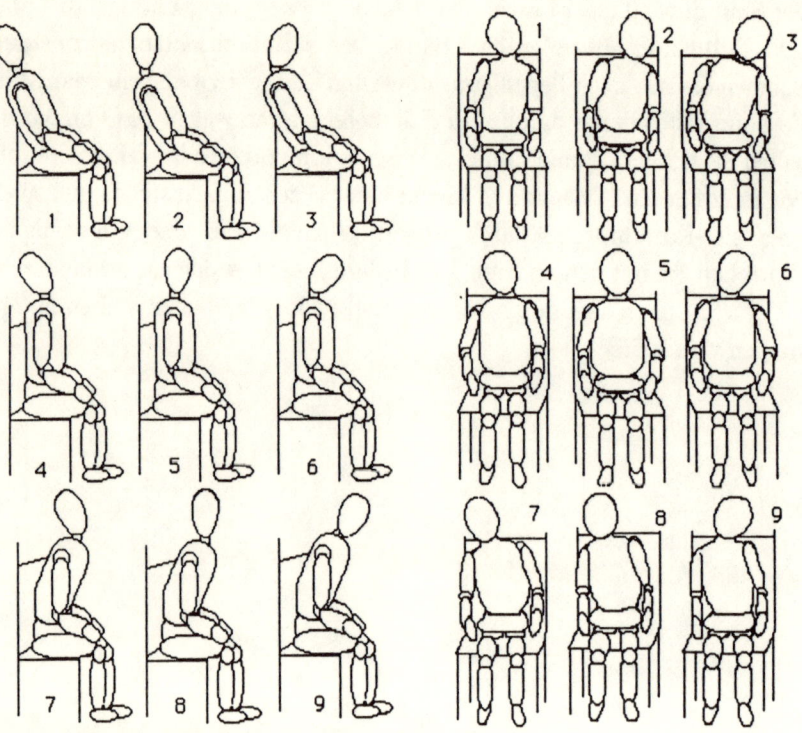

Kreisen Sie die Bilder ein, die am ehesten Ihre Körperhaltung bei einer effektiven Präsentation darstellen. Zeichnen Sie ein Rechteck um die Bilder, die am besten Ihre Haltung in einem Zustand der Stagnation oder des Abgelenktseins repräsentieren. (Wählen Sie jeweils eine Frontal- und eine Seitenansicht aus.)

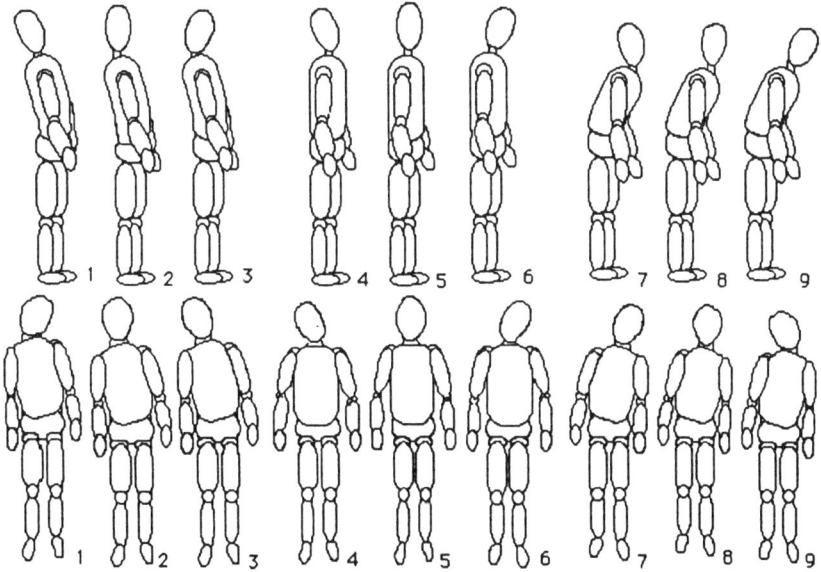

Kreisen Sie die Bilder ein, die am besten Ihre Haltung während einer effektiven Präsentation wiedergeben. Zeichnen Sie ein Rechteck um die Bilder, die am ehesten Ihre Haltung im blockierten oder abgelenkten Zustand darstellen. (Wählen Sie jeweils eine Front- und eine Seitenansicht.)

Gesten und effektive Leistung

Kreisen Sie jeweils das Bild ein, das den Gesten am nächsten kommt, die Sie bei effektiven Präsentationen häufig benutzen, oder zeichnen Sie zutreffendere Gesten auf das Modell rechts.

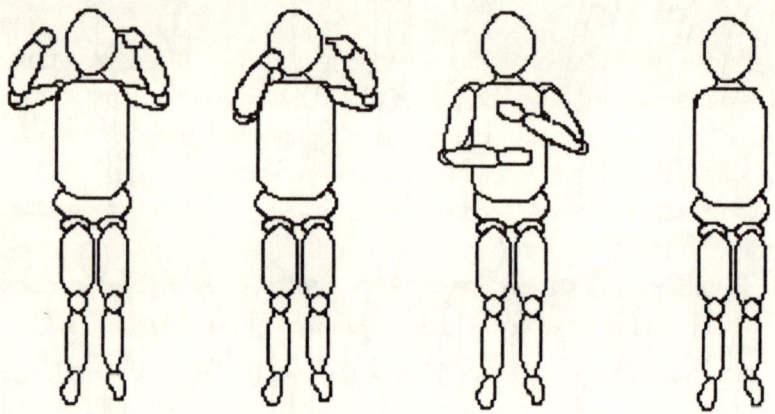

Effektive Leistung

Kreisen Sie das Bild ein, das den Gesten am nächsten kommt, die Sie am häufigsten im blockierten oder abgelenkten Zustand benutzen, oder zeichnen Sie diese an dem Modell rechts ein.

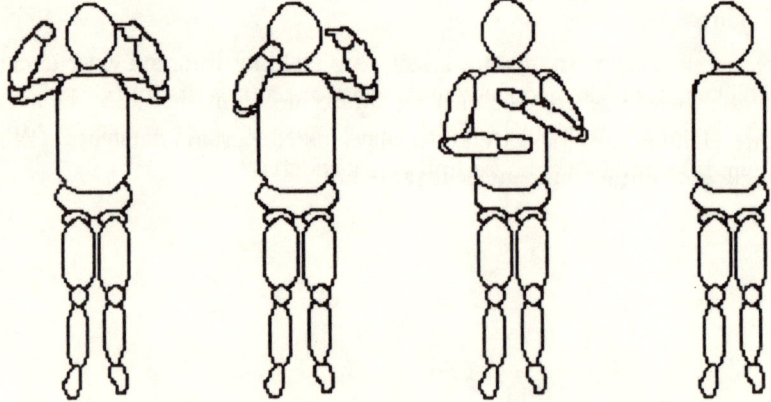

Zustand der Stagnation oder des Abgelenktseins

Zusammenfassung
»Kreis der Exzellenz«:
Analyse des Mikro-Verhaltens

Übung: »Kreis der Exzellenz«: Analyse des Mikro-Verhaltens

1. Stellen Sie eine Situation, in der Ihnen eine effektive Präsentation gelungen ist, einer anderen gegenüber, in der Sie Schwierigkeiten damit hatten.
2. Vergleichen Sie die Muster physischer Signale mit dem, was »innerhalb« des Geistes geschieht. Wie unterscheidet sich beides?
3. Stellen Sie sich einen »Kreis der Exzellenz« vor, der sich vor Ihnen auf dem Boden befindet. Ankern Sie den Zustand, in dem Sie zu einer effektiven Präsentation in der Lage waren, lokal, indem Sie nur dann in den Kreis treten, wenn Sie sich völlig in dem effektiven Zustand befinden.

Kerngedanken

Beim *Kalibrieren* geht es um die Verbindung zwischen beobachtbarem Verhalten und innerer subjektiver Erfahrung.

Ein Gewahrsein der Mikro- und Makro-Verhaltensweisen, die mit Ihren inneren Zuständen verbunden sind, leistet wertvolle Dienste bei der Verbesserung der Präsentationsfähigkeit.

Die Fähigkeit, die Mikro-Verhaltenshinweise anderer richtig zu beobachten, ermöglicht Einblicke in deren Denkstil und ist ein wichtiges Werkzeug zur Förderung und Beeinflussung des Lernprozesses anderer.

Phasen des Planens einer Präsentation

Hier wird eine Methode zur Planung und Beurteilung einer effektiven Präsentation erläutert, die auf der *Storyboarding*-Strategie Walt Disneys basiert.

➤ Phasen der Planung
➤ Physiologie und der kreative Zyklus
➤ Wohlgeformtheitsbedingungen für die Beurteilung eines Plans
➤ Planung einer Präsentation

Phasen der Planung

Walt Disneys Fähigkeit, seine innovative Kreativität mit einer erfolgreichen Geschäftsstrategie zu verbinden und dabei auch noch Produkte zu kreieren, die sich beim Publikum großer Beliebtheit erfreuten, ermöglichte es ihm, im Bereich der Unterhaltungsindustrie ein Imperium aufzubauen, das noch heute, Jahrzehnte nach seinem Tode, Bestand hat. Disney ist es gelungen, ein erfolgreiches Unternehmen aufzubauen, für dessen Erfolg permanente Innovation und Verbesserung der entscheidende Faktor war und ist. Sein Lebenswerk ist ein Paradebeispiel für die Kunst, Visionen durch Organisation und Planung in konkreten und greifbaren Ausdruck umzusetzen. In gewisser Weise verkörpert Disneys spezielles Ausdrucksmedium, der Trickfilm, den grundlegenden Prozeß aller kreativer Genialität: die Fähigkeit, etwas, das zunächst nur in der Vorstellung existiert, eine physische Existenz zu geben, die unmittelbar die Erfahrung anderer positiv beeinflußt.

Einer der wichtigsten Aspekte von Disneys einzigartigem Genie war seine Fähigkeit, Dinge aus unterschiedlichen **Wahrnehmungspositionen** zu untersuchen. In diesen wichtigen Bestandteil von Disneys Strategie gibt eine Äußerung eines seiner Animatoren einen interessanten Einblick: »Es gab im Grunde drei verschiedene Walts: der *Träumer*, der *Realist* und der *(Spiel-)Verderber*. Und man wußte nie, welcher von diesen dreien zu einer Besprechung erscheinen würde.«

Dieses Zitat gibt nicht nur Aufschluß über Disneys Persönlichkeit, sondern auch über den Prozeß der Kreativität und effektiven Planens, dessen er sich bediente. Jeder gute Plan erfordert die Koordination der drei Subprozesse des *Träumers*, des *Realisten* und des *Kritikers*. Der Träumer kann ohne den Realisten seinen Ideen keinen greifbaren Ausdruck verleihen. Kritiker und Träumer reiben sich ohne den Realisten in unablässigen Konflikten auf. Träumer und Realist können zwar gemeinsam Dinge kreieren, doch ohne den Kritiker sind die Ergebnisse wahrscheinlich nicht wirklich auf dem Punkt und brauchbar. Aufgabe des Kritikers ist es, die Produkte der Kreativität zu beurteilen und zu verfeinern. Es gibt eine humoristische Geschichte über einen Chef, der besonders stolz auf seine innovativen Gedanken war, dem es jedoch an der Perspektive des Realisten und des Kritikers mangelte. Die Mitarbeiter seines Unternehmens pflegten zu sagen: »Er hat jede Minute eine neue Idee... und einige davon sind gut.«

Effektives Planen erfordert die Einbeziehung aller drei genannten Prozesse oder Phasen: Der Träumer ist notwendig, um neue Ideen und Ziele zu entwickeln. Der Realist ist notwendig, um Ideen in konkreten Ausdruck umzuwandeln. Und der

Kritiker hat die unverzichtbare Aufgabe, als Filter und als Stimulus für die Verfeinerung der Neuentwicklungen zu fungieren.

Jede dieser Phasen beinhaltet eine vollständige und eigenständige Denkstrategie – wobei diese Strategien häufiger miteinander in Konflikt stehen, als sie einander unterstützen. Natürlich müssen wir uns mit den näheren Einzelheiten dessen, wie Disney seine Imagination (den »Träumer«) koordinierte, jene Phantasieprodukte in greifbare Form umsetzte (der »Realist«) und sein kritisches Urteil darauf anwendete (der »[Spiel-]Verderber« oder »Kritiker«), gründlicher beschäftigen.

Überblick über Disneys Strategie

Wohl die umfassendste Beschreibung dessen, wie Disneys »Träumer«, »Realist« und »Kritiker« in Verbindung miteinander agierten, ist das folgende Zitat von Disney selbst:

> Der *Storyman* muß **klar** vor seinem geistigen Auge **sehen**, wie alle Einzelteile in einer Geschichte ihren Platz finden. Er sollte jeden Ausdruck, jede Reaktion **fühlen**. Er sollte sich **weit genug** von der Story **entfernen**, um einen **zweiten Blick** darauf werfen zu können..., um zu **sehen**, ob es darin irgendeinen toten Punkt gibt..., um zu **sehen**, ob die Akteure für das Publikum interessant und attraktiv sind. Außerdem sollte er zu **sehen** versuchen, ob die Dinge, die seine Akteure tun, wirklich interessant sind.

Im ersten Teil dieser Beschreibung geht es um die Interaktion zwischen Träumer und Realist. Es ist klar, daß der »zweite Blick« die Domäne des »Kritikers« ist.

Eindeutig werden in diesem Zitat drei unterschiedliche Perspektiven definiert:

1. **Der Träumer** – die Vision, der Film als Ganzes:
   »Der *Storyman* muß **klar** vor seinem geistigen Auge **sehen**, wie alle Einzelteile in einer Geschichte ihren Platz finden.«

2. **Der Realist** – Gefühl und Aktion, erste Position, assoziiert, in Bewegung:
   »Er sollte jeden Ausdruck, jede Reaktion *fühlen*.«

3. **Der Kritiker** – zweite Position, distanziert:
   »Er sollte sich **weit genug** von der Story **entfernen**, um einen **zweiten Blick** darauf werfen zu können.«

Und zwar:

a. Auf den ganzen Film

»...um zu *sehen*, ob es darin irgendeinen toten Punkt gibt...«

b. Auf die einzelnen Akteure, dissoziiert, stillstehend:

»...um zu *sehen*, ob die Akteure für das Publikum interessant und attraktiv sind.«

c. Auf die einzelnen Akteure, dissoziiert, in Bewegung:

»Außerdem sollte er zu *sehen* versuchen, ob die Dinge, die seine Akteure tun, wirklich interessant sind.«

Disneys »zweiter Blick« ermöglicht das, was *Doppelbeschreibung (double description)* eines Ereignisses genannt wird. Diese Doppelbeschreibung liefert uns wichtige Anhaltspunkte, die keine andere Sichtweise zu geben vermag. Genauso wie unsere beiden Augen uns aufgrund ihrer geringfügig unterschiedlichen Position zwei Ansichten und damit Beschreibungen von der Welt, die wir sehen, liefern und uns eine Tiefenwahrnehmung ermöglichen, gaben Disneys Doppelbeschreibungen seinen Kreationen diese Tiefe.

Besonders interessant ist in jenem Zitat der Hinweis, daß man für den »zweiten Blick« ... »weit genug entfernt« sein muß. Bei zu großer Nähe würden die beiden anderen Wahrnehmungspositionen das Ergebnis beeinflussen. Wenn der Kritiker dem Träumer zu nahe ist, könnte er dessen Träumen behindern.

Zusammenfassung
Phasen der Planung

Kreativer Zyklus für das Planen von Präsentationen

Träumer
➤ Visionär
➤ sieht großes Bild
➤ glaubt, daß alles möglich ist

Realist
> ➤ umsetzungsorientiert
> ➤ kurzfristige Ziele
> ➤ handelt, »als ob« ein Ziel erreichbar ist

Kritiker
> ➤ logisch
> ➤ vermeidet Probleme, indem er herausfindet, was fehlt
> ➤ fragt: »Was ist, wenn« Probleme auftauchen?

Kerngedanken
....

Das Planen einer Präsentation ist ein Prozeß, der die Koordination von drei Sub-Prozessen oder Phasen erfordert. Diese können generell als Phase 1) des Träumers, 2) des Realisten und 3) des Kritikers bezeichnet werden.

Der Träumer fokussiert auf das »große Bild«, und zwar aus der Haltung heraus, daß alles möglich ist.

Disneys Prozeß des »Realisierens« seiner Träume erfolgte durch seine physische Assoziierung in die Akteure des Traums und durch den *Storyboarding*-Prozeß der Aufschlüsselung *(chunking)* des Traums in Einzelbestandteile.

Der Realist handelt, »als ob« der Traum möglich ist, und er fokussiert auf die Formulierung einer Reihe sukzessiver Annäherungen an die Handlungen, die erforderlich sind, um den Traum tatsächlich zu verwirklichen.

Disneys Prozeß kritischer Beurteilung beinhaltete, daß er sich von dem Projekt löste und einen distanzierteren »zweiten Blick« aus der Sicht des Publikums bzw. seiner Kunden darauf warf.

Der Kritiker versucht, Probleme zu vermeiden und die Qualität des Ergebnisses zu sichern, indem er logisch bestimmte Kriterien anwendet und prüft, wie das Produkt jenen Kriterien unter verschiedenen »Was wäre wenn«-Szenarien gerecht wird.

Physiologie und der kreative Zyklus

Ebenso wie auf andere kognitive Prozesse hat die Physiologie auch auf die Kreativität und die Fähigkeit, effektiv zu planen, entscheidenden Einfluß. Bestimmte Verhaltenshinweise der Mikro- und Makro-Ebene sind mit den Phasen des Träumers, des Realisten und des Kritikers verbunden. Mit ihrer Hilfe können wir leichter in den für die Planung einer effektiven Präsentation erforderlichen »Geisteszustand« eintreten.

Denken Sie beispielsweise einmal darüber nach, wie es ist, wenn Sie »träumen« – in der Anfangsphase der Planung einer Präsentation, wenn sich eine Vielzahl von Möglichkeiten anbietet. Welche Arten von Verhaltenshinweisen sind Ihrer Meinung nach für Ihren Prozeß des »Träumens« am wichtigsten? Wie ist Ihre Körperhaltung in dieser Situation? Bewegen Sie sich? Wie sind Ihr Kopf und Ihre Augen gerichtet?

Überlegen Sie, wie es beim »Realisieren« einer Idee oder eines »Traums« über eine Präsentation ist. Welche Arten von Verhaltenshinweisen (bzw. Verhaltenssignalen) halten Sie für die wichtigsten beim Prozeß des »Realisierens«?

Denken Sie darüber nach, wie es ist, wenn Sie »kritisch« über Ihren Plan für eine Präsentation nachdenken und ihn zu beurteilen versuchen. Welche Arten von Verhaltenssignalen sind Ihrer Meinung nach die wichtigsten für Ihren »kritischen« Denkprozeß?

Welcher der drei Denkstile – der des Träumers, der des Realisten oder der des Kritikers – liegt Ihnen persönlich am meisten?

Basierend auf gewissen Beschreibungen von Disneys Verhalten und durch Modellieren (Beobachten und Nachahmen charakteristischer Verhaltensweisen) einer Reihe von Menschen, die diese Zustände besonders effektiv zu erreichen vermögen, sind folgende Verallgemeinerungen über wichtige physiologische Muster, die mit den drei für Disneys kreativen Zyklus relevanten Denkstilen assoziiert werden, möglich:

Träumer: Kopf und Augen nach oben gerichtet. Haltung symmetrisch und entspannt.

Realist: Kopf und Augen geradeaus oder leicht nach vorn gerichtet.

Kritiker: Augen abwärts gerichtet. Kopf abwärts und schräg geneigt. Haltung steif.

Zusammenfassung
Physiologie und der kreative Zyklus

Physiologie des Träumers
- ➤ Kopf und Augen nach oben gerichtet
- ➤ Haltung symmetrisch und entspannt

Physiologie des Realisten
- ➤ Kopf und Augen geradeaus oder leicht nach vorn gerichtet
- ➤ Haltung symmetrisch und zentriert

Physiologie des Kritikers
- ➤ Augen abwärts, Kopf abwärts und schräg geneigt
- ➤ Haltung steif

Kerngedanken

Es gibt Verhaltenshinweise der Mikro- und der Makro-Ebene, die für die Zustände des Träumers, des Realisten und des Kritikers charakteristisch sind.

Wohlgeformtheitsbedingungen für die Beurteilung eines Plans

Die Kriterien für die Testphase der einzelnen Phasen der Planung entsprechen in etwa dem, was man im NLP als *Wohlgeformtheitsbedingungen* bezeichnet. Diese geben Aufschluß darüber, welche Bedingungen ein Plan minimal erfüllen muß, um »wohlgeformt« zu sein.

Träumer

1. Das angestrebte Ergebnis wird auf positive Weise formuliert; das bedeutet, daß es zum Ausdruck bringt, was Sie wollen, im Gegensatz zu dem, was Sie *nicht* wollen.

Fragen: Was wollen Sie? Was ist möglich? Was kommt dabei heraus?

Realist

2. Kann durch die Person oder die Gruppe, die dies wünscht, initiiert und beibehalten werden.

Frage: Was genau werden Sie tun, um dieses Ziel zu erreichen?

3. Anhand sensorischer Erfahrung überprüfbar.

Fragen: Woran genau werden Sie erkennen, daß Sie das Ziel erreicht haben? Welche Leistungskriterien müssen dafür erfüllt sein? Wie wird überprüft, ob sie erfüllt sind?

Kritiker

4. Sichert den Erhalt der positiven Nebenprodukte des derzeitigen Verhaltens oder der derzeitigen Aktivität.

Fragen: Welche positiven Resultate, welcher Art auch immer, erzielen Sie durch Ihre augenblickliche Art, Dinge zu tun? Wie werden Sie diese Resultate angesichts Ihres neuen Ziels weiterhin sichern?

5. Ist angemessen kontextualisiert und ökologisch akzeptabel.

Fragen: Unter welchen Umständen würden Sie dieses neue Ziel nicht erreichen wollen? Wer und was könnte es außerdem beeinflussen?

Aufgrund wovon etwas wohlgeformt ist, hängt von der jeweiligen Phase ab. Die Kriterien der Träumer-T.O.T.E. beziehen sich hauptsächlich auf die Frage, ob etwas möglich und wünschenswert ist. Die Kriterien der Realisten-T.O.T.E. beziehen sich auf Machbarkeit und Durchführbarkeit. Die Kriterien der Kritiker-T.O.T.E. beziehen sich auf die Akzeptabilität und das »Passen« *(fit)* im Zusammenhang des Gesamtsystems.

Zusammenfassung
Wohlgeformtheitsbedingungen
für die Beurteilung eines Plans

Träumer
Want to[*]-Phase (»Ich will«)
➤ positive Formulierung des spezifischen Ziels
➤ Festlegen des erwarteten Resultats des Plans

Realist
Know to-Phase (»Wissen wie«)
➤ Hier wird sichergestellt, daß der Fortschritt durch sensorische Erfahrung überprüfbar ist.
➤ Zeiträume und »Meilensteine« zur Messung des Fortschritts werden festgelegt.
➤ Es wird sichergestellt, daß das beabsichtigte Vorhaben von der richtigen Person oder Gruppe initiiert und weitergeführt werden kann.

Kritiker
Chance to-Phase (»die Chance sichern«)
➤ Definieren der Kontexte, in denen das angestrebte Ziel erreichbar bzw. problematisch ist.
➤ Sicherstellung dessen, daß es ökologisch einwandfrei ist, und Sicherung der positiven Nebenprodukte der derzeit zum Erreichen des Ziels angewandten Methoden.

---

[*] Eine nähere Erklärung der Merkhilfen *»want to«*, *»know to«* und *»chance to«* finden Sie in Kapitel 11 im Abschnitt *Motivationsfragen, die bei Präsentationen eine Rolle spielen.*

Kerngedanken

Es gibt gewisse Wohlgeformtheitsbedingungen zur Definition von Ergebnissen und Plänen, welche bei der Planung einer effektiven Präsentation gute Dienste leisten können.

Verschiedene Wohlgeformtheitsbedingungen sind mit jeweils unterschiedlichen Phasen im kreativen Zyklus stärker verbunden.

Wohlgeformtheitsbedingungen können auf unterschiedliche Ebenen angewandt werden (auf die des *Wer*, *Warum*, *Wie*, *Was*, *Wo* und *Wann*).

Übung
Planung einer Präsentation

Bilden Sie eine Gruppe von drei Teilnehmern, die die Funktionen des Erforschers, des Begleiters und des Beobachters übernehmen.

1. Für jede Phase des Planungszyklus (Träumer, Realist und Kritiker) stellt der Begleiter Fragen, die für die betreffende Phase relevant sind (siehe weiter unten), und hilft dem Erforscher, seine Antworten im Blick zu behalten.
2. Während der Erforscher die Fragen beantwortet, soll er die in den weiter unten folgenden Anweisungen beschriebene adäquate Physiologie annehmen und beibehalten.
3. Der Beobachter beobachtet und stellt sicher, daß der Erforscher den adäquaten Zustand aufrechterhält und ihn nicht »verunreinigt«.
4. Gehen Sie die einzelnen Phasen mehrmals durch, um der Erfüllung des Plans allmählich immer näher zu kommen.

Want-to-Phase – Träumer (»Ich will«)

Zielsetzungen: (Drücken Sie das spezifische Ziel auf positive Weise aus; legen Sie fest, was die Idee bewirken soll.)

»*Was* wollen Sie tun« (Im Gegensatz zu dem, was Sie *aufhören* oder *vermeiden* wollen zu tun.)

»*Warum* wollen Sie es tun?« – »*Was* ist der Zweck dessen, daß Sie es tun?« – »*Was* versprechen Sie sich davon?« – »*Wann* können Sie damit rechnen, dies zu erreichen?«

»*Wo* soll die Idee Sie in der Zukunft hinbringen?«

»*Wer* wollen Sie bezüglich dieser Idee sein, oder wem wollen Sie gleichen?«

Fokus-Ebene: Was
kognitiver Stil: Visuell – Definieren des »großen Bildes«
Einstellung: Alles ist möglich.
grundlegende Mikro-Strategie: Synthetisieren und Kombinieren der Sinne
Physiologie: Kopf und Augen aufwärts. Haltung symmetrisch und entspannt

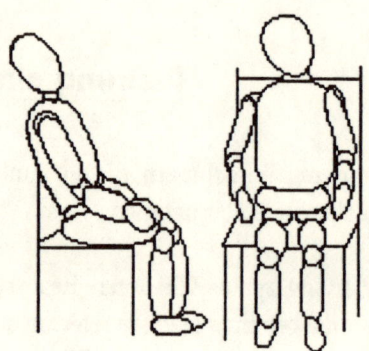

Die Physiologie des Träumer-Zustandes

How-to-Phase – Realist (»Wissen wie«)

Zielsetzungen: Festlegen des Zeitrahmens und der Meilensteine für den Fortschritt; sicherstellen, daß das Intendierte von der richtigen Person oder Gruppe in Angriff genommen und weiterverfolgt werden kann und daß der Fortschritt anhand von sensorischer Erfahrung überprüfbar ist.

»*Wie* genau wird die Idee umgesetzt?« – »*Wie* werden Sie erkennen, daß das Ziel erreicht ist?« – »*Wie* werden die Ergebnis-Kriterien überprüft?«

»*Wer* wird es umsetzen?« (Übertragen von Verantwortung und Sichern des Engagements derjenigen, die den Plan ausführen.)

»*Wann* werden die einzelnen Phasen umgesetzt?« – »*Wann* wird das übergeordnete Ziel erreicht sein?«

»*Wo* werden die einzelnen Phasen ausgeführt werden?«

»*Warum* ist jeder der einzelnen Schritte notwendig?«

Fokus-Ebene: Wie
kognitiver Stil: Handeln – Definieren der Zwischenschritte
Einstellungen: Handeln, »als ob« der Traum erreichbar wäre
grundlegende Mikro-Strategie: Assoziieren in einzelne Akteure und »*Storyboarding*«
Physiologie: Kopf und Augen geradeaus oder leicht nach vorn gerichtet. Haltung symmetrisch und leicht nach vorn.

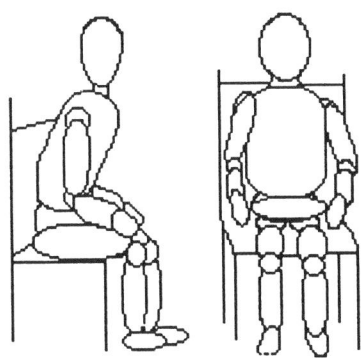

Die Physiologie des Realisten-Zustandes

Chance-to-Phase – Kritiker (»Die Chance erhalten zu«)

Zielsetzungen: Sicherstellen, daß das Angestrebte ökologisch einwandfrei ist und daß eventuelle positive Nebenprodukte der derzeit zum Erreichen des Ziels ange-wandten Methoden erhalten bleiben.

»*Warum* könnte jemand etwas gegen diese neuartige Idee einzuwenden haben?«

»*Wer* wird diese neue Idee beeinflussen? *Wer* oder was wird über die Effektivität der Idee entscheiden? *Was* sind die Bedürfnisse der Betreffenden, und *was* ver-sprechen sie sich davon?«

»*Wann* und *wo* würden Sie diese neue Idee *nicht* umsetzen wollen?«

»*Welche* Vorteile ziehen Sie aus der Art, wie Sie zur Zeit Dinge tun?«

»*Wie* können Sie diese Vorteile erhalten, wenn Sie die neue Idee umsetzen?«

Fokus-Ebene: Warum
kognitiver Stil: Logisch – Vermeiden von Problemen, indem man Fehlendes auffindet
Einstellung: Nachdenken darüber, »was ist, wenn« Probleme auftreten.
grundlegende Mikro-Strategie: Sich in die Perspektive des »Publikums« hin-einversetzen
Physiologie: Augen gesenkt. Kopf gesenkt und seitlich geneigt. Haltung steif.

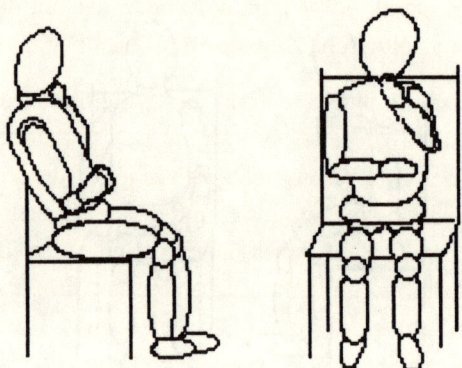

Die Physiologie des Kritiker-Zustandes

Die Anwendung von Disneys Planungsstil

Wir können die Information über Disneys kreative Denkstrategien auch in Form
einer Reihe von Schritten darstellen, an der man sich bei der Vorbereitung einer
Präsentation orientieren kann.

1. Wählen Sie drei Positionen im realen Raum, und nennen Sie sie (1) **Träumer**,
   (2) **Realist** und (3) **Kritiker**.

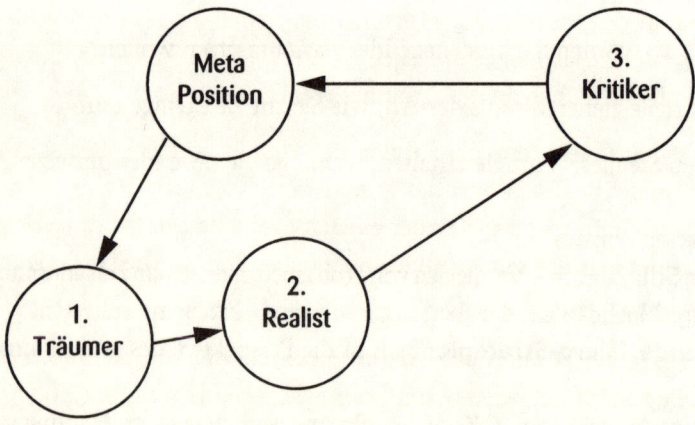

2. Ankern Sie an jede der gewählten realen Positionen eine adäquate Strategie und einen adäquaten Zustand. Sorgen Sie dafür, daß der mit dem jeweiligen Zustand assoziierte physiologische Zustand »rein« bleibt.

   a. Erinnern Sie sich an eine Situation, in der Sie ohne jede Hemmung oder Behinderung kreativ neue Ideen erträumt oder phantasiert haben; betreten Sie die Position 1, und versetzen Sie sich in jene frühere Situation hinein.

   b. Erinnern Sie sich an eine Situation, in der Sie sehr realistisch gedacht und einen spezifischen Plan entwickelt haben, um eine Idee effektiv umzusetzen; treten Sie in Position 2, und durchleben Sie jene Erfahrung erneut.

   c. Erinnern Sie sich an eine Situation, in der Sie einen Plan konstruktiv kritisiert haben – das heißt, daß Sie positive und konstruktive Kritik formuliert und Probleme entdeckt haben. Achten Sie darauf, daß die Position weit genug von den anderen entfernt ist, so daß sie mit diesen nicht in Konflikt kommt. Treten Sie in die Position 3, und durchleben Sie diese Erfahrung neu.

3. Wählen Sie eine Präsentation, die Sie im Augenblick planen, und treten Sie in die Position des Träumers. Visualisieren Sie, wie Sie diese Präsentation durchführen, so als seien Sie ein Darsteller in einem Film. Denken Sie frei und ungehemmt darüber nach.

4. Treten Sie in die Position des Realisten, assoziieren Sie in den »Traum«, und fühlen Sie sich in die Positionen aller relevanten Mitwirkenden ein. Sehen Sie den Prozeß anschließend, als handle es sich um ein *Storyboard* (eine Folge von Standbildern, die den Verlauf eines Films andeutet).

5. Treten Sie in die Position des Kritikers, und stellen Sie fest, ob irgend etwas fehlt oder noch zusätzlich erforderlich ist. Verwandeln Sie die Kritik anschließend in Fragen, die sich an den Träumer wenden.

   a. Denken Sie daran, daß der Kritiker den Plan kritisieren soll, also nicht die Position des Realisten oder des Träumers.

   b. Oft ist es hilfreich, den Kritiker zunächst mitteilen zu lassen, welche Elemente des Plans in seinen Augen akzeptabel sind, so wie sie sind, bevor er seine Fragen stellt.

6. Kehren Sie in die Position des Träumers zurück, um auf die Fragen, die der Kritiker formuliert hat, kreativ mit Lösungen, Alternativen und Ergänzungen zu antworten. Wenn die Fragen des Kritikers als zu schroff erscheinen oder wenn es zu schwierig ist, über die Fragen nachzudenken, ohne Zugang zum

Zustand des Kritikers zu haben, so begeben Sie sich in die Position des Beobachters, bevor Sie in die Position des Träumers zurückkehren. Wenn Sie wollen, können Sie die Fragen des Kritikers auch aus der Position des Beobachters umformulieren.

7. Nachdem Sie diesen Zyklus mehrmals durchlaufen haben, können Sie an etwas denken, das Ihnen viel Freude macht, etwas, worin Sie sehr gut sind; fahren Sie aber unterdessen fort, zwischen den Positionen des Träumers, des Realisten und des Kritikers hin und herzuwechseln. Dies fördert das laterale Denken und den unbewußten Reifungsprozeß.

8. Wiederholen Sie das Durchlaufen der Schritte 4, 5 und 6 so lange, bis Ihr Plan wirklich allen Positionen gerecht wird.

Zusammenfassung
Planung einer Präsentation

»Installation« der Disney-Strategie

➤ Erinnern Sie sich an gute Beispiele für die Zustände des Träumers, des Realisten und des Kritikers, und ankern Sie diese an bestimmte physische Positionen.

➤ Denken Sie an eine Präsentation, die Sie planen, und durchlaufen Sie in bezug auf diese den kreativen Zyklus des Träumers, des Realisten und des Kritikers, indem Sie sich in die jeweilige Position begeben.

Kerngedanken

Die lokale Sortierung der verschiedenen Prozesse hilft, sie zu organisieren und zu koordinieren und Interferenzen oder »Verunreinigungen« der einzelnen Zustände durch die jeweils anderen zu verhindern.

Durch Umwandlung einer Kritik in eine Frage werden eventuelle negative Auswirkungen der Position des Kritikers vermieden, und der Träumer wird angeregt.

Sobald der kreative Zyklus gut »installiert« ist, kann man ihn durch Prozesse anreichern, die das laterale Denken und die unbewußte Reifung fördern.

TEIL III

Umgang mit den interpersonellen Aspekten einer Präsentation

Interaktion mit der Gruppe

Widerstände und Störungen

Schlußfolgerungen: Prinzipien effektiver
  Präsentation

Umgang mit den interpersonellen Aspekten einer Präsentation

Die Zielsetzung des dritten Teils ist:

1. Die grundlegenden Kommunikations- und Beziehungsfähigkeiten zu definieren, die man zum Umgang mit verschiedenen Ebenen des Lernens und mit unterschiedlichen Denkstilen während einer Diskussion oder Interaktion mit einer Gruppe braucht.
2. Es soll vermittelt werden, wie man mit individuellen Denkstilen umgehen und sie erweitern kann.
3. Es soll gezeigt werden, wie man die Interaktion mit einer Gruppe effektiver gestalten kann.
4. Und schließlich sollen Fähigkeiten gefunden und entwickelt werden, die man zum Umgang mit Widerstand und Störungen benötigt.

Teil III besteht aus drei Kapiteln:

Kapitel 10: Interaktion mit der Gruppe
Dieses Kapitel erläutert verschiedene Unterscheidungsmöglichkeiten und Hilfsmittel, die den Umgang mit verschiedenen Lern- und Denkstilen im Verlauf einer Diskussion oder Interaktion der Gruppe erleichtern.

Kapitel 11: Widerstände und Störungen
Hier geht es um die Kommunikations-und Beziehungsfähigkeiten, die man zum Umgang mit Widerstand und Störungen innerhalb einer Gruppe braucht.

Kapitel 12: Schlußfolgerungen – Prinzipien effektiver Präsentationen
Hier werden noch einmal die wichtigsten Fähigkeiten und Themen zusammengefaßt, die im Laufe des Buches erklärt wurden, und es werden einige grundlegende Prinzipien effektiver Kommunikation erläutert.

Annahmen

Das in Teil III behandelte Material basiert auf einer Reihe von *Annahmen* über den dynamischen Prozeß von Gruppen:

Gruppen, Teams und Organisationen sind natürliche Systeme, die gewissen Prinzipien der Selbstorganisation entsprechen.

Der entscheidende Faktor einer effektiven Präsentation ist, sich der Existenz unterschiedlicher Denkstile und unterschiedlicher Aspekte des Lernzyklus bewußt zu sein und bewußt damit umzugehen.

Der Lernprozeß einer Gruppe wird durch eine Reihe unterschiedlicher Prozeßebenen beeinflußt.

Verschiedene Arten von Präsentationszusammenhängen und Situationen erfordern unterschiedliche Kombinationen von Kommunikations- und Beziehungsfähigkeiten.

Lernprozesse innerhalb einer Gruppe oder eines Teams lassen sich durch Beeinflussung des Kommunikationsprozesses zwischen den Gruppenmitgliedern verändern und fördern.

In der zwischenmenschlichen Kommunikation werden auf verschiedenen Ebenen verbale und nonverbale Botschaften vermittelt.

Eine Diskussion oder Interaktion in einer Gruppe läßt sich am effektivsten durch progressives *Pacing und Leading* und/oder *Anerkennen* der Beiträge der Team-Mitglieder und *Ergänzen (»Hinzufügen«)* derselben gestalten.

Zentrale Kriterien für die effektive Gestaltung einer Diskussion oder Interaktion in einer Gruppe sind: 1) *Sorgfalt* in der Abdeckung bzw. Berücksichtigung des Wahrnehmungsraumes, 2) *Relevanz* des von der Gruppe behandelten Themas in Anbetracht des zur Verfügung stehenden Wahrnehmungsraums, und 3) *ausgewogene Berücksichtigung* der Beiträge von Teilnehmern in unterschiedlichen Rollen und mit unterschiedlichen Denkstilen.

Menschen haben grundsätzlich gute Absichten. Sinnvoller Umgang mit Widerständen und Störungen innerhalb einer Gruppe erfordert, daß man die hinter einer Widerstandsregung stehende Intention findet, das, was durch sie kommuniziert werden soll, und dann andere Möglichkeiten anbietet, die ebenfalls zur Erfüllung jener Intention führen.

ZEHN

Interaktion mit der Gruppe

Dieses Kapitel erläutert verschiedene Unterscheidungsmöglichkeiten und Hilfsmittel, die den Umgang mit verschiedenen Lern- und Denkstilen im Verlauf einer Diskussion oder Interaktion der Gruppe erleichtern.

➤ Die Arbeit mit einer Gruppe
➤ Arten von Gruppenprozessen und Erfahrungsebenen
➤ Grundlegende Einstellungen und Erfahrungsfilter: Meta-Programm-Muster
➤ Identifizieren grundlegender Denkstile
➤ Fähigkeiten, die bei der Arbeit mit einer Gruppe wichtig sind
➤ »Backtracking« und aktives Zuhören
➤ Prozeßorientierte sprachliche Fähigkeiten
➤ Pacing und Leading während einer Gruppendiskussion

Die Arbeit mit einer Gruppe

Effektive Gruppenprozesse sind um die T.O.T.E.-Sequenz herum organisiert. Die Aktivitäten einer Gruppe während einer Präsentation oder Diskussion konzentrieren sich auf die Ziele, die durch die Präsentation erreicht werden sollen. Das Ergebnis ihrer Bemühungen wird aufgrund der Evidenz beurteilt, welche den Fortschritt in Richtung des angesteuerten Ziels anzeigt. Um als Gruppe effektiv zu sein, müssen alle Gruppenmitglieder die gleichen Ziele haben und deren Erreichen mit Hilfe der gleichen Evidenzprozeduren überprüfen. Damit die gemeinsamen Ziele erreicht werden können, muß die T.O.T.E.-Sequenz der Gruppe jedoch viele Handlungsmöglichkeiten umfassen, die von den verschiedensten Mitgliedern ausgeführt werden können, so wie ja auch ein Einzelner ein Spektrum von Verhaltensmöglichkeiten braucht, um seine Ziele verfolgen und erreichen zu können.

Um die verschiedenen Aufgaben und Funktionen zu erfüllen, die zum Erreichen von Zielen beitragen, ist das Zusammenwirken unterschiedlicher Fähigkeiten und Denkstile erforderlich. Für den Wert dieser Vielfalt besteht in einer effektiv arbeitenden Gruppe ein Bewußtsein. Um effektiv mit einer Gruppe zu arbeiten, muß man als Präsentator in der Lage sein, die verschiedenen Denkstile der einzelnen Gruppenmitglieder zu koordinieren.

Zur Aktivierung, Entwicklung und Förderung der kognitiven Prozesse von Gruppenmitgliedern muß man deren physische und psychische Beschränkungen erkennen und sich darauf einstellen können. Den Lernstil einer Gruppe kann man nur beeinflussen, wenn man die physischen und psychischen Einschränkungen kennt, die in den einzelnen Phasen des Lernzyklus auf den Prozeß der Gruppe einwirken. Deshalb weisen die T.O.T.E.-Sequenzen der einzelnen Präsentatoren so viele Unterschiede auf.

Der Lernzyklus einer Gruppe bewegt sich von unbewußter Inkompetenz über bewußte Inkompetenz und bewußte Kompetenz zu unbewußter Kompetenz. Bewußte Kompetenz entsteht durch die Bewegung zwischen großen *Chunks* (dem großen Bild der »Vision«) und kleinen *Chunks* (der Festlegung von Mikro-Zielsetzungen, die das Erreichen des übergeordneten Ziels fördern). Von überragender Bedeutung für die effektive Steuerung des Lernprozesses einer Gruppe ist die Fähigkeit, umfassende Konzepte und Aktivitäten in die spezifischen kognitiven und interaktiven Prozesse aufzuschlüsseln, die zur Umsetzung ersterer erforderlich sind.

Um effektives Lernen innerhalb einer Gruppe zu ermöglichen, muß man a) alle in der Gruppe vorhandenen Denkstile berücksichtigen (z.B. die des Träumers, des Realisten und des Kritikers usw.) und b) die unterschiedlichen Sichtweisen der Gruppenmitglieder in allen drei Phasen des Lernprozesses einbeziehen. Im Laufe von Diskussionen taucht häufig das Problem auf, daß ein Gruppenmitglied, das den Denkstil des Träumers bevorzugt, etwas sagt, das andere als ungeheuerlich empfinden, woraufhin ein Kritiker negativ reagiert. In Reaktion auf den Kritiker verteidigt der Träumer seinen Traum dann noch heftiger. Anschließend beklagt sich der Kritiker ebenfalls noch erbitterter, und so entsteht ein Teufelskreis. Schließlich sagt der Realist: »Allmählich wird die Zeit knapp. Wir sollten endlich mit der Arbeit anfangen.« Doch das Ergebnis ist ein chaotisches Durcheinander von Polarisierungen. Der Zyklus kann nicht fortgesetzt werden, weil der Träumer ständig vom Kritiker unterbrochen wird, usw.

Gewöhnlich sind in den einzelnen Phasen des Lernzyklus unterschiedliche Denkstile vorherrschend:

Träumer   ➡   unbewußte Kompetenz
Realist   ➡   bewußte Kompetenz
Kritiker   ➡   bewußte Inkompetenz

In einer effektiven Gruppe unterstützt oder ergänzt jedes Mitglied die Stärken der anderen: dem Träumer wird die Möglichkeit gegeben, dem Realisten eine Reihe von Ideen zu erläutern, woraufhin der Realist dem Kritiker einen Plan zur Annäherung an das angestrebte Ziel erläutert und der Kritiker diesen Plan beurteilt, usw.

Wichtig beim Umgang mit einer Gruppe ist, für Ausgewogenheit zu sorgen – dafür, daß alle unterschiedlichen Ansätze und Ansichten zum Zuge kommen und berücksichtigt werden. Der Präsentator muß versuchen, möglichst viel vom Potential der Gruppenmitglieder zu aktivieren und für die Arbeit zu nutzen. Ebensowichtig ist es, die Stärken der einzelnen für die Gruppe zu mobilisieren.

Manche Mitglieder sind gute Träumer, Realisten oder Kritiker. Eine Möglichkeit, zum Engagement für das gemeinsame Ziel anzuregen, besteht darin, daß man die Flexibilität aller im Entdecken unterschiedlicher Wahrnehmungsräume zu entwickeln versucht. Eine andere Strategie besteht darin, die spezifischen Stärken einzelner Gruppenmitglieder zu entdecken und diese dann zu nutzen, wobei man jedoch vermeiden sollte, sie allzu eng auf ihre Spezialfähigkeiten festzulegen und sie dadurch an der Entfaltung anderer Möglichkeiten zu hindern.

Die Einflußnahme auf die Beziehung und den Rapport zwischen den Gruppenmitgliedern ist ebenfalls ein wichtiges Element der Kommunikationsstrategie, durch die ein Präsentator den Prozeß einer Gruppe steuert. In manchen Fällen muß man 80 Prozent der Bemühungen auf den Interaktions- und 20 Prozent auf den Sachaspekt verwenden. Um Gruppen zu Engagement und guten Leistungen anzuregen, muß man häufig stärker auf die Beziehungen zwischen den Mitgliedern einwirken als auf den inhaltlichen Kontext, um den es bei der Arbeit geht. Erinnern Sie sich an einige der effektivsten Lernsituationen Ihres bisherigen Lebens. Wie wichtig waren darin, abgesehen vom inhaltlichen Kontext, die Beziehungen unter den Beteiligten?

Beziehungen kreieren den Raum, in dem das Lernen stattfindet. Manche Lernaufgaben kann der Lernende am besten in Einzelarbeit bewältigen. Andere lassen sich am besten im Rahmen von Kleingruppen, die miteinander diskutieren und ihre Leistungen miteinander vergleichen, bewältigen. Bei wieder anderen ist die beste Lösung die Arbeit im Rahmen der Gesamtgruppe. Je nach der Art der Lernaufgabe, mit der eine Gruppe sich beschäftigt, haben die Beziehungen zwischen den Gruppenmitgliedern einen unterschiedlichen Einfluß auf den Prozeß.

Ermittlung der jeweils adäquaten Gewichtung von inhaltlichem und interaktionellem Aspekt (Beziehungsaspekt)

Innerhalb von Organisationen spielen Lehren und Lernen in vielen Zusammenhängen eine wichtige Rolle. Dabei muß der Anteil des inhaltlichen und des interaktionellen Aspekts jeweils unterschiedlich gewichtet werden, und es müssen zur Lösung der jeweiligen speziellen Probleme und zum Erreichen der angestrebten Ziele die adäquaten Möglichkeiten genutzt werden.

Eine der wichtigsten Voraussetzungen für die Durchführung einer effektiven Präsentation ist die Ermittlung des adäquaten Verhältnisses von Problem- und Ergebnisorientierung sowie des jeweiligen Anteils von inhaltlichem Aspekt und Beziehungsaspekt.

Der spezifische Kontext einer Präsentation wird definiert durch die zu bewältigende Sachaufgabe, die Beziehung zwischen Präsentator und Publikum und die Beziehung der einzelnen Teilnehmer untereinander. Je nach Publikum kann der Präsentator mit einer Vielzahl von Rollen, Motivationen und Einstellungen zu anderen Teilnehmern und zum präsentierten Material konfrontiert werden. Deshalb können unterschiedliche Lernkontexte, Teilnehmergruppen und Sachaufgaben unterschiedliche Herangehensweisen und Präsentationsstile erfordern.

Bei einer *Coaching*-Strategie beispielsweise hat sowohl der Sachaspekt als auch der Beziehungsaspekt einen hohen Stellenwert. Die Rolle des Mentors beinhaltet häufig in erster Linie, den Lernenden als Individuum zu unterstützen und sich stärker um die allgemeinen Aspekte seines Lernprozesses als um die Erfordernisse der spezifischen Aufgabe zu kümmern. Bei Präsentationen hingegen liegt das Schwergewicht auf dem Inhaltlichen, der Sachaufgabe, also nicht auf dem Beziehungs- oder Interaktionsaspekt. Im typischen Präsentationskontext ist die Intensität der persönlichen Beziehung naturgemäß weniger wichtig, als sie für einen Coach oder Trainer ist. Eine Lernsituation, in welcher der Beziehungsaspekt eine größere Bedeutung hat als der Sachaspekt, ist die des *Mentoring*.

Man sollte die zur Durchführung einer Präsentation notwendigen Fähigkeiten und Prozesse von deren inhaltlichem Aspekt trennen. Man kann die gleichen Kommunikations- und Beziehungsfähigkeiten in den unterschiedlichsten Zusammenhängen verwenden, doch kann ein Präsentationsstil, der in einem bestimmten Kontext gute Dienste leistet, in einem anderen weniger effektiv sein. Ein effektiver Präsentator muß über die Fähigkeit und über die Flexibilität verfügen, unterschiedliche Lernkontexte zu erkennen und ihnen seinen Präsentationsstil anzupassen.

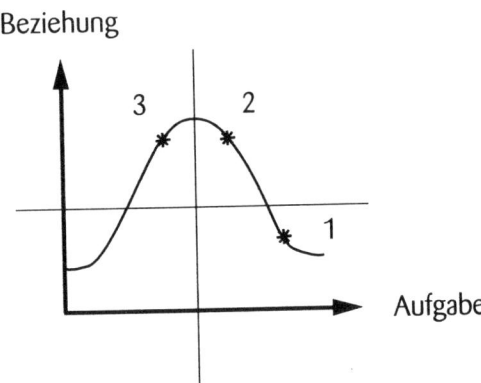

1. *Präsentation:* hoher Anteil des Sachaspekts – geringer Anteil des Beziehungsaspekts
2. *Coaching:* hoher Anteil des Sachaspekts – hoher Anteil des Beziehungsaspekts
3. *Mentoring:* geringer Anteil des Sachaspekts – hoher Anteil des Beziehungsaspekts

Zusammenfassung
Die Arbeit mit einer Gruppe

1. **Ziele, Evidenzen und Aktivitäten sind in den einzelnen Phasen des Lernzyklus (der unbewußten Inkompetenz, der bewußten Inkompetenz, der bewußten Kompetenz und der unbewußten Kompetenz) unterschiedlich.**
2. **Die einzelnen Phasen des Lernzyklus müssen in einem ausgewogenen Verhältnis zueinander stehen.**

➤ Die Phase der bewußten Kompetenz sollte nicht auf Kosten der übrigen Phasen überbetont werden.
➤ Es ist wichtig, den Wert aller Phasen und Lernstile zu würdigen und positive Absichten und Wirkungen zu erkennen.
➤ Den einzelnen Phasen entsprechen unterschiedliche Lernstile.

Kerngedanken

Ausgewogenheit ist ein zentrales Kriterium bei der Steuerung der Dynamik des Lernens innerhalb einer Gruppe. Kein Denkstil sollte auf Kosten anderer überbetont werden.

Um das Lernen innerhalb einer Gruppe möglichst günstig zu beeinflussen, sollte das bereits Besprochene immer wieder rekapituliert werden, und es sollten die Perspektiven aller Gruppenmitglieder einbezogen werden.

In den einzelnen Phasen des Lernzyklus dominieren mit hoher Wahrscheinlichkeit jeweils bestimmte Denkstile.

Zusammenfassung
Die Arbeit mit der Gruppe *(Fortsetzung)*

Adäquater Umgang mit dem Beziehungsaspekt ist für die Effektivität einer Präsentation von entscheidender Bedeutung

➤ In Lernzusammenhängen haben oft 80 Prozent der Kommunikation mit Beziehungen und 20 Prozent mit der Aufgabe zu tun.

➤ Um effektiver mit einer Gruppe zu arbeiten, muß man am Beziehungsaspekt arbeiten, denn dadurch wird »Raum geschaffen« für effektive Lernprozesse.

➤ Der Einfluß des Beziehungsaspekts ist je nach Art des Kontextes unterschiedlich stark.

Kerngedanken

Die Arbeit am Beziehungsaspekt und am Rapport zwischen den Gruppenmitgliedern ist ein wichtiges Element eines effektiven Lernens innerhalb einer Gruppe.

Der Einfluß des Beziehungsaspekts hängt vom jeweiligen Lernkontext ab.

Arten von Gruppenprozessen
und Erfahrungsebenen

Bei der Entwicklung einer Kommunikationsstrategie ist zu bedenken, daß es unterschiedliche Arten von Gruppenzielen gibt, die zu unterschiedlichen Ebenen des Gruppenprozesses in Beziehung stehen (*Wer, Warum, Wie, Was, Wo* und *Wann*). Die unterschiedlichen Ebenen des *Was, Wie* und *Warum* sind ein besonders wichtiger Aspekt des Gruppenprozesses. Bei der Arbeit mit anderen Menschen sollte man stets die Werte, die Glaubenssätze und die T.O.T.E.-Sequenzen berücksichtigen, von denen eine Gruppe ausgeht. Oft beruht die Tatsache, daß Menschen bestimmte Situationen als einschränkend empfinden, auf ihren Annahmen oder Glaubenssätzen über die Zusammenhänge, an denen teilzuhaben sie für adäquat oder erlaubt halten. Beispielsweise beeinflussen die Glaubenssätze und Werte, die die Gruppenmitglieder miteinander teilen, ihre Motivation und ihr Gefühl, zu dem, was sie tun, befugt zu sein *(per-mission)*. Wenn Gruppenmitglieder es aus irgendwelchen Gründen als Versagen empfinden, wenn sie Fehler machen, statt diese als Feedback zu verstehen, so wird die Gruppe dadurch unnötig belastet.

Mit bestimmten Erfahrungsebenen sind bestimmte verbale Signale (Hinweise) verbunden:

➤ Die Identitätsebene kommt in Formulierungen zum Ausdruck wie: »Ich bin ein...« oder: »Er ist ein...« oder: »Du bist ein...«

➤ Sprachliche Formulierungen, die die Ebene der Glaubenssätze betreffen, haben oft die Form von Aussagen über Urteile, Regeln und Ursache-Wirkung-Zusammenhänge, z.B.: »Wenn... dann...«, »Man sollte...«, »Wir müssen...«.

➤ Die Ebene der Fähigkeiten kommt in Wörtern wie »wissen«, »wie«, »Ich kann...«, »denken« usw. zum Ausdruck.

➤ In sprachlichen Formulierungen, die etwas über die Verhaltensebene aussagen, geht es gewöhnlich um spezifische Verhaltensweisen und um beobachtbare Aktivitäten, z.B. »tun«, »handeln«, »gehen«, »sagen« usw.

➤ Sprachliche Formulierungen, die die Ebene der Umgebung betreffen, beziehen sich gewöhnlich auf bestimmte beobachtbare Charakteristika oder Details der äußeren Umgebung wie »weißes Papier«, »hohe Mauern«, »ein großer Raum« usw.

Man kann den Lernprozeß einer Gruppe auf verschiedenen Aktivitätsebenen beeinflussen. Einige davon betreffen die Ebenen der Umgebung und des Verhaltens – die Definition des *Wo*, des *Wann* und des *Was* hinsichtlich des Zeitrahmens, der vorgegebenen Einschränkungen und der gewählten Vorgehensweisen. Andere beziehen sich auf die Entwicklung von Plänen, die Auswahl von Denkstilen sowie von Meta-Programmen zur Förderung effektiven Lernens und zur Aktivierung individueller Kompetenzen – auf das *Wie*. Aktivitäten auf der Ebene des *Warum* – der Glaubenssätze und Werte – sind besonders bedeutsam für den Gruppenprozeß. Außerdem gibt es Aktivitäten auf der Ebene des *Wer*. Wenn man einen Teamgeist kreieren will, so muß man der Gruppe eine Identität geben. Deshalb benutzt ein Präsentator verschiedene Strategien zum Umgang mit den Aspekten des »ich will« (»*want to*«), »Wissens wie« (»*how to*«), des »Nutzens der Chance« (»*chance to*«) und des »Wer« (»*who to*«).

Eine Kommunikation ist dann vollständig, wenn alle für die Aufgabe relevanten Ebenen definiert sind: *Wer*, *Warum*, *Wie*, *Was*, *Wo* und *Wann*. Eine effektive Präsentation bezieht alle Ebenen ein, die für das Erreichen des angestrebten Lernziels eine Rolle spielen. Deshalb ist ein weiterer wichtiger Aspekt der Kommunikationsstrategie des Präsentators, daß er die verschiedenen relevanten Prozeßebenen einbezieht und koordiniert.

Bei der Gestaltung einer Diskussion beispielsweise könnte der Präsentator davon absehen, ein spezifisches Ziel zu definieren und statt dessen Aussagen über Werte, die er für richtig hält, oder über die in seinen Augen wünschenswerten Auswirkungen der Diskussion auf die Gruppe machen. Manchmal ist anfängliche Flexibilität hinsichtlich des *Was* empfehlenswert, während hinsichtlich des *Warum* ein Konsensus aufrechterhalten wird. Eine Kommunikationsstrategie könnte auch einen Konsensus bezüglich des *Wer* und *Warum* fördern, jedoch hinsichtlich des *Wie* und *Was* Wert auf den Ausdruck individueller Unterschiede und von Perspektivenvielfalt legen. Wenn es zu viele Meinungen über das *Warum* und *Wer* gibt, beschwören die Unterschiede eher Konflikte herauf, als daß sie sich produktiv auswirken.

Generell verfolgen die effektivsten Gruppen gemeinsame Ziele und haben gemeinsame Kriterien für das Erreichen ihrer Ziele, doch akzeptieren und fördern sie die individuellen Unterschiede der einzelnen Mitglieder hinsichtlich ihrer Fähigkeiten und Aktivitäten. Bestimmte Präsentationen können es notwendig machen, eine bestimmte Ebene gegenüber den anderen stärker hervorzuheben. Einige Präsentationen haben zum Ziel, eine bestimmte Aktivität zu lehren. Andere dienen der Inspiration und der Vermittlung bestimmter Werte. Wieder andere konzentrieren sich darauf, die verschiedenen Rollen innerhalb eines Systems zu verdeutlichen.

Bei der Arbeit mit einer Gruppe müssen also verschiedene Ebenen der Erfahrung (d.h. Aktivitäten, Pläne, Glaubenssätze, Werte und Rollen) miteinander in Einklang gebracht werden, was naturgemäß ein vielschichtiger Prozeß ist. In einer effektiven Gruppe steht das *Was* zum *Wie*, *Warum* und *Wer* in Beziehung. Das heißt: Die Aktivität der Gruppe entspricht einem bestimmten Plan, bestimmten Werten und einer bestimmten Rollenidentität oder einem »Gruppengeist«. Ist eine Aktivität nicht mit bestimmten Werten verbunden, so ist sie nichts weiter als eine nichtssagende und damit sinnleere »Technik«. Dies ist ein sehr wichtiger Aspekt effektiven Lehrens und Lernens.

Manchmal machen Menschen den Fehler, sich auf einen Verhaltensaspekt eines Prozesses zu fokussieren, den andere erfolgreich eingesetzt haben. Doch wenn jenes konkrete Verhalten aus dem Zusammenhang der Inspiration, der Werte und der Glaubenssätze jenes anderen Menschen herausgelöst wird, die alle zusammen das System ausmachten, das der eigentliche Grund für den besonders positiven Verlauf des Prozesses in jenem anderen Zusammenhang war, dann ahmen die Imitatoren lediglich bestimmte äußerliche »Handgriffe« korrekt nach, tun dies jedoch rein mechanisch. Techniken werden, wenn man so damit umgeht, nichtssagend und banal. Sich-Hineinversetzen in eine bestimmte Physiologie beispielsweise bleibt rein äußerlich, wenn man sich nicht gleichzeitig über das *Wie* und *Warum* dieses Verhaltens klar ist.

Man kann den Prozeß des Lernens mit dem des Kochens vergleichen. Ein Lehrer ähnelt einem Koch. Typische traditionelle Unterrichtsstunden konzentrieren sich auf das *Was* und ähneln damit bestimmten, bereits existierenden Rezepten. Kommunikationsstrategien hingegen erfordern die Beschäftigung mit dem *Wie* und *Warum*; deshalb sind sie eher mit der eigentlichen kreativen Kochkunst, dem *Wie* des Kochens zu vergleichen.

Ein großer Teil des Lernens beruht auf der Interaktion zwischen den verschiedenen Prozeßebenen. Eine Gruppe wird sowohl durch Prozesse der Mikro- wie auch der Makro-Ebene beeinflußt. Kognitive Strategien und Verhaltensmuster beeinflussen einzelne Gruppenmitglieder auf Mikro-Ebene. Doch Gruppen werden auch durch allgemeinere Prozesse beeinflußt, beispielsweise durch den »Ergebnisrahmen«.

Oft gibt es in Gruppen Dynamiken, die über die spezifischen Stile und Vorlieben ihrer einzelnen Mitglieder hinausgehen. Beispielsweise stehen unabhängig von jeder speziellen individuellen Physiologie gewisse allgemeine kognitive Muster zu jeweils bestimmten Phasen des Lernzyklus in Beziehung. Ein wichtiger Teil der Arbeit mit einer Gruppe auf der Makro-Ebene betrifft die allgemeine Einstellung der Gruppe und ihrer Mitglieder. Eine wichtige Herausforderung bei der Arbeit mit Gruppen ist die Frage, wie man es schafft, daß alle Beteiligten eine bestimmte Struktur und eine gemeinsame Einstellung aufrechterhalten, ohne daß jedoch dadurch die Fähigkeiten der Einzelnen beeinträchtigt werden oder nicht zum Zuge kommen.

Wir haben uns mit einigen Möglichkeiten, Mikro-Prozesse von Einzelnen zu identifizieren und zu kalibrieren, beschäftigt. Es gibt jedoch auch Unterschiede hinsichtlich der allgemeineren Muster der Interaktionen und Einstellungen innerhalb einer Gruppe. Diese Muster werden *Meta-Programme* genannt. *Meta-Programm-Muster* sind allgemeine Einstellungen, die beeinflussen, wie Menschen auf der Makro-Ebene mit Informationen umgehen.

Zusammenfassung
Arten von Gruppenprozessen
und Erfahrungsebenen

➤ »Einen Gruppengeist (Teamgeist) kreieren« bezieht sich auf die *Wer*-Ebene.

➤ »Gemeinsame Werte und Annahmen etablieren« betrifft die *Warum*-Ebene.

➤ »Identifizieren unterschiedlicher Ebenen des Lernens und Umgang damit« betrifft die *Wie*-Ebene.

➤ »Spezifische Verhaltens- und Vorgehensweisen festlegen« betrifft die *Was*-Ebene.

➤ »Festlegen des Zeitrahmens und konkreter 'Pakete'« betrifft die *Wo/Wann*-Ebene.

Kerngedanken

Es gibt verschiedene Arten von Gruppenzielen, die mit verschiedenen Ebenen des Gruppenprozesses in Zusammenhang stehen (*Wer, Warum, Wie, Was, Wo* und *Wann*).

Es gibt verschiedene Arten von Strategien (Aktivitäten und Evidenzen) zum Umgang mit den Aspekten »Ich will« *(want to)*, »Wissen wie« *(how to)*, des »Nutzen der Chance« *(chance to)* und des »Wer« *(who to)*.

Grundlegende Einstellungen und Erfahrungsfilter: Meta-Programm-Muster

In vielerlei Hinsicht sind Meta-Programm-Kategorien allgemeinere Versionen vieler Prozesse, die wir in diesem Buch bereits untersucht haben. Meta-Programm-Muster beschreiben die unterschiedlichen Arten, auf die man sich einem Wahrnehmungsraum oder Elementen eines Wahrnehmungsraumes nähern kann.

Ebenso, wie andere Dinge, die wir untersucht haben, kann man auch Meta-Programm-Muster unabhängig von Inhalt und Kontext anwenden. Da sie nie Ausschließlichkeitsanspruch erheben, kann man sie überdies in unterschiedlicher Gewichtung gleichzeitig verwenden.

Meta-Programm-Muster

Bei der Beschäftigung mit einem Problem oder mit einer Idee kann man entweder den Aspekt der Bewegung *zu etwas hin* oder den der Bewegung *von etwas weg* betonen oder irgendeine Kombination beider Tendenzen. Man kann sich in einer Gruppe einem Problem oder einer Idee in verschiedenen Graden von Pro-aktivität oder Reaktivität nähern.

Die *Chunk-Größe* gibt Aufschluß über den Grad der Spezifizierung oder Verallgemeinerung, von dem ein Einzelner oder eine Gruppe beim Analysieren eines Problems, einer Idee oder eines Wahrnehmungsraums ausgeht. Konzepte und Situationen können in unterschiedlich detaillierter (*Mikro-Chunks* von Information) und verallgemeinerter (*Makro-Chunks* der Information) Weise analysiert werden.

Man kann Probleme und Situationen im Hinblick auf langfristige, mittelfristige und kurzfristige *Zeitrahmen* untersuchen sowie innerhalb des Kontexts der Vergangenheit, Gegenwart und Zukunft. Der Zeitrahmen, in dem ein Problem oder eine Idee untersucht wird, hat oft großen Einfluß auf Interpretation und Herangehensweise, und er kann langfristige und kurzfristige Implikationen haben.

Manche Menschen halten eher in der Vergangenheit nach Lösungen Ausschau als in der Zukunft. Ein gutes Beispiel hierfür ist der Unterschied zwischen dem früheren Präsidenten der Sowjetunion, Michail Gorbatschow, und den Leuten, die ihn vor der Auflösung der Sowjetunion zu entmachten versuchten. Während er versuchte, sein Land auf die Zukunft vorzubereiten, versuchten seine Gegner, die Vergangenheit zu erhalten.

Man kann Probleme und Situationen unter dem Aspekt der Bewältigung einer *Aufgabe* oder im Hinblick auf die darin auftretenden Probleme menschlicher *Beziehung* betrachten, wobei Themen wie »Macht« und »Verbundenheit« eine Rolle spielen können. Eine ausgewogene Berücksichtigung des Sachaspekts wie auch des Beziehungsaspekts ist bei der Arbeit mit Gruppen sehr wichtig. Bei der Arbeit an der Bewältigung der Sachaufgabe können *Ziele*, *Vorgehensweisen* oder *Entscheidungen* im Vordergrund stehen. Und was die Beziehungsebene betrifft, so können die *eigene Sichtweise*, die der *anderen* und der *Kontext* (»die Firma«, »der Markt« usw.) in unterschiedlichen Proportionen im Mittelpunkt der Betrachtung stehen.

Man kann ein Problem oder eine Idee untersuchen, indem man entweder nach Ähnlichkeiten *(Matching)* oder nach Unterschieden *(Mismatching)* sucht. Auf der Ebene der Gruppe beinhaltet dies die Entscheidung darüber, ob versucht werden soll, in erster Linie einen Konsens zu erreichen, oder ob Vielfalt gefördert werden soll.

Strategien zum Umgang mit Problemen und Ideen können in verschiedenen Kombinationen Vision, Aktion, Logik oder Emotion betonen. Individuelle kognitive Mikro-Muster können im Sinne eines allgemeinen *Denkstils* auf der Makro-Ebene oder auf der Ebene der Gruppe zum Ausdruck kommen. Vision, Aktion, Logik und Emotion sind allgemeinere verbale Ausdrücke für Visualisierung, Bewegung, Verbalisierung und Gefühl.

Unterschiedliche Lehr- und Lernstile und Ansätze werden charakterisiert durch unterschiedliche Cluster und Sequenzen von Meta-Programm-Mustern in verschiedenen Proportionierungen. Ein bestimmter Mensch fokussiert zu 80 Prozent auf die Beziehungsebene und zu 20 Prozent auf die Sachebene, wobei er zu 70 Prozent langfristige und zu 30 Prozent kurzfristige Erwägungen berücksichtigt. Jemand anders könnte zu 90 Prozent auf die Aufgabe fokussieren und sich in seinem Denken überwiegend auf kurzfristige Erwägungen stützen.

Die unterschiedlichen Cluster von Meta-Programm-Mustern decken offensichtlich unterschiedliche Bereiche des Wahrnehmungsraumes ab. Insofern gibt es keine »richtigen« oder »falschen« Meta-Programme. Vielmehr hängt ihre Effektivität hinsichtlich des Lehrens und Lernens von der Fähigkeit ab, sie so anzuwenden, daß sie den Raum abdecken, der für den adäquaten Umgang mit einem Problem oder einer Idee erforderlich ist.

Unterschiedliche Aktivitäten erfordern unterschiedliche Einstellungen und Ansätze. Einige Aktivitäten erfordern die Fähigkeit, auf *Mikro-Chunks* und Details zu fokussieren. Bei anderen ist es wichtiger, daß man das große Bild (das Gesamt-bild) zu sehen vermag. Verschiedene Phasen im Zyklus einer Gruppe oder eines Teams können unterschiedliche Denkstile erfordern. Deshalb können bestimmte Einstellungen oder Cluster von Meta-Programm-Mustern in bestimmten Phasen des Prozesses mehr oder weniger vorteilhaft sein. Die Konzentration auf Ergeb-nisse, statt auf Verfahrensweisen kann zu unterschiedlichen Zeiten den Lernpro-zeß einer Gruppe unterstützen oder behindern. In einigen Phasen ist es vielleicht wichtig, daß ein Konsens erreicht wird, wohingegen in anderen Phasen die För-derung unterschiedlicher Perspektiven vorrangig ist.

Verschiedene Denkstile und Ansätze haben für unterschiedliche Lernaufgaben unterschiedlichen Wert. Beim konzeptuellen Lernen beispielsweise kann es von Vorteil sein, sich stärker auf das große Bild und auf einen langfristigeren Zeitrah-men zu konzentrieren. Für das Entwickeln von Verfahrensfähigkeiten *(procedural skills)* kann es nützlicher sein, auf kurzfristige Aktivitäten zu fokussieren. Für ana-lytische Aufgaben ist es unter Umständen wichtiger, Einzelheiten der Aufgabe logisch zu durchdenken.

In diesem Sinne erfordert die Steuerung des Gruppenprozesses *Pacing und Leading* der unterschiedlichen Meta-Programm-Muster der Gruppenmitglieder, um fehlende Verbindungsglieder zu finden und das Verständnis eines bestimmten Konzepts oder einer Idee zu erweitern.

Zusammenfassung
Grundlegende Einstellungen
und Erfahrungsfilter: Meta-Programm-Muster

Denkstile und Lernen

1. Allgemeiner Ansatz
➤ Sich »weg von« oder »auf etwas zu« bewegen
➤ »Pro-aktiv« oder »reaktiv« sein

2. Analysierte Einheiten
➤ Details – kleine Informations-Chunks
➤ Allgemeines – große Informations-Chunks

3. Zeitrahmen
➤ »Kurzfristig« oder »langfristig«
➤ Fokus auf Vergangenheit, Gegenwart oder Zukunft

4. Grundlegender kognitiver Stil
➤ Vision
➤ Aktion
➤ Logik
➤ Emotion

Kerngedanken

Meta-Programme beschreiben, welchen Mustern Menschen bei der Beschäftigung mit Erfahrungen, Informationen oder ihren Wahrnehmungen einer Situation folgen, und wie sie diese Dinge »chunken« (in Informationseinheiten aufteilen).

Meta-Programme beinhalten unterschiedliche Arten des Ordnens und Filterns von Informationen und Erfahrungen.

Meta-Programm-Muster können benutzt werden, um bestimmte Individuen, ganze Kulturen oder Rollen zu typisieren.

Identifizieren grundlegender Denkstile

Effektive Arbeit mit einer Gruppe erfordert ständiges Rekapitulieren und Einbeziehen der unterschiedlichen Perspektiven aller Gruppenmitglieder. Deshalb sollte der Leiter einer Gruppe versuchen, in einem ausgewogenen Verhältnis a) unterschiedliche Perpektiven und b) ein gemeinschaftliches Verständnis der Lernziele und der behandelten Themen zu fördern.

Es gibt zwei grundlegende Anwendungen oder Motive für organisationelles Lernen: 1) das Lösen von Problemen und 2) das Vermitteln von Ideen. Vermitteln von Ideen und Lösen von Problemen sind miteinander verknüpfte Prozesse, die auf eine Weise miteinander in Einklang gebracht werden, so daß sie sich ergänzen. Im Kontext des Problemlösens fördert der Präsentator in erster Linie die Entwicklung neuartiger Perspektiven. Geht es hingegen um die Vermittlung und Erforschung einer neuen Idee, so liegt das Schwergewicht der Arbeit darauf, eine Synthese herbeizuführen. Das heißt: Wenn die Gruppe ein Problem löst, versucht der Präsentator unterschiedliche Sichtweisen zu fördern. Macht sich die Gruppe hingegen mit einer neuen Idee vertraut, so weist der Präsentator auf Gemeinsamkeiten hin und versucht, den Konsensus zu fördern.

Ausgewogenheit ist von zentraler Bedeutung, wenn an der Dynamik einer Gruppe gearbeitet wird. Kein Denkstil sollte auf Kosten der übrigen bevorzugt werden. Verschiedene Denkstile leisten beim Erarbeiten und Anwenden von Ideen und beim Lösen von Problemen unterschiedliche Dienste. Beispielsweise sind Träumer, Realist und Kritiker keine rigiden Persönlichkeitstypen, sondern Tendenzen, die in jedem Menschen zu finden sind. Mit bestimmten Denkstilen sind bestimmte allgemeine Strategien und Verwendungsarten verbunden. Zum Beispiel:

Der Träumer ist dazu da, den Wahrnehmungsraum zu erweitern.
Der Realist hat die Aufgabe, notwendige Aktivitäten zu definieren.
Der Kritiker ist derjenige, der die Vor- und Nachteile von etwas beurteilt.

In Gruppen gibt es eine Art dynamischen Gleichgewichts zwischen unterschiedlichen Prozessen, das man dahingehend beeinflussen kann, daß die unterschiedlichen Denkstile einander ergänzen; tut man dies nicht, so kommt es zum Konflikt. Die entscheidende Frage dabei ist: Wird zwischen den unterschiedlichen Denkstilen ein produktiver Ausgleich erreicht, oder wirken sie so konträr, daß es zu einer Art »Stillstand mit gezogenen Revolvern« kommt? Die unterschiedlichen Funktionen und Fähigkeiten können einander entweder unterstützen oder einander vernichten. Deshalb stellt sich bei der Arbeit mit einer Gruppe die grundlegende Frage, wie man zu jenem dynamischen Gleichgewicht gelangt.

Aus diesem Grunde sollte ein Präsentator adäquat auf die wichtigsten Muster unterschiedlicher Denkstile reagieren können. Eine Möglichkeit, sich relevante Informationen über den Denkstil eines Menschen zu verschaffen, besteht darin, den Betreffenden zu fragen, wie er hinsichtlich der Bereiche Beziehungen, Erfolg, Arbeit und zur Verfügung stehender Zeit Beurteilungen durchführt und Entscheidungen trifft. Während sich Meta-Programm-Muster nicht auf spezifische Wörter beziehen, geben linguistische Muster wichtigen Aufschluß über die Meta-Programm-Orientierung. Bevorzugte Muster und Stile können auch durch nonverbale Signale wie Betonungen beim Sprechen, Gesten und Körperhaltungen angezeigt werden.

Übung
Identifizieren grundlegender Denkstile

In dieser Übung werden wir uns mit einigen Punkten beschäftigen, die mit dem Erkennen unterschiedlicher Denkstile zusammenhängen sowie mit der Frage, wie man jeweils mit ihnen umgeht.

Bilden Sie Vierergruppen. Ein Beteiligter fungiert als Präsentator, die übrigen drei als Gruppenmitglieder.

1. Jedes Gruppenmitglied wählt einen Denkstil, den es in einem Rollenspiel darstellen soll (z.B. den Träumer, den Realisten oder den Kritiker). Jedes Gruppenmitglied wählt einige Muster von der Liste grundlegender Denkstile im vorigen Abschnitt aus. Die Gruppenmitglieder informieren den Präsentator darüber, welche Muster sie gewählt haben.

2. Der Präsentator stellt ein Thema vor und leitet eine kurze Diskussion. Dabei wendet er die verschiedenen Prinzipien der Kommunikation und des Umgangs mit dem Beziehungsaspekt an, die wir bisher untersucht haben. Dabei sollte er darauf hinarbeiten, daß die Interaktion zwischen den Gruppenmitgliedern ausgewogen ist und die Gruppe in einem positiven Zustand bleibt.

3. Nach der Diskussion errät der Präsentator die Denkstile verschiedener Gruppenmitglieder, und die Gruppe diskutiert über die Wirkung der einzelnen Denkstile auf die Diskussion.

Fähigkeiten, die bei der Arbeit mit einer Gruppe wichtig sind

Für die Arbeit mit einer Gruppe benötigt man Fähigkeiten, die sich auf den Sachaspekt beziehen, sowie solche, die auf die Beziehungsebene und auf den Kontext Einfluß nehmen. Fähigkeiten, die sich auf den Sachaspekt beziehen, fördern gewöhnlich das Erreichen von Ergebnissen. Fähigkeiten, die die Beziehungsebene betreffen, beeinflussen die Gruppe hinsichtlich des Konsensus, der Motivation und des Zustandes, in dem sie sich befindet. Um am Kontext zu arbeiten, muß man sich mit unterschiedlichen Elementen, darunter physischen und nicht-physischen Parametern, beschäftigen. Ein Kontext wird außer durch die »physische Umgebung« definiert durch den Zweck einer bestimmten Interaktion, durch Annahmen, die mit bestimmten Rollen, Taktiken, Zielen und zeitlichen Einschränkungen oder mit der Nutzung eines bestimmten physischen Raumes in Zusammenhang stehen. Ein weiterer wichtiger Aspekt des Kontexts ist, in welcher Phase des Lernzyklus sich Lernende jeweils befinden.

Von großer Bedeutung für die Durchführung einer Präsentation und für den Umgang mit einer Gruppe ist die Kommunikationsstrategie, die ein Präsentator benutzt. Unsere grundlegendste Definition des Lernens beinhaltete, daß es dabei um das Festlegen von kognitiven Landkarten, um das Auswählen und Vermitteln von adäquaten Referenzerfahrungen und um das Herstellen von Verbindungen zwischen beiden geht. Wir haben einige der Prozesse und Fähigkeiten untersucht, die mit effektivem Lehren und Lernen verbunden sind, unter anderem mit:

1. den kognitiven Landkarten und Wahrnehmungskanälen, die Präsentatoren benutzen,
2. der Physiologie des Präsentators und der Gruppe,
3. den Denk- und Lernstilen der Gruppenmitglieder und wie diese zu den verschiedenen Phasen des Lernzyklus in Beziehung stehen,
4. den Glaubenssätzen, den Werten und der Rollenidentität der Gruppenmitglieder.

Alle diese Einflüsse tragen zur Leistungsfähigkeit von Gruppen wie auch von Einzelnen bei. Die Kommunikationsstrategie eines Präsentators beinhaltet, wie er oder sie die vier genannten Schlüsselelemente definiert und damit umgeht.

Die Repräsentationskanäle sind eine weitere wichtige Dimension der Kommunikationsstrategie eines Präsentators. Verschiedene Repräsentationskanäle und verbale Muster beeinflussen die kognitiven Prozesse der Gruppenmitglieder sowie auch die Wahrnehmung der Rollenbeziehungen innerhalb einer Gruppe auf unterschiedliche Weise. Die verschiedenen Kommunikations- und Repräsentationskanäle sind für unterschiedliche Zwecke von Nutzen, und sie haben unterschiedliche Stärken. Eine effektive Kommunikationsstrategie stimmt die Kommunikationskanäle und Kommunikationsmodi der einzelnen Gruppenmitglieder so aufeinander ab, daß sie die unterschiedlichen Ebenen von Zielen erreichen und den Rapport untereinander aufrechterhalten.

Wir nehmen häufig wie selbstverständlich an, daß andere über die gleichen kognitiven Fähigkeiten wie wir selbst verfügen. Doch das ist gewöhnlich nicht der Fall. Deshalb ist es bei jeder Kommunikation wichtig, daß wir uns auf den von unserem Gegenüber bevorzugten Repräsentationskanal einstellen, denn auf diese Weise entsteht Rapport.

Man muß sich darüber im klaren sein, daß die Denkstile unserer Mitmenschen sich von unserer eigenen Art zu denken unterscheiden. Manche Menschen sind es nicht gewöhnt zu visualisieren, obwohl sie oft miteinander über Dinge reden, welche die Fähigkeit voraussetzen, visuelle Erinnerungen zu mobilisieren oder zu phantasieren. Einige fokussieren auch zu stark auf ein bestimmtes Bild, das sich ihrem Geist besonders nachdrücklich eingeprägt hat. Es steht für sie im Vordergrund, weil es besonders ungewöhnlich ist oder weil es das einzige dieser Art ist, das die betreffende Person kennt. In schwierigen Situationen oder unter Streß kehren Menschen oft zu dem Repräsentationskanal zurück, der ihnen am vertrautesten ist.

Denkstile kommen in unterschiedlichen Arten der Physiologie zum Ausdruck. Wenn man in der Lage ist, die physiologischen Merkmale zu erkennen, die mit bestimmten inneren Zuständen und Denkstilen verbunden sind, so kann man mit Hilfe dieser Information die Aufmerksamkeit steuern oder fokussieren. Auf der Ebene der Gesamtgruppe kann man Muster der Makro-Physiologie und der Sprache sowie Information über die bevorzugten Repräsentationskanäle benutzen, um auf den Denkstil der Gesamtgruppe durch *Pacing und Leading* Einfluß zu nehmen.

Auf der Makro-Ebene wird der »Zustand« eines Menschen in einer bestimmten Rolle durch das von dieser Person angestrebte Ergebnis sowie durch ihre Einstellung determiniert. Die Einstellung kann in Form des Clusters von Meta-Programm-Mustern zum Ausdruck kommen, den die betreffende Person im Hinblick auf das angestrebte Ziel mobilisiert. Der Erfolg eines Präsentators beruht auf seiner Fähigkeit, auf die Bedürfnisse und Wahrnehmungen des Publikums auf verschiedenen Ebenen – einschließlich des Lernstils, der Werte und der Rollenidentität – einzugehen.

Bei einem der Prinzipien des Lernens, mit denen wir uns beschäftigt haben,
geht es darum, wie wichtig es ist, den Wahrnehmungsraum zu erweitern. In diesem Sinne ist kein bestimmtes Meta-Programm und kein Meta-Programm-Muster oder Denkstil an und für sich richtig oder falsch. Der Erfolg einer Gruppe
basiert vielmehr auf ihrer Fähigkeit, sich mit den innerhalb des betreffenden
Wahrnehmungsraums zu behandelnden Themen auseinanderzusetzen.

Bei der Entwicklung einer Strategie zur Arbeit mit einer Gruppe sollte berücksichtigt werden, daß die Rolle eines Einzelnen als Gruppenmitglied sich von der
Rolle dieser Person innerhalb der Gesamtorganisation unterscheiden kann.
Manchmal muß man beim Zusammenkommen einer neuen Gruppe zulassen, daß
sich erst allmählich klärt, wer innerhalb der Gruppe bestimmte Rollen übernimmt. Außerdem brauchen die Rollen, die die einzelnen Gruppenmitglieder im
Hinblick auf den Lernprozeß erfüllen, nichts mit ihrer realen Funktion und Rolle
innerhalb der betreffenden Firma zu tun zu haben. Es kann sein, daß sie im Rahmen der Organisation und im Rahmen der Gruppe jeweils andere Funktionen
erfüllen.

Grundlegende Fähigkeiten für die Interaktion mit einem Publikum

Einige Interaktionsfähigkeiten sind für den effektiven Umgang mit Gruppenprozessen von großem Wert:

➤ Verfolgen und Beobachten der Sequenz der Aktivitäten in der Gruppe,

➤ Akzeptieren und Steuern unterschiedlicher Denkstile (so wie Träumer,
   Realist und Kritiker),

➤ Definieren und Beobachten der Leistung der T.O.T.E.s von Einzelnen
   und der gesamten Gruppe,

➤ Mitverfolgen der umfassenden T.O.T.E.s für den Sachaspekt und den
   Beziehungsaspekt,

➤ *Pacing und Leading* a) der Physiologie, b) der Denkstile und c) der Wertvorstellungen von Gruppenmitgliedern,

➤ Auffinden fehlender Verbindungsglieder *(missing links)* hinsichtlich a) der
   Meta-Programme, b) der Ebenen des Prozesses und c) der relevanten
   Wahrnehmungspositionen und Ergänzen derselben,

➤ Verwenden von Psychogeographie und Verhaltenshinweisen, um die interaktive Dynamik der Gruppe zu beeinflussen,

➤ Senden und Beobachten von Meta-Botschaften, um die Kommunikationsebene, den Zustand und den Status der Kommunikation zu beeinflussen,

➤ Liefern und Erläutern von Information, die mit dem Kontext oder Rahmen der Aufgabe, an welcher die Gruppe arbeitet, in Zusammenhang steht, um den Gruppenmitgliedern einen Fokus zu liefern.

Zusammenfassung
Fähigkeiten, die bei der Arbeit
mit einer Gruppe wichtig sind

Bewußtsein in bezug auf den Lernzyklus

Ausgewogene Berücksichtigung des Sachaspekts und Beziehungsaspekts

Pacing und Leading:
➤ Physiologie
➤ Repräsentationskanäle
➤ Werte

Reagieren auf unterschiedliche
➤ Denkstile
➤ Ebenen
➤ Sichtweisen (Wahrnehmungspositionen)

Kalibrieren und Beobachten nonverbaler Meta-Botschaften

Kerngedanken

Fähigkeiten, die bei der Arbeit mit einer Gruppe wichtig sind, können die Arbeit am Sachaspekt, am Beziehungsaspekt und am Kontext betreffen.

Fähigkeiten, die den Sachaspekt betreffen, fördern das Erreichen von Ergebnissen.

Fähigkeiten, die die Beziehungsebene und den Kontext betreffen, versuchen, die Gruppe hinsichtlich ihres Konsenses, ihrer Motivation und ihres allgemeinen Zustandes zu beeinflussen.

Übung
Backtracking und aktives Zuhören

Eine Möglichkeit, die eigene Interaktionsfähigkeit im Umgang mit einer Gruppe einzusetzen, ist der Prozeß des »aktiven Zuhörens« und des *Backtracking* (»Zurück-verfolgen«).

Beim aktiven Zuhören wiederholt man das, was der Kommunikationspartner gesagt hat, in eigenen Worten und teilt ihm so mit, was man selbst seiner Mitteilung entnommen hat. Wenn beispielsweise ein Gruppenmitglied fragt: »Welche spezi-fischen Möglichkeiten gibt es, den Denkstil von jemandem zu 'pacen'?« würde der Präsentator etwas sagen wie: »Wenn ich Sie richtig verstanden habe, möchten Sie, daß ich Ihnen ein paar Beispiele dafür nenne, wie man sich dem Denkstil eines an-deren Menschen angleichen kann.« Auf diese Weise gibt man zu erkennen, daß man das Gesagte aufgenommen hat. Außerdem können Sie auf diese Weise über-prüfen, ob Sie die Landkarte der anderen Person verstanden haben.

Backtracking bedeutet, daß man die wichtigsten Punkte einer vollständigen Interaktion zusammenfaßt oder in der richtigen Reihenfolge rekapituliert. Beim *Backtracking* wird also nicht die letzte Kommunikation eines Teilnehmers para-phrasiert, sondern der Präsentator sagt etwas wie: »Die wichtigsten Themen in unserer Diskussionen waren also a)... b)... c)...« Abgesehen von den Vorteilen des aktiven Zuhörens hilft *Backtracking* den Lernenden, ständig alle Themen und Bezugsrahmen präsent zu behalten und Verbindungen zwischen wichtigen ko-gnitiven Konzepten zu ankern.

Aktives Zuhören und *Backtracking* geben dem Präsentator die Möglichkeit, eine Reihe nonverbaler und interaktiver Fähigkeiten anzuwenden, mit denen wir uns im Laufe dieses Buches beschäftigt haben. Er kann während dessen mit *Pacing und Leading* arbeiten, Anker setzen, bestimmte Punkte durch nonverbale Meta-Bot-schaften hervorheben, die Reaktion des Publikums auf bestimmte Themen kali-brieren usw.

In der folgenden Übung sollen aktives Zuhören und *Backtracking* geübt werden.

1. Der Präsentator macht die Gruppe mit einem Thema bekannt und fordert sie auf, Fragen zu stellen.
2. Der Präsentator rekapituliert die Frage, bevor er sie beantwortet (aktives Zuhören), und stellt sie zu allen zuvor gestellten relevanten Fragen in Beziehung *(Backtracking)*. Er kann gleichzeitig einige der nonverbalen Kommunikationsfähigkeiten üben, die bisher erläutert worden sind, beispielsweise:

➤ Akzeptieren und Beeinflussen unterschiedlicher Denkstile,

➤ *Pacing und Leading* a) der Physiologie, b) der Denkstile und c) der Werte der Gruppenmitglieder,

➤ Senden und Beobachten von »Meta-Botschaften, um die Kommunikationsebene, den Zustand und den Status zu beeinflussen,

➤ Vermitteln und Erläutern von Information, die mit dem Kontext oder Rahmen der Sachaufgabe der Gruppe in Zusammenhang steht, um den übrigen Gruppenmitgliedern einen Fokus zu liefern.

3. Am Ende der Interaktion faßt der Präsentator alle Fragen, die gestellt worden sind, noch einmal zusammen.
4. Nach der Interaktion diskutieren die Gruppenmitglieder über die positiven Auswirkungen des aktiven Zuhörens und des *Backtracking*.

Zusammenfassung
Backtracking und aktives Zuhören

Grundlegende Fähigkeiten für die Interaktion mit einem Publikum

»Pacing und Leading«

Erkennen grundlegender Denkstile und Abstimmung darauf

»Aktives Zuhören«

➤ Paraphrasieren von Fragen und Kommentaren
➤ »Backtracking«

Kerngedanken

Ein Trainer kann den Lernprozeß einer Gruppe oder eines Teams mit Hilfe verschiedener Mittel fördern und koordinieren:

➤ indem er die verschiedenen Denkstile (Träumer, Realist und Kritiker) anerkennt und sie steuert,
➤ durch *Pacing und Leading* a) der Physiologie, b) des Denkstils und c) der Werte von Gruppenmitgliedern,
➤ indem er fehlende Verbindungsglieder von a) Meta-Programmen, b) Prozeßebenen und c) relevanten Wahrnehmungspositionen auffindet und diese dem Prozeß hinzufügt,
➤ durch Arbeit mit der »Psychogeographie« und durch Beeinflussung der Interaktionsdynamik der Gruppe.

Prozeßorientierte sprachliche Fähigkeiten

Eine Möglichkeit, eine Kommunikation dem Lernstil eines Menschen anzugleichen, besteht darin, Prozeßwörter zu benutzen, die die Sinnesmodalität spiegeln, deren Gebrauch der Lernende durch seine eigenen Sprachmuster erkennen läßt.

Die Art, wie ein Mensch die Welt erfährt, beruht auf irgendeiner Kombination aller seiner Sinne oder »Repräsentationssysteme«. Jeder Mensch schafft mit Hilfe seiner auditiven, visuellen, kinästhetischen und olfaktorisch/gustatorischen Sinnesfähigkeiten sein ganz individuelles Modell von der Welt. Aufgrund der speziellen Einflüsse, die auf Menschen im Laufe ihres Lebens eingewirkt haben, sowie aufgrund der Umgebung, in der sie ihre Repräsentationssysteme entwickelt haben, schätzen viele die Informationsverarbeitungsfähigkeiten eines bestimmten Repräsentationssystems höher als die aller übrigen. Ein auditiv orientierter Mensch bevorzugt die Wahrnehmungen seiner Ohren und bezieht für ihn entscheidende Information aus Gesprochenem. Ein visuell orientierter Mensch nimmt die Welt hauptsächlich mit Hilfe seiner Augen wahr, und er benutzt zum Denken und um sich an Dinge zu erinnern visuelle Bilder. Bei einem kinästhetisch orientierten Menschen spielt bei allen Erfahrungen das Fühlen die größte Rolle; er ordnet sowohl äußere als auch innere Stimuli aufgrund seiner Gefühle, und aufgrund dieser Gefühle trifft er auch Entscheidungen. Geruch und Geschmack sind gewöhnlich und insbesondere in Präsentations- und Organisationszusammenhängen als Sinneswahrnehmungen unbedeutend; deshalb werden sie in den nachfolgenden Beispielen und Erläuterungen nicht berücksichtigt. Doch sind sie für Menschen, die die Welt primär in Form von Geschmäcken und Gerüchen wahrnehmen, beispielsweise für Köche, überaus wichtig. Das bevorzugte Repräsentationssystem eines Menschen ist oft am besten zu erkennen, wenn er unter starkem Streß steht.

Die Bevorzugung oder besonders ausgeprägte Entwicklung eines bestimmten Repräsentationssystems kann entweder ein Vorteil oder ein Manko sein, je nachdem, wie flexibel man bei der Benutzung oder Entwicklung der übrigen ist. In jedem Fall beeinflußt das Repräsentationssystem, das am höchsten geschätzt wird, besonders stark die Art, wie ein Mensch wahrnimmt und in der Welt agiert.

Sinnesbasierte Prädikate

Welche Sinnesmodalität ein Mensch bevorzugt, läßt sich anhand der Prädikate – Adjektive, Adverben, Verben und aller anderen Formen beschreibender Sprache – feststellen, die er beim Sprechen benutzt. Menschen haben gewöhnlich die Tendenz, das, worüber sie sprechen, auch zu tun. Durch die Art, wie sie reden, teilen sie buchstäblich mit, welche Repräsentationssysteme sie benutzen, um ihre Erfahrungen zu verstehen und zu organisieren. Es folgt eine Zusammenstellung von Prädikatbeispielen für die drei wichtigsten Sinne.

Visuell: Ich sehe, was Sie da meinen. Das sieht nicht richtig aus. Ich muß mir über diese Idee klar werden. Im Augenblick ist alles ziemlich verschwommen. Das wirft etwas Licht auf die ganze Sache. Wir brauchen eine neue Perspektive. Das ist ein illuminatives Beispiel.

Auditiv: Das bringt etwas in mir zum Klingen. Ich höre, was du sagst. Es klingt gut. Hör dir das an. Plötzlich hat es Klick gemacht. Versuche, dich auf das, was sie sagen, einzustimmen. Ich mußte mich fragen. Diese Idee rumort schon eine ganze Weile in meinem Kopf.

Kinästhetisch: Ich habe ein gutes Gefühl, was dieses Projekt angeht. Er muß mit dem Fluß der Gefühle in Kontakt kommen. Ein solider Vorschlag. Wir stehen mit dem Rücken zur Wand. Das ist ein schwerwiegendes Problem. Begreifst du, was getan werden muß?

In der folgenden Tabelle sind gebräuchliche Sprachhinweise zusammengestellt, die mit verschiedenen Repräsentationsmodalitäten in Verbindung gebracht werden.

visuell	auditiv	kinästhetisch
»sehen«	»hören«	»begreifen«
»schauen«	»zuhören«	»berühren«
»Sicht«	»Klang«	»Gefühl«
»klar«	»Resonanz«	»solide«
»hell«	»laut«	»schwer«
»Bild«	»Wort«	»Griff«
»vernebelt«	»geräuschvoll«	»hart«
»ans Licht bringen«	»bringt etwas zum Schwingen«	»verbinden«
»zeigen«	»etwas sagen«	»bewegen«

Zusammenfassung
Prozeßorientierte sprachliche Fähigkeiten

Matching von Wörtern des wichtigsten Repräsentationssystems

Die innerhalb bestimmter Repräsentationssysteme am häufigsten benutzten Worte

visuell	auditiv	kinästhetisch
»sehen«	»hören«	»begreifen«
»schauen«	»zuhören«	»berühren«
»Sicht«	»Klang«	»Gefühl«
»klar«	»Resonanz«	»solide«
»hell«	»laut«	»schwer«
»Bild«	»Wort«	»Griff«
»vernebelt«	»geräuschvoll«	»hart«
»ans Licht brin-	»bringt etwas	»verbinden«
gen«	zum Schwingen«	»bewegen«
»zeigen«	»etwas sagen«	

Kerngedanken

Eine Möglichkeit, eine Kommunikation an den Lernstil eines Menschen anzuglei-chen, besteht darin, daß man Prozeßwörter benutzt, die die spezielle Sinnesmoda-lität spiegeln, die der Lernende vorwiegend erfährt.

Gewisse Sprachmuster deuten auf bestimmte Arten und Qualitäten von kogniti-ven Prozessen hin.

Cluster physiologischer Hinweise geben Aufschluß darüber, welche kognitiven Mikro-Muster im Denkprozeß eines Menschen mobilisiert und verbunden wer-den.

Pacing und Leading
während einer Gruppendiskussion

Eine Möglichkeit, Rapport herzustellen und unterschiedliche Denkstile einzubeziehen, besteht darin, daß man sich auf die Sprechweise anderer einstellt, wodurch
man ihre bevorzugte Art wahrzunehmen anspricht. Es gibt zwei Methoden, dies
zu erreichen: Pacing und Übersetzen.

1. Pacing

Wie bereits an früherer Stelle in diesem Buch gesagt wurde, greift man beim *Pacing* bestimmte charakteristische Verhaltenssignale eines anderen Menschen auf
und benutzt sie selbst. Das bedeutet auf der verbalen Ebene, daß man das Repräsentationssystem spiegelt, das der Kommunikationspartner bevorzugt, indem man
die diesem entsprechenden Prädikate benutzt. Dazu ist die Flexibilität erforderlich,
die Sprachgewohnheiten eines anderen Menschen zu übernehmen und sich zu
eigen zu machen.

Eine Möglichkeit, Rapport herzustellen, besteht beispielsweise darin, daß man
feststellt, welche Sprachmuster jemand benutzt, und dann »aktives Zuhören« prak-
tiziert, indem man einige der vom anderen benutzten Wörter selbst verwendet.
Wenn beispielsweise jemand sagt: »Ich habe das *Gefühl*, daß wir uns damit intensi-
ver beschäftigen müssen«, könnten Sie antworten: »Ja, ich verstehe, daß Sie das
Gefühl haben, daß wir dies genauer untersuchen müssen«, statt zu sagen: »Für mich
sieht es ganz danach aus, als wollten Sie stärker auf diesen Punkt *fokussieren*.«

Durch Dialogbeispiele läßt sich wohl am besten veranschaulichen, wie dies vor
sich geht. Die folgenden Dialogtranskripte demonstrieren die Funktion des *Pacing*.
Das erste Beispiel zeigt, wie durch fehlendes *Pacing* die Kommunikation zwischen
einem »visuellen« Präsentator und einem »kinästhetischen« Lernenden mißlingen
kann.

Visueller: Wenn Sie sich die Präsentation noch einmal anschauen, werden Sie
klar sehen, daß ich auf alle wichtigen Themen fokussiert habe. Ich sehe einfach
nicht, was Ihnen daran nicht gefällt.
Kinästhetiker: Ich bekomme einfach immer wieder das Gefühl, daß irgend etwas
fehlt. Ich kann meinen Finger nicht darauf legen, wo oder was es ist, aber da gibt
es etwas, das wir besser in den Griff bekommen müssen.

Visueller: Ich glaube, Sie versteifen sich auf Ihre eigene Sichtweise. Wenn Sie die Sache aus meiner Perspektive betrachten würden, würden Sie sehen, wie klar alles ist.

Kinästhetiker: Mir scheint, daß Sie die harten Themen nicht aufgreifen, und wenn Sie das nicht in den Griff bekommen, könnten sehr schwerwiegende Probleme entstehen.

Es ist ziemlich offensichtlich, daß diese beiden Menschen völlig aneinander vorbeireden. Der eine bevorzugt Wörter, die sich auf das beziehen, was er sieht, wohingegen der andere Wörter vorzieht, die zum Ausdruck bringen, was er fühlt. Das nächste Beispiel veranschaulicht eine mißlungene Kommunikation zwischen einem »visuellen« Lernenden und einem »auditiven« Lehrer.

Auditiver: Ich möchte mit Ihnen sprechen, weil ein paar Ideen in meinem Kopf rumoren, und ich würde gern herausfinden, wie sie in Ihren Ohren klingen.

Visueller: Na dann wollen wir einmal schauen, was Sie da haben. Haben Sie sie irgendwo aufgezeichnet? Was können Sie mir zeigen?

Auditiver: Nun, ich fange gerade erst an, mich darauf einzustimmen, und ich wollte wissen, ob sie in Ihnen auch etwas zum Schwingen bringen. Man kann die ganze Sache sicher noch nicht an die große Glocke hängen, aber ich dachte, wir könnten einmal über sie improvisieren.

Visueller: Kommen Sie wieder, wenn Sie mir etwas Definitives zeigen können – wenn ich sehe, daß Sie etwas haben, das anzuschauen sich lohnt, können wir gemeinsam ja noch einmal einen Blick darauf werfen.

Auch hier ist die Kommunikation fehlgeschlagen, weil beide Beteiligten nicht gemerkt haben, daß ihr Kommunikationspartner ein anderes Repräsentationssystem bevorzugt. Das nächste Transkript veranschaulicht, wie man die verschiedenen Repräsentationssysteme »pacen« kann.

Visueller: Wenn ich auf die Präsentation zurückblicke, sehe ich ein paar trübe Stellen darin. Ich bin mir nicht darüber im klaren, was Sie überhaupt haben sagen wollen.

Pace: Ich glaube, mir leuchtet ein, was Sie sagen. Ich will versuchen, ein Bild davon zu skizzieren, um meine Vorstellungen ein wenig besser zu veranschaulichen. Dann wird Ihnen mit Sicherheit sofort ins Auge springen, was ich gemeint habe.

Auditiver: Ich glaube, wir müssen uns noch ein wenig darüber unterhalten. Ich habe mir angehört, was Sie zu sagen hatten, und es klingt für mich so, als wäre da eine Disharmonie zwischen dem, was Sie sagen, und dem, was ich denke.

Pace: Ich glaube, ich kann mich auf das, was Sie sagen einstimmen. Ich verstehe Sie. Spielen wir das Gespräch doch noch einmal ein wenig zurück, und sprechen darüber, was Ihnen daran fehlt. Vielleicht können wir dann gemeinsam etwas Harmonisches entwickeln.

Kinästhetiker: Ich bekomme zu dem, was Sie sagen, einfach keinen Kontakt. Ich habe das Gefühl, daß ich dabei nur Leerlauf habe. Ich komme einfach nicht an das »Fleisch« dieser Präsentation heran.

Pace: Ich glaube, ich kann in dieser Hinsicht eine Verbindung zu Ihnen herstellen. Ich möchte Sie deswegen nicht übers Knie legen, und außerdem stehe ich selbst mit dem Rücken zur Wand. Ich möchte der Sache ein wenig von ihrem Gewicht nehmen. Gehen wir also die Präsentation noch einmal durch, und versuchen wir, etwaige Schwachpunkte zu finden.

Indem man in der Antwort Wörter benutzt, die dem Repräsentationssystem des Kommunikationspartners entsprechen, und es dadurch bestätigt, kann man eine Kommunikation schneller und leichter zum erfolgreichen Abschluß bringen und zwischen den Kommunikationspartnern Einvernehmen herstellen.

2. Übersetzen

Mit »Übersetzen« ist gemeint, daß sprachliche Äußerungen so umformuliert werden, daß sie einem anderen Repräsentationssystem als dem ursprünglichen entsprechen. Dies erfordert *Matching* und *Mismatching* von Prädikaten, so daß ein »Visueller« die Welt eines »Kinästhetikers« oder ein »Auditiver« die eines »Visuellen« zu verstehen anfängt. Diese Technik ist vor allem in Gruppendiskussionen sehr nützlich.

Auch hier wieder soll anhand eines Dialogs veranschaulicht werden, wie man diese Technik einsetzt. In diesem Beispiel ist die Kommunikation zwischen Barbara (einer »Visuellen«) und Bill (einem »Kinästhetiker«) fehlgeschlagen. Der Präsentator leitet die Diskussion und übersetzt die Ideen, indem er typische Prädikate der verschiedenen Repräsentationssysteme benutzt.

Barbara: Er hält mir seine Idee immer wieder vor Augen, aber sie wirkt auf mich so unordentlich und verworren. Ich sehe nicht, wie etwas, das so desorganisiert ist, unsere Situation verbessern könnte.

Bill: Ich glaube, sie ist einfach unsensibel für Dinge, die anderen Menschen sehr wichtig sind. Diese Idee bringt zum Ausdruck, was viele Menschen empfinden. Wenn sie den Gefühlen anderer Menschen gegenüber nicht so kalt wäre, würde sie begreifen, wie das gehen könnte.

Präsentator: Barbara, ich glaube, Bill will sagen, daß Sie Ihre Perspektive bezüglich dieser Idee verändern und über die Einzelheiten hinausblicken müssen. Sie sollten sich auf das Gesamtbild konzentrieren. Dann werden bestimmte Dinge klarer hervortreten als andere.

Und Bill, ich glaube, Sie sollten sich einmal in Barbaras Lage versetzen. Wenn sie versucht, Ihre Vorstellungen zu begreifen, so wie Sie sie dargelegt haben, hat sie wahrscheinlich das Gefühl, in die verschiedensten Richtungen gleichzeitig gezerrt zu werden und sich dabei an nichts festhalten zu können. Vielleicht sollten Sie Ihre Idee etwas erdiger und greifbarer formulieren. Ich glaube, dann wäre das Ganze besser zu verdauen.

Hier fungiert der Präsentator buchstäblich wie ein Übersetzer, der Botschaften vermittelt, indem er bewußt Wörter benutzt, die den verschiedenen Repräsentationssystemen entsprechen.

In diesen Beispielen sind natürlich extrem viele Wendungen aus dem Sprachschatz bestimmter Repräsentationssysteme enthalten. Doch kommen diese unterschiedlichen Repräsentationssysteme tatsächlich oft ziemlich deutlich zum Ausdruck, wenn Menschen Fragen stellen und Kommentare abgeben.

Verbales Pacing von Repräsentationssystemen

In der folgenden Übung soll das *Matching* und *Mismatching* sensorischer Sprachmuster geübt werden.

1. B bittet A, über etwas nachzudenken, im Bezug worauf A sehr kongruent ist, sowie über etwas, im Bezug worauf A nicht völlig kongruent ist. B kalibriert dann die Unterschiede in A's Physiologie.
2. B befragt A über etwas, das für A wichtig ist. B fragt solange weiter, bis A eine Antwort gibt, die auf ein bestimmtes Repräsentationssystem hinweist. (Dies geht am leichtesten im Kontext des *Backtracking* oder des aktiven Zuhörens.)

3. Statt *Backtracking* zu praktizieren soll B nun A's Aussage paraphrasieren, indem er die Prädikate eines anderen Repräsentationssystems benutzt und das Gesagte auf Kongruenz bzw. Inkongruenz überprüft.

Beispiel:

Aussage: »Meine Arbeit befriedigt mich, wenn ich das *Gefühl* habe, ich helfe Menschen, mit ihrer Kreativität in *Kontakt* zu kommen.«
Paraphrase 1: »Es verschafft Ihnen also Befriedigung, sich als einen Menschen zu *sehen*, der anderen ihre eigenen kreativen Fähigkeiten *zeigt*.«
Paraphrase 2: »Es ist also befriedigend für Sie, wenn Menschen Ihnen *sagen*, daß Sie ihnen als eine Art *Resonanzkörper* für ihre eigene Kreativität gedient haben?«

Übung
Pacing und Leading während einer Gruppendiskussion

Die folgende Übung gibt den Lesern die Möglichkeit, die Wirkung prozeßorientierter Sprache zu erforschen. Der Präsentator »pacet« und/oder »leadet« den Denkstil anderer, indem er ihre Sprachmuster benutzt. Die übrigen Gruppenmitglieder formulieren sprachliche Äußerungen im Sinne bestimmter Repräsentationssysteme und erfahren dadurch, wie die Wortwahl ihre Wahrnehmung beeinflußt.

Bilden Sie kleine Gruppen. Ein Teilnehmer ist der Präsentator, die anderen spielen Menschen, die jeweils unterschiedliche Repräsentationssysteme bevorzugen.

1. Die Gruppenmitglieder wählen unterschiedliche Repräsentationsmodalitäten und Sprachmuster, die sie im Rollenspiel benutzen.
2. Der Präsentator stellt ein Thema vor und leitet eine kurze Diskussion darüber.
3. Während der Diskussion versucht der Präsentator:
   a. die Sprache jedes Teilnehmers zu »pacen« und/oder
   b. die Teilnehmer zu einem anderen Repräsentationskanal zu führen, den er ausgewählt hat.

4. Die Gruppe diskutiert über die Wirkung des Rollenspiels und der Interventionen des Präsentators. Die Gruppenmitglieder sollten die Wirkung ihrer Sprache sowie der Sprache des Präsentators auf ihre innere Erfahrung beschreiben.

Widerstände und Störungen

Hier geht es um die Kommunikations-und Beziehungsfähigkeiten, die man zum Umgang mit Widerstand und Störungen innerhalb einer Gruppe braucht.

➤ Motivation und Widerstand und ihre Auswirkung auf das Lernen

➤ Kommunikations- und Beziehungsfähigkeiten, die beim Umgang mit Widerständen und Störungen von Nutzen sind

➤ Einige Prinzipien für den Umgang mit Widerständen und Störungen

➤ Beobachten in einer Gruppe

➤ Umgang mit unterschiedlichen Denkstilen in einer Gruppe

Motivation und Widerstand
und ihre Auswirkung auf das Lernen

Motivation und Widerstand sind für alle Aspekte des Lernprozesses von großer
Bedeutung. Sie beeinflussen das Lernen in vielerlei Hinsicht. Unter anderem wirken sie sich darauf aus, wieviel Aufmerksamkeit und Mühe die Lernenden in das
Studium investieren, außerdem darauf, wieviel Zeit sie auf die Erarbeitung relevanter Fähigkeiten verwenden, und schließlich auf die Intensität ihres Erlebens
von Streß und Angstgefühlen.

Der Einfluß von Erwartungen auf Motivation und Widerstand

Motivation und Widerstand werden durch die Werte und Erwartungen eines
Menschen bestimmt. Auf die Motivation eines Menschen wirken die folgenden
grundlegenden Einflüsse ein:

1. *Erwünschtheit des Ergebnisses.* In welchem Maß der Lernende die Konsequenzen dessen, was er lernen soll, oder die zu erwartenden Resultate wert-
   schätzt, beeinflußt die Stärke des äußeren Anreizes für das Engagement beim
   Lernprozeß.
2. *Erwartung hinsichtlich des Ergebnisses der unternommenen Bemühungen.*
   Die Motivation wird weiterhin durch den Nutzen beeinflußt, den ein Mensch
   sich von den erworbenen Fähigkeiten innerhalb seiner aktuellen Umgebung
   verspricht.
3. *Wahrgenommene eigene Effektivität.* Die eigene Effektivität oder Adapta-
   tionsfähigkeit zu verbessern ist die innere Motivation für das Lernen. Wird
   hingegen die eigene Effektivität als nicht besonders groß empfunden, so kann
   dies Angst und Widerstand hervorrufen.

Da Menschen beim Lernen ihr Verhalten variieren müssen, um ein äußeres Ergebnis zu erzielen, sowie Glaubenssätze und Erwartungen darüber, daß das betreffende Ergebnis wünschenswert ist, haben die zum Erreichen des erwünschten
Ergebnisses erforderlichen Aktivitäten und die persönlichen Fähigkeiten eine entscheidende Auswirkung auf die Motivation zu lernen oder sich zu verändern.

Glaubenssätze und Erwartungen dieser Art beeinflussen, wieviel Mühe Menschen aufwenden und wie lange sie in neuen oder schwierigen Situationen durch-

halten. Beispielsweise neigen Menschen, die ihre Fähigkeit, adäquate Kontrolle über ihr Handeln auszuüben, skeptisch einschätzen, bei Aktivitäten in Eigenregie dazu, in Situationen, in denen ihre Fähigkeiten auf eine harte Probe gestellt werden, ihre eigenen Bemühungen zu unterminieren.

Der grundlegende Motivationsraum des Lernens umfaßt also die folgenden Glaubenssätze und Erwartungen hinsichtlich wichtiger Komponenten der Veränderung:

1. Die Erwünschtheit des Ergebnisses,
2. das Vertrauen, daß die empfohlenen Aktivitäten tatsächlich zum erwünschten Ergebnis führen,
3. die Einschätzung der Angemessenheit und Schwierigkeit des Verhaltens (unabhängig davon, ob angenommen wird, daß es zum erwünschten Ergebnis führt),
4. die Überzeugung, daß man zu dem erforderlichen Verhalten in der Lage ist,
5. das Gefühl des eigenen Werts oder der Zulässigkeit *(per-mission)*, das man im Hinblick auf die erforderlichen Verhaltensweisen und auf das Ergebnis hat.

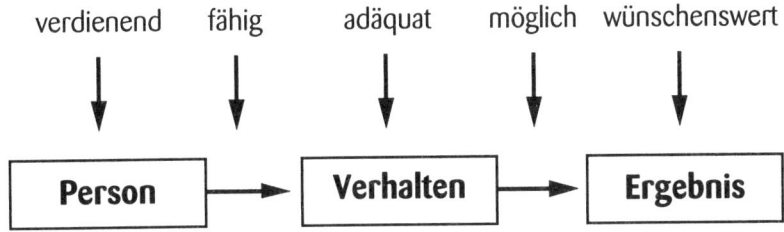

Bereiche von Glaubenssätzen, die Motivation und Lernen beeinflussen

Motivationsaspekte, die bei Präsentationen eine Rolle spielen

Maximales Engagement und optimale Leistungen können Lernende erzielen, a) wenn sie in den Lernprozeß involviert sein **wollen** *(want to)*, b) wenn sie **wissen, wie** *(how to)* man die für die Instrumente und Verfahrensweisen des Lernens relevanten Fähigkeiten und Strategien aktiviert und anwendet, und c) wenn sie **die Chance erhalten** *(chance to)*, die erforderlichen Fähigkeiten zu demonstrieren und anzuwenden. Menschen erbringen kaum gute Leistungen, wenn sie dies nicht wollen und können, wenn sie nicht wissen, wie sie sie erreichen sollen oder wenn man ihnen nicht die Möglichkeit dazu gibt.

Wollen (want to) bezieht sich auf Glaubenssätze, Werte und Erwartungen. Wenn Lernende den Zweck eines Lernziels oder einer Aktivität nicht verstehen, werden sie wahrscheinlich Widerstand dagegen entwickeln, weil ihnen das Angestrebte nicht als adäquat oder wünschenswert erscheint. Wenn Lernende nicht glauben, daß es möglich ist, die festgesetzten Standards für eine bestimmte Leistung zu erfüllen, werden sie dem Ziel gegenüber oft gleichgültig. Wenn sie nicht glauben, daß sie gute Leistung erbringen können, empfinden sie wahrscheinlich Streß oder entwickeln Angstgefühle.

Wissen wie (knowing how to) bezieht sich auf die bewußte und unbewußte Kompetenz der Lernenden hinsichtlich der zu erlernenden Fähigkeiten sowie darauf, wie klar und vertraut ihnen die für den speziellen Lernprozeß notwendigen Werkzeuge und Prozeduren sind. Außer der Quantität und Qualität des Trainingsmaterials, den kognitiven Landkarten und den Referenzerfahrungen, die dem Lernenden zur Verfügung stehen, beeinflussen auch seine bisherigen Erfahrungen und seine Vertrautheit mit den Lernprozessen seine Leistungsfähigkeit.

Die *Chance, etwas zu tun, (chance to)* bezieht sich auf den Lernkontext und die Umgebung. Wieviel persönliche Unterstützung man erhält und wie variabel das System und die zur Verfügung stehenden Werkzeuge sind, entscheidet darüber, ob eine Fähigkeit internalisiert und später eingesetzt werden kann. Einschränkungen, Störungen oder Mangel an Unterstützung können einen Lernenden daran hindern, in einer bestimmten Lernumgebung optimale Leistungen zu erbringen.

Die Beschäftigung mit Motivation und Widerstand während einer Präsentation beinhaltet im Grunde, daß man eben diese Aspekte des *Wollens*, des *Wissens wie* und des *Eröffnens der Möglichkeit, etwas zu tun*, untersucht.

Zusammenfassung
Motivation und Widerstand
und ihre Auswirkung auf das Lernen

Motivationsraum des Lernens

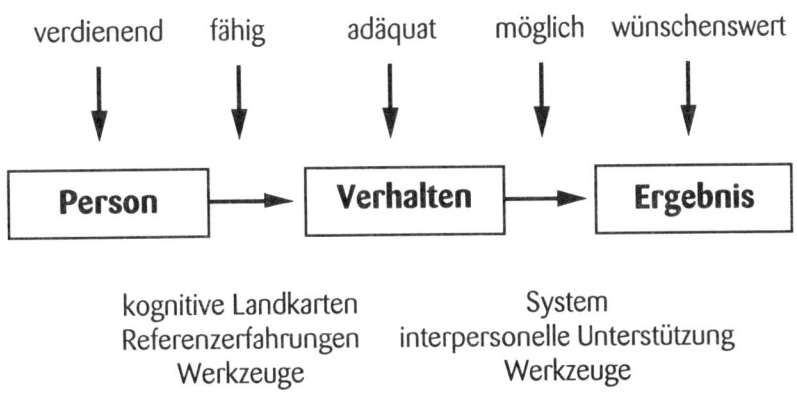

verdienend   fähig   adäquat   möglich   wünschenswert

Person → **Verhalten** → **Ergebnis**

kognitive Landkarten   System
Referenzerfahrungen   interpersonelle Unterstützung
Werkzeuge   Werkzeuge

Kerngedanken

Der grundlegende Motivationsraum des Lernens umfaßt die folgenden Glaubenssätze und Erwartungen hinsichtlich wichtiger Komponenten der Veränderung:

1. Die Erwünschtheit des Ergebnisses,
2. das Vertrauen, daß die empfohlenen Aktivitäten tatsächlich zum angestrebten
   Ergebnis führen,
3. die Einschätzung der Angemessenheit und der Schwierigkeit des erforderlichen
   Verhaltens,
4. die Überzeugung, daß man zu dem erforderlichen Verhalten in der Lage ist,
5. das Gefühl des eigenen Werts oder der Zulässigkeit, das man im Hinblick auf
   die erforderlichen Verhaltensweisen und das Ergebnis hat.

Kommunikations- und Beziehungsfähigkeiten, die beim Umgang mit Widerständen und Störungen von Nutzen sind

Die Dynamik einer Gruppe wird bestimmt durch den Kontext, die Einstellung, die Zustände, kognitiven Prozesse, Kommunikationskanäle der Gruppenmitglieder und die Interaktionsregeln, die zwischen ihnen gültig sind. Ein Präsentator kann eine Umgebung oder einen Kontext so gestalten, daß das Engagement des Publikums gefördert oder eingeschränkt wird.

Man kann einen Rahmen schaffen, der verschiedene Denkstile fördert oder, möglicherweise unabsichtlich, einen Rahmen, der sie behindert. Schon allein die Festlegung eines Zeitrahmens kann die Reaktion eines Träumers, Realisten oder Kritikers behindern. Nehmen wir an, ein Präsentator sagt: »Nennen Sie mir den besten Traum, den Sie jemals hatten. Sie haben eine Minute Zeit, um sich daran zu erinnern!« Dies kann den Prozeß, der eigentlich initiiert werden soll, behindern. Wenn Sie hingegen sagen: »Okay, wir haben noch fünf Minuten Zeit«, so wird dadurch eher der Realist angesprochen als der Träumer.

Walt Disney hatte einen besonderen Raum eingerichtet, um den Denkstil des Träumers zu fördern. In diesem Raum gab es keine Tische, und an allen Wänden hingen inspirierende Bilder. Er ließ nicht zu, daß in diesem Raum irgendwelche Kritik oder negative Gedanken ausgedrückt wurden.

Verschiedene Arten von Aktivitäten tragen dazu bei, die Teilnahme einer Gruppe interaktiv zu stimulieren und zu beeinflussen.

➤ Man kann die Teilnahme der Lernenden fördern, indem man physische Aktivitäten stimuliert.

➤ Man kann den Blick darauf richten, was unterschiedliche Perspektiven gemeinsam haben und was sie voneinander unterscheidet.

➤ Man kann Fragen stellen, Zweifel und Zustimmung formulieren und zur Entwicklung neuartiger Sichtweisen anregen.

➤ Man kann Werkzeuge und Ressourcen bereitstellen.

➤ Man kann Feedback geben, Vorschläge machen und zur Integration und Synthese von Ideen auffordern.

➤ Man kann zwischen den verschiedenen Kommunikationskanälen wechseln, indem man beispielsweise etwas aufschreibt, Flipcharts oder die Tafel verwendet.

Bestimmte Einschränkungen und Regeln der Interaktion fördern also die Assoziationen und den Ausdruck von Ideen und Sichtweisen am besten. Dazu zählt beispielsweise, daß man bei einer Diskussion keinen Zeitrahmen festlegt und daß man auch scheinbar »dumme« Fragen nicht als solche anprangert. Ein Präsentator kann über die Einschränkungen der Realität auch hinausgelangen, indem er zu Übertreibungen und zu »Als ob«-Denken ermutigt. Beispielsweise könnte er sagen: »Auch wenn Sie es sich nicht vorstellen können, tun Sie einfach so, als könnten Sie es.« Nützlich ist auch, zum Gebrauch von Metaphern und der Symbolsprache aufzufordern, den wir in früheren Kapiteln untersucht haben.

Wenn Probleme auftreten, oder wenn sich innerhalb der Gruppe Widerstand entwickelt, so stehen dem Präsentator verschiedene Möglichkeiten offen, sein Publikum wieder zur Teilnahme zu bewegen.

➤ *Reframing* (Umdeuten) des Problems oder Ziels durch Betrachtung aus einer anderen Perspektive

➤ Neufestlegen der Prioritätenfolge von Kriterien und Werten

➤ Wechsel der Fokusebene und Auffinden einschränkender Annahmen

➤ Suche nach fehlenden Verbindungen *(missing links)*

➤ *Chunking down* (auf eine spezifischere, konkretere Ebene überwechseln), um Sub-Ziele festzulegen oder sich mit Teilbereichen des Wahrnehmungsraumes zu beschäftigen

➤ Wechseln der Perspektive oder des Zustandes (beispielsweise durch humorvolle Bemerkungen)

➤ Wechseln der Repräsentationskanäle und Fördern des lateralen Denkens

➤ Fördern des »Als ob«-Denkens

Meta-Kommunikation

Eine weitere nützliche Strategie zum Umgang mit Widerstand oder Störungen ist der Prozeß der Meta-Kommunikation. Meta-Kommunikation ist »Kommunikation über Kommunikation«. Meta-Kommunikation ist eher ein Prozeß der Makro-Ebene als das bloße Übermitteln einer Meta-Botschaft. Eine Meta-Kommunikation ist oft eine verbale Aussage, die in Form von Regeln, Leitlinien und Erwartungen einer Kommunikationssituation einen Rahmen gibt. Im Wesentlichen bedeutet dies, daß man den Rahmen für eine Interaktion festlegt. Der Präsentator versucht, dem Publikum durch Meta-Kommunikation über die Situation angemessene Erwartungen und Vorannahmen zu vermitteln. Bevor er mit einer Präsentation oder Diskussion beginnt, kann er bestimmte Richtlinien, Interaktionsregeln, Interpretationsregeln usw. festlegen.

Meta-Botschaften sind eine Art Sub-Text, der gewisse Aspekte einer Botschaft mit nonverbalen Mitteln hervorhebt. Wenn beispielsweise jemand sagt: »**Du** hast dich nicht an die Regeln gehalten« und dabei das »Du« durch den Tonfall hervorhebt, so wird die Kommunikation dadurch zu einer Botschaft auf der Identitätsebene. Wird hingegen gesagt: »Du hast dich nicht an die **Regeln** gehalten«, so steht die Ebene des Warum und Wie im Vordergrund.

Meta-Kommunikation hingegen wäre, etwas zu sagen wie: »Warum haben wir überhaupt diese Regel?« – »Was sollen diese Regeln bezwecken?« Daraufhin würde eine Diskussion *über* die Regeln folgen. Meta-Kommunikation kann etwas beinhalten wie: »Es ist wichtig für uns, dies zu tun« oder: »Die Regel hilft Ihnen, dies zu tun.« Die Gruppe könnte sogar eine Diskussion über den Sinn der betreffenden Regel führen, statt sich mit den verschiedenen Erfahrungsebenen zu beschäftigen, die beim Übertreten der Regel eine Rolle spielen. Meta-Kommunikation trifft also klärende Aussagen über den Rahmen der Kommunikation.

Wenn ein Präsentator in einer für ihn sehr ungewohnten Kultur arbeitet, muß er möglicherweise relativ viel Zeit auf Meta-Kommunikation verwenden, bevor er wirklich mit einer Präsentation oder Diskussion beginnen kann. Er muß nämlich zunächst einmal die Voraussetzung dafür schaffen, daß die Zuhörer seine verbalen und nonverbalen Botschaften richtig interpretieren. Wenn man keine solchen Bezugsrahmen herstellt, kann er nur hoffen, daß die Zuhörer einer Kultur angehören, die seiner eigenen so ähnlich ist, daß sie die übermittelten Botschaften in dem Sinne interpretieren, wie sie gemeint waren.

Es gibt eine Untersuchung über die Kommunikationsmuster besonders erfolgreicher Führungskräfte, in der festgestellt wurde, daß fast die Hälfte ihrer Kommunikation Meta-Kommunikation war. Erfolgreiche Führungskräfte sagten ständig Dinge wie: »Ich werde nun über das folgende Thema sprechen...« – »Ich möchte, daß Sie dies aus der folgenden Perspektive betrachten.« – »Konzentrieren Sie sich hierauf...« – »Sie sollten mit folgenden Erwartungen an diese Sache herangehen.« Sie scheinen eine ganze Struktur zu kreieren, bevor sie zu der einen inhaltlichen Aussage kommen, die ihnen wirklich wesentlich erscheint. Weil ihnen so wichtig ist, *wie* der betreffende Punkt interpretiert und verstanden wird, müssen sie den gesamten Wahrnehmungsraum darum herum definieren, damit keinerlei Zweifel darüber aufkommen können, wie das, was sie sagen, gemeint ist.

Wieviel Meta-Kommunikation man verwendet, ist eine strategische Entscheidung. In einer neuartigen Situation muß ein Präsentator vermutlich mehr Zeit auf Meta-Kommunikation verwenden als in einer vertrauten Situation.

Meta-Kommunikation beinhaltet auch »darüber zu sprechen« was während einer kommunikativen Interaktion geschieht, um ein signifikantes Ereignis bewußt zu machen oder in seiner Bedeutung zu würdigen. Wenn ein Präsentator das Gefühl hat, daß in einer Gruppe etwas nicht genau Definierbares vor sich geht, daß da ein gewisser Unterton ist oder etwas anderes vor sich geht, so kann er beschließen, diese Dinge durch Meta-Kommunikation über die Situation zu klären.

Zusammenfassung
Kommunikations- und Beziehungsfähigkeiten,
die beim Umgang mit Widerständen und Störungen
von Nutzen sind

➤ **Überwechseln in die *zweite Position***
➤ **Reagieren auf *positive Absichten***
➤ ***Reframing***

Kerngedanken

Wenn während des Lernprozesses einer Gruppe Probleme oder Störungen auftreten, kann der Trainer durch bestimmte Strategien den Wahrnehmungsraum öffnen oder erweitern. Dazu gehören:

➤ Reframing des Problems oder Ziels aus einer anderer Perspektive
➤ Umstrukturieren der Wert- oder Kriterienprioritäten
➤ Wechsel der Fokusebene und Aufspüren einschränkender Annahmen
➤ Suche nach fehlenden Verbindungsgliedern *(missing links)*
➤ *Chunking down* (Überwechseln auf eine konkretere Ebene) zum Festlegen von Sub-Zielen oder zum Umgang mit den Bestandteilen einer Idee oder Lernaufgabe
➤ Wechseln von Perspektiven oder Zuständen (beispielsweise durch humorvolle Bemerkungen)
➤ Wechseln der Repräsentationskanäle und Förderung lateralen Denkens
➤ Fördern des »Als ob«-Denkens

Einige Prinzipien für den Umgang mit
Widerständen und Störungen

Beim Umgang mit Widerständen und Problemen während einer Präsentation sollte man ein paar wichtige Prinzipien im Kopf behalten:

1. Die Landkarte ist nicht das Gebiet. Als Menschen können wir die Realität, so wie sie tatsächlich ist, niemals kennen. Wir können uns immer nur auf unsere Wahrnehmungen über die Realität beziehen. Wir erfahren die Welt, die uns umgibt und auf die wir reagieren, mittels unserer sensorischen Repräsentationssysteme. Unsere Landkarten von der Wirklichkeit entscheiden darüber, wie wir uns verhalten, und sie sind es auch, die unserem Verhalten einen Sinn geben, nicht die Wirklichkeit selbst. Generell ist es nicht die Wirklichkeit, die uns einschränkt oder uns zu etwas befähigt, sondern unsere Landkarte von der Wirklichkeit.

2. Leben und »Geist« sind systemische Prozesse. Die Prozesse, die im Menschen und zwischen Menschen und ihrer Umgebung stattfinden, sind systemischer Natur. Unser Körper, unsere Gesellschaften und unser Universum bilden eine Ökologie komplexer Systeme und Subsysteme, die allesamt miteinander interagieren und einander beeinflussen. Man kann keinen Teil des Systems völlig vom Rest isolieren. Solche Systeme basieren auf bestimmten »selbst-organisierenden« Prinzipien, und sie versuchen ihrer Natur gemäß, optimale Zustände des Gleichgewichts und der Homöostase herzustellen.

3. In einem gewissen Sinne ist alles Verhalten adaptiv oder beinhaltet eine »positive Absicht«. Das heißt, daß die Person, die in einem bestimmten Kontext ein Verhalten entwickelt hat, es im betreffenden Kontext als adäquat empfand. Menschen treffen die besten Entscheidungen, zu denen sie jeweils angesichts bestimmter Möglichkeiten und Fähigkeiten, die sie innerhalb ihres Weltmodells für erreichbar halten, in der Lage sind. Jedes Verhalten, so bösartig, verrückt oder bizarr es auch erscheinen mag, ist stets die für einen bestimmten Menschen in einem bestimmten Augenblick beste Entscheidungsmöglichkeit.

Weisheit, Ethik und Ökologie entstehen nicht, weil man über eine »richtige« oder »korrekte« Landkarte von der Welt verfügt, denn Menschen sind nicht in der Lage, eine Beschreibung zu entwickeln, die diesem Anspruch wirklich genügt. Das Ziel ist vielmehr, die detailreichste Landkarte zu produzieren, die dem systemischen Charakter und der Ökologie von uns selbst und der Welt, in der wir leben, gerecht wird.

Deshalb ist es beim Umgang mit Widerständen und Problemen in einer Gruppe wichtig und nützlich:

1. davon auszugehen, daß jedem Verhalten eine positive Absicht zugrunde liegt,
2. die negativen Aspekte des Verhaltens von der ihm zugrunde liegenden positiven Absicht zu trennen,
3. die positive Absicht desjenigen, der Widerstand entwickelt oder Probleme aufwirft, zu erkennen und darauf zu reagieren,
4. dem Betreffenden Verhaltensalternativen zu eröffnen, mit deren Hilfe er seine positive Absicht ebenfalls erreichen kann.

Zusammenfassung
Einige Prinzipien für den Umgang
mit Widerständen und Störungen

➤ Die Landkarte ist nicht das Gebiet. Jeder Mensch sieht die Welt anders, und es gibt kein allein »richtiges« Modell von der Welt.
➤ Es ist nützlich, die Landkarten anderer Menschen zu kennen, wenn man mit ihnen effektiv kommunizieren und interagieren möchte.
➤ Menschen treffen jeweils die besten Entscheidungen, die sie unter den gegebenen Umständen und angesichts der Fähigkeiten, die sie für erreichbar halten, treffen können.
➤ Man sollte das Verhalten eines Menschen von der positiven Absicht, die dem Verhalten zugrunde liegt, trennen können und auf die positive Absicht reagieren.
➤ Widerstand und Einwände sind oft Kommunikationen über positive Absichten, die nicht befriedigt worden sind.

Kerngedanken

Beim Umgang mit Widerständen und Problemen in einer Gruppe ist es wichtig und nützlich, davon auszugehen, daß:

1. jedem Verhalten eine positive Absicht zugrunde liegt,
2. die negativen Aspekte des Verhaltens nicht die ihm zugrunde liegende positive Absicht berühren,
3. man am besten auf die positive Absicht desjenigen, der Widerstand zeigt oder ein Problem aufwirft, reagiert,
4. man dem Betreffenden andere Verhaltensmöglichkeiten eröffnen sollte, durch die er sein positives Ziel ebenfalls erreichen kann.

Beobachten in einer Gruppe

Dynamische Muster innerhalb einer Gruppe zu beobachten erfordert einen anderen Fokus als die Beobachtung Einzelner. Die für Präsentatoren wichtige Fähigkeit, die Sprach- und Verhaltensmuster anderer zu beobachten, ermöglicht, das Erlernte zu festigen und sich über das eigene Wissen klarzuwerden.

Die letzte Übung, die im nächsten Abschnitt beschrieben wird, bietet die Möglichkeit, dynamische Muster innerhalb einer Gruppe zu beobachten. Dabei beobachten mehrere Gruppen von Beobachtern ein Rollenspiel in einem sogenannten »Fischglas«. Eine der Beobachtergruppen konzentriert sich auf Muster der Physiologie, wobei zwei Arten von Aspekten zu beachten sind: Mikro-Aspekte und Makro-Aspekte. Auf der Mikro-Ebene könnten die Beobachter eine Meta-Botschaft bemerken, die jemand in einem bestimmten Augenblick über das, was er/sie sendet oder empfängt, gibt. Jemand könnte sich nach vorn beugen, sich zurücklehnen und sich dadurch von etwas wegbewegen, gestikulieren usw. – alle diese Verhaltenshinweise sind Meta-Botschaften. Diese manifestieren sich in bestimmten Augenblicken als eine Art Feedback über die individuelle Erfahrung oder Reaktion auf das, was geschieht. Es kann sehr wichtig sein, die Veränderungen in der Physiologie eines Menschen in Reaktion auf einen bestimmten Stimulus verfolgen zu können. Diese Beobachter halten nicht nur nach Signalen der verschiedenen Rollenspieler Ausschau, sondern beobachten auch, wie sich die Signale durch die Interventionen des Team-Leiters verändern. Sie sollten auch darauf achten, wie der Präsentator bewußt oder unbewußt die Physiologie einsetzt, beispielsweise die Haltung oder die Gestik, um den Gruppenprozeß zu initiieren oder ihn in eine bestimmte Richtung zu lenken.

Abgesehen von den wichtigsten Verhaltenssignalen, die die einzelnen Gruppenmitglieder erkennen lassen, sollte auch beobachtet werden, wie sich die Signale aufgrund der Interventionen des Präsentators und aufgrund der Reaktionen anderer Gruppenmitglieder verändern. Weiterhin sollte beobachtet werden, wie der Präsentator diese Hinweise nutzt, um die Gruppe zu »kalibrieren« und sie zu leiten. Die Beobachter sollten darauf achten, wie der Präsentator selbst seine Physiologie einsetzt, sowohl um bei bestimmten Kommunikationen Neutralität zu signalisieren als auch um eventuell durch die Prozesse des Spiegelns *(mirroring)* oder des *Pacing und Leading* in bestimmten Augenblicken mit bestimmten Teilnehmern Allianzen zu bilden. Empathie einem bestimmten Teilnehmer oder einer bestimmten Sichtweise gegenüber kann durch den Körperausdruck angedeutet werden, was dann für die anderen Gruppenmitglieder eine Botschaft ist.

Auf der Makro-Ebene könnten die Beobachter Muster der Physiologie und der Bewegung im Kontakt zwischen den Beteiligten feststellen. Beispielsweise könnte das Maß an Aktivität, die zwischen den Gruppenmitgliedern hin- und herfließt, einen Hinweis darüber liefern, wie stark dieselben sich engagieren. Verhaltensmuster der Makro-Ebene geben Aufschluß über die Gruppe als Einheit, im Gegensatz zu einer Meta-Botschaft über ein bestimmtes Individuum.

Eine zweite Gruppe von Beobachtern konzentriert sich in jener Übung auf die Beobachtung der kognitiven Muster und Denkstile der Beteiligten. Welche Repräsentationskanäle benutzen die einzelnen Beteiligten? Was wird verbal und logisch repräsentiert? Abgesehen von der Gestaltung des sprachlichen Ausdrucks könnte auch irgend jemand etwas zeichnen, also den visuellen Kanal benutzen, oder eine metaphorischere Art der Repräsentation bevorzugen.

Eine dritte Gruppe von Beobachtern erhält den Auftrag, auf die Meta-Programm-Muster zu achten. Wie interpunktieren die einzelnen Gruppenmitglieder Ereignisse beispielsweise im Hinblick darauf, ob sie sich einem Ziel nähern oder sich von etwas entfernen, wie im Hinblick auf generelle Aussagen oder auf Details, wie bezüglich Vergangenheit bzw. Zukunft sowie der kurzfristigen oder langfristigen Perspektive? Außer der Frage, welche Meta-Programm-Muster bestimmte Teilnehmer bevorzugen, ist auch die Beobachtung dessen, in welcher Sequenz sie auftreten und wie die Beteiligten ihre Meta-Programme in Relation zu den Meta-Programmen anderer abwandeln oder verstärken, von Bedeutung.

Die vierte Beobachtergruppe achtet darauf, wie die verschiedenen Ebenen des Prozesses zum Ausdruck kommen oder berücksichtigt werden – das *Wo, Wann, Was, Wie, Warum* und *Wer*. Insbesondere sollte beobachtet werden, wie die einzelnen Rollenspieler auf verschiedenen Ebenen Beiträge liefern und reagieren. Beispielsweise könnte sich ein Mitglied dieser Gruppe darauf konzentrieren, was ein Akteur auf der Ebene des *Was* verbal äußert. Ein anderer könnte sich auf die Ebene des *Wie* oder *Warum* konzentrieren. Außer den Signalen, durch welche die Akteure etwas über die verschiedenen Ebenen (des *Was, Wie, Warum, Wer* usw.) aussagen, sollte auch beobachtet werden, in welcher Reihenfolge Aspekte, die zu den verschiedenen Ebenen in Bezug stehen, angesprochen werden, und in welcher Reihenfolge der Präsentator sich mit Aspekten, die die verschiedenen Ebenen betreffen, beschäftigt.

Außerdem sollte darauf geachtet werden, wie der Präsentator bewußt oder unbewußt die verschiedenen Fokusebenen anspricht und wie er darauf reagiert. Beschäftigt er sich in seiner Arbeit mit der Gruppe zuerst mit dem *Warum*, dem *Wer* oder dem *Was*? Beim Beobachten der Gruppendynamik ist es besonders wichtig, darauf zu achten, wie mit den unterschiedlichen Ebenen des Prozesses umgegangen wird. Eine der wichtigsten Fähigkeiten eines Präsentators ist die sachgerechte Entscheidung darüber, welche Ebenen bei der Arbeit in einem bestimmten Wahrnehmungsraum und mit einer bestimmten Gruppe von Bedeutung sind. Wie sorgfältig mit den verschiedenen Ebenen gearbeitet wird, entscheidet oft über die Intensität der Zusammenarbeit der Gruppenmitglieder hinsichtlich der zu bewältigenden Sachaufgabe und darüber, wie harmonisch ihre Beziehung zueinander ist. Sorgfalt in diesem Sinne beinhaltet, a) welche Ebenen berücksichtigt werden, b) wie intensiv jede einzelne Ebene behandelt wird (d.h.: selbst – andere, langfristig – kurzfristig, was angesprochen wird – was umgangen wird, usw.), und c) wie viele Gruppenmitglieder an der Definition der einzelnen Ebenen beteiligt sind.

Beim Beobachten einer Gruppe geht es nicht darum, die Leistungen des Präsentators oder der einzelnen Gruppenmitglieder zu beurteilen, sondern zum Wohle aller Gruppenmitglieder (einschließlich anderer Beobachter) das allgemeine Gewahrsein vom Gruppenprozeß zu fördern.

Die an einem Gruppenprozeß Beteiligten können sich auch während oder nach dem Gruppenprozeß in die Beobachterposition begeben, um Meta-Kognition zu entwickeln und ihre Landkarte von der betreffenden Situation zu erweitern.

Zusammenfassung
Beobachten in einer Gruppe

Beobachten der dynamischen Muster einer Gruppe

Physiologie:
- ➤ Welche Hinweise (Signale) liefern die einzelnen Beteiligten?
- ➤ Wie verändern sich diese infolge der Interventionen des Präsentators?
- ➤ Wie benutzt der Präsentator diese und andere Informationen, um die Gruppe zur Mitarbeit anzuregen und sie zu lenken.

Repräsentationskanäle:
- ➤ Welche Gruppenmitglieder benutzen primär welche Repräsentationskanäle?
- ➤ Wie geht der Präsentator mit der Bevorzugung bestimmter Repräsentationskanäle um (*Pacing* versus *Leading*)?

Logische Ebenen:
- ➤ Wer fokussiert auf das *Was, Wie, Warum*?
- ➤ Wie arbeitet der Präsentator mit den unterschiedlichen Ebenen? Mit welcher arbeitet er zuerst, mit welchen später?

Denkstile:
- ➤ Welche Denkstile bevorzugen die einzelnen Teilnehmer?
- ➤ Welche Interaktionsmuster sind zwischen den Teilnehmern zu erkennen?
- ➤ Wie verändern sich die Denkstile eines Teilnehmers in Reaktion auf die Botschaften und Meta-Botschaften eines anderen Teilnehmers?

Kerngedanken

Das Beobachten der Sprach- und Verhaltensmuster anderer ist eine wichtige Methode, um herauszufinden und zu beurteilen, was man weiß. Auch für Trainer ist diese Fähigkeit wichtig.

Dynamische Muster innerhalb von Gruppen zu beobachten erfordert einen anderen Fokus als die Beobachtung Einzelner.

Außer wichtigen Mikro- und Makro-Verhaltenshinweisen, die einzelne Gruppenmitglieder geben, sollte auch beobachtet werden, wie dieselben sich infolge der Interventionen des Trainers und infolge der Reaktionen auf das Verhalten anderer Gruppenmitglieder verändern. Weiterhin sollte beobachtet werden, wie der Trainer diese Hinweise benutzt, um die Gruppe zu kalibrieren und zu leiten.

Abgesehen von der Beobachtung der Signale oder Hinweise, die die einzelnen Teilnehmer bezüglich der verschiedenen Ebenen (*Was, Wie, Warum, Wer* usw.) geben, sollte auch beobachtet werden, in welcher Reihenfolge Aspekte, die die verschiedenen Ebenen betreffen, angesprochen werden, und in welcher Reihenfolge der Präsentator sich mit den einzelnen Ebenen beschäftigt.

Nicht nur die Beobachtung der von den einzelnen Teilnehmern bevorzugten Meta-Programm-Muster ist wichtig, sondern auch die Frage, in welcher Reihenfolge sie zutage treten und wie die Beteiligten ihre Meta-Programme in Reaktion auf die Meta-Programme anderer verändern oder noch weiter verstärken.

Umgang mit unterschiedlichen Denkstilen in einer Gruppe

Eine wichtige Kommunikations- und Beziehungsfähigkeit besteht darin, daß man festzustellen vermag, welche Denkstile die einzelnen Zuhörer bevorzugen, sich dann auf diese einzustellen und sie zu beeinflussen. Eine der wichtigsten Überlegungen, die ein Präsentator anstellen muß, ist die Entscheidung über die Frage, wie er Information so auswählt und »abpackt«, daß er die unterschiedlichen Denkstile berücksichtigt. Der richtige Umgang mit unterschiedlichen Denkstilen ist bei allen Diskussionen von überragender Bedeutung.

Wenn ein Präsentator im voraus weiß, mit welchen Denkstilen er bei einem bestimmten Publikum rechnen muß, so kann ihm das bei der Entwicklung seiner Strategie von großem Nutzen sein. Sind ihm die zu erwartenden Denkstile nicht bekannt, so muß er seine Aufmerksamkeit während der Präsentation selbst stärker auf diesen Punkt richten. Kennt er die Denkstile des Publikums hingegen im voraus, so kann er einerseits besser planen und sich andererseits auch während der Präsentation besser auf die Strategie konzentrieren.

Jeder Präsentator sollte üben, sich bei verschiedenartigen Denkstilen (wie Träumer, Realist und Kritiker) in die »zweite Position« zu begeben, um den Lernprozeß der verschiedenen Gruppenmitglieder besser zu verstehen und diese somit auch besser führen zu können. Die Grundprinzipien jedes positiven Einwirkens auf die Bemühungen einer Gruppe, ein gemeinsames Ziel zu erreichen, sind *Pacing und Leading* und »Akzeptieren und Hinzufügen«.

Träumer, Realist und Kritiker bilden zusammen eine Typologie verbreiteter, im Präsentationskontext relevanter Denkstile. Oft kommen Präsentatoren mit einem dieser drei Stile besser zurecht als mit den anderen beiden. Die einzelnen Denkstile entsprechen weniger einem bestimmten Persönlichkeitstyp, sondern sie bringen eher die Tendenz eines Menschen zum Ausdruck, in einer Gruppe eine bestimmte Haltung oder ein Meta-Programm zu manifestieren. Diese Tendenz wird oft durch dynamische Einflüsse von seiten anderer Gruppenmitglieder oder von seiten des Präsentators geformt.

In der nächsten Übung sollen Sie die Fähigkeiten, die Sie mittlerweile entwickelt haben, auf eine Situation anwenden, an der Menschen beteiligt sind, die unterschiedliche Denkstile bevorzugen. In erster Linie soll untersucht werden, wie man einige der in diesem Buch erläuterten Modelle und Unterscheidungskriterien auf den Lernprozeß einer Gruppe anwenden kann. Der »Präsentator« der

Übungsgruppe erläutert eine anspruchsvolle Lernaufgabe und versucht, mit allen dabei auftretenden Widerständen fertigzuwerden. Die Zielsetzung für den Präsentator ist, alle in der Gruppe vertretenen Denkstile zutage zu fördern und zu akzeptieren, so daß sie dem Lernprozeß der Gruppe zugute kommen.

Insbesondere im Hinblick auf den Umgang mit schwierigen Situationen oder solchen, die hohe Anforderungen an die Teilnehmer stellen, ist es für den Präsentator weiterhin nützlich, sich in die *Meta-Position* zu begeben. Die *Meta-Position* ist eine Beobachterposition, in der man sowohl sich selbst als auch die übrigen Beteiligten beobachten kann. Die Meta-Position fördert das Gewahrsein der Meta-Kommunikation. In der Meta-Position gibt man die spezifische eigene Rolle in einer Interaktion auf und wird zum Beobachter seiner selbst. Durch Rekapitulation des eigenen Verhaltens aus der Perspektive des Beobachters gewinnt man eine andere Perspektive vom Geschehen und ein neuartiges Bewußtsein.

Der Zweck des Rollenspiels ist, die bei der Koordination der für die Durchführung eines anspruchsvollen Lernprozesses wichtigen Denkstile detaillierter zu untersuchen. Zur Durchführung der Übung sind vier Rollenspieler erforderlich, die vor dem Rest der Gruppe wie in einem Fischglas eine Situation durchspielen. Die übrigen Teilnehmer beobachten jeweils bestimmte Muster. Einige beschäftigen sich mit der Physiologie, andere beobachten die verschiedenen Ebenen der Interaktion und wieder andere die verschiedenen Arten von Meta-Programmen und Denkstilen.

Diese Übungsform leistet oft sehr gute Dienste bei der Integration von Lerninhalten, die im Laufe eines Kurses behandelt wurden, und zur Vertiefung der Einsicht in die Arten von Mikro-Fähigkeiten, die bei der Arbeit mit einer Gruppe nützlich sind. Durch interaktive Übungen werden oft unbewußte Kompetenz und bewußte Inkompetenz erkennbar. Rollenspiele ermöglichen, viele der Fähigkeiten, Unterscheidungskriterien und Prinzipien, die beim Umgang mit Gruppenprozessen eine Rolle spielen, zu erfahren, zu beurteilen und zu verfeinern. Rollenspiel ist eine Form des »Als ob«-Handelns, bei der die »Neurologie« sehr stark beansprucht wird, ohne daß man sich in den jeweiligen Inhalt vertiefen muß. Rollenspiele haben oft einen symbolischen Wert, der andere Ebenen des Lernens verstärkt.

Für ein Rollenspiel sollte man möglichst eine Sachaufgabe wählen, deren Inhalt den Rollenspielern so vertraut ist, daß sie sich keine besonderen Vorkenntnisse aneignen müssen, um daran zu arbeiten.

Die vier Rollen sind die des Präsentators sowie jeweils eines »Träumers«, eines »Realisten« und eines »Kritikers«. Die Aufgabe, im Rahmen eines Rollenspiels einen bestimmten, einem selbst möglicherweise ferner liegenden Denkstil zu verkörpern, kann helfen, die Art, wie andere Menschen Dinge erleben, besser zu verstehen.

Die Rollenspieler haben fünf Minuten Zeit zur Vorbereitung. Dabei können sie die anschließend wiedergegebenen Meta-Programm-Cluster benutzen, um sich auf den Denkstil, den sie darstellen sollen, einzustellen.

	Träumer	**Realist**	**Kritiker**
	Was	*Wie*	*Warum*
bevorzugtes Repräsentations- system	Visuell	Handeln	Logik
Richtung	hin zu	hin zu	weg von
Zeitrahmen	langfristig	kurzfristig	lang-/kurzfristig
zeitl. Orientierung	Zukunft	Gegenwart	Vergangenheit / Zukunft
Referenz	innen - selbst	außen - Umgebung	außen - andere
Vergleichsmodus	Match	Match	Mismatch

Der Präsentator soll in 15 Minuten der Übung versuchen, die unterschiedlichen Denkstile zu koordinieren und der gesamten Gruppe dabei zu helfen, die Sach- aufgabe zu verstehen und sich bei ihrer Durchführung zu engagieren.

Das Rollenspiel selbst verläuft in 10 bis 15 *Chunks*, zwischen denen jeweils Pausen eingelegt werden, damit die Beobachter die Möglichkeiten zum Beobach- ten erhalten. Der Zeitrahmen von 10-15 Minuten soll ermöglichen, daß während der Interaktionen einige Beispiele für Muster auf der Mikro-Ebene erkennbar werden, sie andererseits aber nicht so lang sind, daß die Aufgabe den Beobachtern über den Kopf wächst.

<u>Zusammenfassung</u>
<u>Umgang mit unterschiedlichen Denkstilen</u>
<u>in einer Gruppe</u>

Fischglas-Übung: Rollenspiel einer Präsentation

Ziel: **Eine anspruchsvolle Lernaufgabe soll präsentiert und der Umgang mit Widerstand geübt werden.**

Rollen:

➤ Präsentator: steuert die Dynamik der Gruppe
➤ Träumer
➤ Kritiker
➤ Realist

Vier Gruppen von Beobachtern konzentrieren sich auf verschiedene Bereiche:

1. Physiologie
2. Repräsentationskanäle
3. logische Ebenen
4. Denkstile

Kerngedanken

Ein zentraler Aspekt der Arbeit eines Präsentators ist, Information so auszuwählen und »abzupacken«, daß er unterschiedlichen Denkstilen gerecht wird.

Wenn ein Präsentator weiß, daß er/sie sich bevorzugt an einen bestimmten Denkstil wendet, sollte er/sie die Reaktionen derer, die andere Denkstile bevorzugen, antizipieren und sich darauf vorbereiten.

Pacing und Leading ist die effektivste Methode des Umgangs mit unterschiedlichen Denkstilen.

Interaktive Übungen fördern oft sowohl unbewußte Kompetenz als auch unbewußte Inkompetenz zutage.

Das Darstellen unterschiedlicher Denkstile im Rollenspiel kann den Akteuren helfen zu verstehen, wie andere Menschen Dinge erfahren.

Schlußfolgerungen

Prinzipien effektiver Präsentation

Hier werden noch einmal die wichtigsten Fähigkeiten und Themen zusammengefaßt, die im Lauf des Buches erklärt wurden, und es werden einige grundlegende Prinzipien effektiver Kommunikation erläutert.

Die Zielsetzung dieses Buches war, einige der Prinzipien und Muster zu erforschen, die bei der Durchführung effektiver Präsentationen in einem Lernkontext eine Rolle spielen. Lernen beinhaltet, kognitive Landkarten zu entwickeln, die aus unseren inneren Repräsentationen und aus sprachlichen Mustern bestehen, welche mit Referenzerfahrungen verbunden werden. Durch Herausarbeiten wichtiger Muster, die zu inneren Repräsentationen, Sprache und Physiologie in Beziehung stehen, haben wir Werkzeuge entwickelt, durch welche die Kommunikationsfähigkeiten erweitert werden, die für die effektive Durchführung von Präsentationen wichtig sind.

Wenn Situationen sich verändern, müssen wir unsere Art, mit ihnen umzugehen, verändern, um weiterhin effektiv darauf einzuwirken. Prozesse, die in einer bestimmten Situation zu einem akzeptablen Ergebnis führen, leisten dies in einem anderen Kontext möglicherweise nicht. Deshalb muß der Prozeß um bestimmte Elemente erweitert oder einige Faktoren müssen verändert werden. Folglich ist zumindest ein minimales Maß an Flexibilität erforderlich, um in Systemen, denen wir selbst angehören, Veränderungen zu bewirken.

Wir haben zunächst einige der grundlegenden Fähigkeiten des Präsentierens untersucht und uns dann mit unserer bewußten und unbewußten Kompetenz hinsichtlich der Durchführung von Präsentationen befaßt. Wir gelangten zu dem Schluß, daß effektive Leistungen die Festlegung von Zielen voraussetzen. Wenn keine Richtung oder kein angestrebtes Ergebnis der eigenen Bemühungen festgelegt wird, ist es schwierig, effektiv zu arbeiten. Mit anderen Worten: Wenn Sie nur wissen, was sie *nicht* wollen, ist es schwer, effektiv zu handeln.

Weiter kamen wir zu dem Schluß, daß effektive Leistungen auch die Festlegung von Evidenzen für das Erreichen der gesetzten Ziele voraussetzen. Bei einer effektiven Präsentation existiert eine Feedback-Schleife zwischen Zielen, Ideen, Handlungen und Wahrnehmungen. Das T.O.T.E.-Modell ist eine Methode, bei einer Präsentation Ziele, Evidenzprozeduren, Vorgehensweisen und den Umgang mit auftauchenden Problemen so zu gestalten, wie es für den effektiven Verlauf eines Prozesses erforderlich ist.

Anschließend haben wir untersucht, wie man verschiedenartige Repräsentationskanäle und Referenzerfahrungen nutzen kann. Wir stellten fest, daß die unterschiedlichen Kanäle, mit deren Hilfe wir kognitive Landkarten entwickeln und anderen vermitteln, entweder Wahrnehmungsräume öffnen oder Verwirrung produzieren können. Wir erforschten in diesem Zusammenhang auch den Wert alternativer Repräsentationsmodelle wie der Metapher und symbolischer Ausdrucksformen.

Wir beschäftigten uns weiterhin mit der Bedeutung des Verbindens kognitiver Landkarten und bedeutsamer Referenzerfahrungen sowie mit der Relevanz der Fähigkeit des Ankerns für diesen Prozeß. Außerdem arbeiteten wir die Wichtigkeit des inneren Zustandes, in dem das Publikum sich befindet, heraus und die Bedeutung der Beobachtungsfähigkeiten des Präsentators beim Kalibrieren der Makro- und Mikro-Verhaltenshinweise eines Publikums.

Die Beziehung und der Rapport des Präsentators zu seinem Publikum erwiesen sich als weitere wichtige Faktoren, die durch die Fähigkeiten des *Pacing und Leading* und durch Eintreten in die *zweite Position* gefördert werden können. Sowohl auf die Kommunikation als auch auf die Beziehung wirkt es sich sehr positiv aus, wenn der Präsentator in der Lage ist, sowohl die verbale als auch die nonverbale Kommunikation zu gestalten und Botschaften in Verbindung mit wichtigen begleitenden Meta-Botschaften zu übermitteln.

Effektive Präsentatoren müssen jedoch ihre Aufmerksamkeit nicht nur auf ihr Publikum richten, sondern auch gewisse Fähigkeiten im Umgang mit sich selbst *(self-skills)* entwickeln, die sich auf die Beeinflussung ihres eigenen inneren Zustandes und auf die effektive Planung und Vorbereitung ihrer Präsentationen auswirken. Die *gegenüberstellende Analyse* und der *Kreis der Exzellenz* sind hochwirksame Werkzeuge, mit deren Hilfe ein Präsentator seinen eigenen Zustand beeinflussen kann. Disneys kreativer Zyklus des Träumers, Realisten und Kritikers kann Präsentatoren nicht nur helfen, Präsentationen effektiv zu planen, sondern dieses Modell leistet auch nützliche Dienste bei der Kategorisierung unterschiedlicher Denk- und Lernstile.

Wir haben der Tatsache Rechnung getragen, daß Menschen unterschiedliche Lern- und Präsentationsstrategien bevorzugen. Um eine Präsentation effektiv durchführen zu können, muß man in der Lage sein, mit Menschen zu interagieren, die verschiedenartige Lernstrategien benutzen. Eine andere wichtige Fähigkeit besteht darin, unterschiedliche Lehr- und Lernstile koordinieren zu können. Manche Stile und Strategien eignen sich für bestimmte Situationen, für andere hingegen nicht. Ein Ziel dieses Buches ist aufzuzeigen, wie wir die Kommunikations- und Beziehungsfähigkeiten bei uns selbst und anderen erweitern und verbessern können. Indem wir mit Menschen interagieren, die andere Strategien als wir selbst benutzen, lernen wir Aspekte kennen, die unsere eigenen Fähigkeiten bereichern.

Die Prozesse des *Backtracking*, des *Matching* und des *Übersetzens* von Schlüsselwörtern, die die Teilnehmer einer Präsentation benutzen, gehören zum Grundrepertoire eines jeden, der mit Gruppen arbeitet.

Der Umgang mit dem Widerstand und der Motivation eines Publikums basiert auf der Fähigkeit des Präsentators, wichtige Glaubenssätze der einzelnen Gruppenmitglieder zu erkennen und ihr tatsächliches Verhalten von ihren positiven Absichten trennen zu können.

Einige operative Prinzipien effektiver Kommunikation

Zusammenfassend können wir drei allgemeine Wirkungsprinzipien *(operational principles)* effektiver Präsentationen definieren:

1. **Ergebnisrahmen** – Erhalten Sie die Orientierung auf das in der Zukunft liegende Ziel, das Sie erreichen wollen, aufrecht, statt einer Orientierung vom Problem weg. Selbst wenn Sie versuchen, einem Problem aus dem Weg zu gehen, sollte dies innerhalb einer umfassenderen Perspektive und im Kontext des Zielzustands geschehen.
2. **Feedback versus Versagensrahmen** – Wenn ein bestimmter Ansatz nicht zum Ziel führt, liefert Ihnen die Art des Fehlschlagens Feedback darüber, was Sie tun können, um zum Erfolg zu gelangen (aus Fehlern lernen). Manchmal müssen Sie sogar etwas tun, wovon Sie wissen, daß es nicht zum Ziel führen wird, um das notwendige Feedback für den nächsten Schritt zu bekommen.
3. **Flexibilitätsrahmen** – a) Sie sollten immer über mindestens zwei Alternativen verfügen, auf die Sie zurückgreifen können, bevor Sie mit einer bestimmten Operation beginnen; b) »Wenn das, was Sie tun, nicht zum Ziel führt, dann tun Sie etwas anderes – tun Sie irgend etwas anderes.« Fast alles ist besser als das, was Sie bisher getan haben, wenn sich bereits herausgestellt hat, daß dies nicht zum Erfolg führt.

Das erste dieser drei allgemeinen Prinzipien beinhaltet, daß effektive Präsentationen zielorientiert sind. Selbst wenn der Zweck der Präsentation ist, daß etwas vermieden werden soll, sollte dieses Vermeiden im Hinblick auf irgendeine Art von Ziel definiert werden. Mit anderen Worten: Selbst wenn Sie ein Problem zu umgehen versuchen, müssen Sie dies im umfassenderen Kontext eines erwünschten Zustandes tun.

Das zweite allgemeine Prinzip beinhaltet, daß eine effektive Präsentation einen »Feedback versus Versagen«-Rahmen benötigt. Lernen ist ein Prozeß, der Feedback erfordert. Je nach Art des angestrebten Ergebnisses kann es mehr oder weniger aufwendig sein, ein bestimmtes Ziel zu erreichen. Es ist wichtig, zwischen dem Prozeß und dem Lernergebnis zu unterscheiden. Lernen hat nicht nur etwas mit unmittelbaren Resultaten zu tun, sondern es geschieht aufgrund einer permanenten Feedback-Schleife. Manchmal müssen Sie sogar etwas tun, wovon Sie wissen, daß es vermutlich nicht zum Ziel führen wird, um das Feedback zu erhalten, das Sie brauchen, um Fortschritte zu erzielen.

Das dritte allgemeine Prinzip ist das der Flexibilität. Es ist oft nützlich, Alternativen bereits geplant zu haben, bevor Sie mit einer Aktion beginnen, damit Sie bei eventuell auftauchenden Problemen nicht reflexiv zu reagieren brauchen. Zur effektiven Durchführung einer Präsentation ist es wichtig, daß Ihnen schon vor Beginn ein Spektrum von Möglichkeiten zur Verfügung steht. Das Prinzip der Flexibilität steht auch mit dem »Gesetz der erforderlichen Vielfalt« *(law of requisite variety)* der Systemtheorie in Zusammenhang. Man sollte über eine gewisse Anzahl von Verhaltensvarianten verfügen, die zu den möglichen Veränderungen und Unsicherheiten innerhalb des Systems in einem angemessenen Verhältnis stehen. Einfach ausgedrückt: »Wenn das, was Sie tun, seinen Zweck nicht erfüllt, so tun Sie etwas anderes.« Tun Sie *irgend* etwas anderes, denn wenn bereits erwiesen ist, daß das, was Sie tun, nicht zum Ziel führt, besteht kein Grund, sich dies weiterhin vor Augen zu führen und ansonsten alles zu belassen, wie es ist. Fast alles ist in einer solchen Situation besser als das, was Sie bereits ausprobiert haben.

Implikationen des Flexibilitätsprinzips

Ein wichtiger Grundsatz hinsichtlich kommunikativer Flexibilität ist: *Es gibt keine widerständigen Studenten oder Lernenden, es gibt nur unflexible Präsentatoren, Lehrer, Trainer usw.* Haben Sie schon einmal versucht, jemandem etwas zu erklären, dabei jedoch das Gefühl gehabt, daß Sie nicht zu der anderen Person durchdringen? Wenn Sie auf eine solche Barriere stoßen, so probieren Sie es mit einem anderen Ansatz erneut. Sobald Sie mit einem bestimmten Verhalten keinen Erfolg haben, existiert eine Reaktion, aus der Sie Rückschlüsse ziehen können. *Wenn das, was Sie tun, nicht zu dem Ergebnis führt, das Sie anstreben, versuchen Sie etwas anderes.* Diese Prinzipien mögen wie Binsenweisheiten klingen, doch Sie würden staunen, wenn Sie wüßten, wie viele Menschen es dabei belassen, eine oder zwei Techniken immer wieder anzuwenden, weil diese irgendwann einmal ihren Zweck erfüllt haben.

Noch ein letztes Prinzip, das Sie beachten sollten, wenn Sie Ergebnisse festlegen und zu diesem Zweck Ihr Verhalten variieren, ist: *Die Bedeutung Ihrer Kom-*

munikation ist die Reaktion, die Sie hervorrufen, völlig unabhängig davon, was Sie mit jener Kommunikation zum Ausdruck bringen oder erreichen wollten. Hierzu ein Beispiel: Manchmal, wenn ein Mensch versucht, hilfreich oder rücksichtsvoll zu sein, interpretiert der Kommunikationspartner dies falsch und reagiert negativ darauf. Statt in einer solchen Situation wütend zu werden oder sich verletzt zu fühlen, sollten Sie **etwas anderes ausprobieren.** Die Menschen, mit denen wir kommunizieren, können nicht unsere Gedanken lesen. Wenn jemand irritiert oder mißtrauisch reagiert, dann ist das für diese Person die Bedeutung der Kommunikation, und wenn Sie eine andere Reaktion erreichen wollen, müssen Sie Ihr Verhalten so lange abwandeln, bis sich die Reaktion einstellt, die dem von Ihnen erwünschten Ergebnis entspricht.

Der große griechische Philosoph Aristoteles hat gesagt, ein effektiver Redner müsse über drei grundlegende Fähigkeiten verfügen: »(1) logisch zu denken, (2) das menschliche Wesen zu verstehen und (3) Emotionen zu verstehen.« Diese Fähigkeiten scheinen heute immer noch genauso wichtig zu sein, wie sie es vor zweieinhalb Jahrtausenden waren. Der Zweck dieses Buches war, Ihnen zu helfen, einige Dinge zu entwickeln, die jene Fähigkeiten unterstützen. Ich hoffe, daß Ihnen das Gelernte gute Dienste leistet.

Zusammenfassung
Prinzipien effektiver Präsentation

Zusammenfassung einiger allgemeiner Prinzipien von Präsentationen

➤ Menschen lernen, indem sie kognitive Landkarten mit Referenzerfahrungen verbinden.
➤ Kognitive Landkarten werden aus sensorischen und sprachlichen Repräsentationen aufgebaut.
➤ Referenzerfahrungen bestehen aus erinnerten, fortlaufenden oder konstruierten Erfahrungen.
➤ Jeder effektive Lernprozeß und jede Präsentation hat eine Struktur. Sie besteht aus:
  ➤ einem Ziel,
  ➤ Evidenzen (Beurteilungen im Hinblick auf die angestrebten Ergebnisse),
  ➤ Operationen (Verfahrensweisen), die zum Ziel führen.

Kerngedanken

Lernen hat etwas damit zu tun, wie wir unsere Landkarten von der Welt konstruieren.

Weil Situationen sich verändern, müssen wir unsere Landkarten ständig anpassen.

Landkarten, die in einem bestimmten Kontext nützlich sind, können in einem anderen unbrauchbar sein.

Unsere Landkarten haben eine Struktur, die auf kognitiven, linguistischen und physiologischen Mustern beruht.

Unsere Denkprozesse konzentrieren sich auf eine grundlegende zielorientierte Feedback-Schleife, die T.O.T.E.-Sequenz genannt wird.

Zusammenfassung
Prinzipien effektiver Präsentation *(Fortsetzung)*

Einige wichtige Wirkungsprinzipien effektiver Präsentationen

1. Das Ergebnis-Prinzip:
   ➤ Ziele stimulieren Aktivität und geben ihr eine Richtung.

2. Das Feedback-Prinzip:
   ➤ Es gibt keinen Mißerfolg, sondern nur Feedback.

3. Das Flexibilitätsprinzip, das Gesetz der erforderlichen Vielfalt:
   ➤ Wenn das, was Sie tun, seinen Zweck nicht erfüllt, dann probieren Sie etwas anderes aus.

Kerngedanken
....

Auf einer Makro-Ebene gibt es einige grundlegende Prinzipien und Einstellungen, die mit einem effektiven Lehr- und Lernprozeß in Zusammenhang stehen.

Obgleich der Stimulus dafür, etwas zu lernen, ebenso darin bestehen kann, etwas zu erreichen, wie etwas vermeiden zu wollen, ist Lernen immer dann effektiv, wenn ein positives Ergebnis oder ein Lösungsraum erreicht wird.

Innerhalb des Lernrahmens gibt es keine Mißerfolge. Vielmehr wird ausbleibender Erfolg entweder wahrgenommen als a) eine Lösung zu einem anderen Problem oder b) als Feedback, das Information darüber liefert, was abgeändert werden muß und wie etwas abgeändert werden muß.

Lernen steht in einer tiefen Beziehung zum Auffinden neuer Möglichkeiten. Es ist sehr wichtig, vor Beginn einer Präsentation mehrere Möglichkeiten zur Verfügung zu haben. Eine Wahlmöglichkeit zu haben ist immer besser, als keine zu haben.

Wenn das, was Sie tun, nicht zum gewünschten Ergebnis führt, dann tun Sie etwas anderes.

Literatur

Aristoteles: Über die Seele. Meiner, Leipzig 1911.

Ashby, W.R.: Design for a Brain. Chapman & Hall Ltd., London 1960.

Ashby, W.R.: Einführung in die Kybernetik. Suhrkamp, Frankfurt 1985.

Baron, J., Sternberg, R.: Teaching Thinking Skills. W.H. Freeman and Company, New York 1987.

Bateson, G.: Geist und Natur. Suhrkamp, Frankfurt 1990.

Bateson, G.: Ökologie des Geistes. Suhrkamp, Frankfurt 1985.

Dilts, R.: Applications of NLP. Meta Publications, Capitola 1983.

Dilts, R.: Let NLP Work for You. *Real Estate Today* Nr. 15, 2. November 1982.

Dilts, R.: Neuro-Linguistic Programming in Organizational Development. Organizational Development Network Conference Presentation Papers, New York 1979.

Dilts, R.: The Parable of Porpoise: A New Paradigm for Learning and Management. Dynamic Learning Publications, Ben Lomond 1990.

Dilts, R.: Walt Disney. The Dreamer, The Realist and The Critic. Dynamic Learning Publications, Ben Lomond 1990.

Dilts, R., Bonissone, G.: Skills for the Future. Meta Publications, Capitola 1993.

Dilts, R., Epstein T.: NLP in Training Groups. Dynamic Learning Publications, Ben Lomond 1989.

Dilts, R.B., Epstein, T., Dilts. R.W.: Know How für Träumer. Junfermann, Paderborn 1994.

Dilts, R., Grinder, J., Bandler, R., DeLozier, J.: Strukturen subjektiver Erfahrung. Junfermann, Paderborn 1985.

Dilts, R., Yeager, J.: Overcoming Resistance to Persuasion with NLP. Dynamic Learning Publications, Ben Lomond 1990.

James, W.: Principles of Philosophy. Britannica Great Books. Encyclopedia Britannica Inc., Chicago 1979.

Joyce, B., Weil, M.: Models of Teaching. Prentice Hall, Englewood Cliffs 1986.

Miller, G., Galanter, E., Pribram, K.: Strategien des Handelns. Klett, Stuttgart 1973.

Wiener, N.: Kybernetik. Regelung und Datenübertragung in Lebewesen und Maschine. Rowohlt, Hamburg 1988.

Information zur Aus- und Fortbildung in NLP

NLP in Winzenburg !

BILDUNGSSTÄTTE HOEDEKENHUS e. V.
Lamspringer Str. 24
D-31088 Winzenburg
Tel.: 0 51 84 / 82 32; Fax: 16 88
bildungsst.hoedekenhus @t-online.de

NLP-Ausbildungen: Practitioner, Master und Trainer
NLP und Business • NLP und Pädagogik • Coaching
Kinesiologie und Suggestopädie

INNTAL INSTITUT

Dipl.-Psych. Claus und Daniela Blickhan

Gründer des 1. deutschen Instituts für NLP im Management 1984

Business-NLP • Train the Trainer • NLP-Ausbildungen
Firmeninterne Seminare • Teamtraining • Coaching

INNTAL INSTITUT NLP

INNTAL INSTITUT Asternweg 10a 83109 Großkarolinenfeld
☎ 08031/50601 Fax 50409 e-mail: inntal.nlp@t-online.de

NLP-PRAXIS

Prof. Dr. Barbara Schott, M.A.

Seminare und Beratung für das Management

Postfach 81 01 20 • D-90246 Nürnberg
Tel.: 09 11/26 25 75 • Fax: 09 11/26 34 73
CompuServe 101620,217 • Internet Info @nlp-schott.com
homepage http://www.nlp-schott.com

Das Team besteht aus NLP-Trainern und Kinesiologen
mit Verkaufs-/Führungserfahrung

Deutsche Akademie für Angewandtes NLP

Geschäftsstelle St.Tönis * Meinrad Kamps
Ludwig-Jahn-Str. 86 * 47918 Tönisvorst
Tel.& Fax: 02151-701647

Weitere Geschäftstellen erreichen Sie unter:

Rainer Goertz   Tel.: 0221/610070   **Paul Pickel** Tel.: 02931/14473

Veronica Patzelt   Tel.: 089/3085322   **Will Vogelbusch** Tel.: 030/3919474

Ulrike Harlander Tel.: 030/8815712

Creative NLP Academy

Master-Trainer Klaus Grochowiak

Nerobergstr. 25 • D-65193 Wiesbaden
Tel.: 06 11/52 72 37 • Fax: 06 11/52 97 07
e-mail: cnlpa@cnlpa.de; Home page: http://www.cnlpa.de

Ausbildung zum NLP Practitioner, -Master, -Trainer
und neuerdings auch Master Therapeut
sowie NLP & phänomenologische Familientherapie
und NLP & polykontexturale Logik

NLP Akademie Schweiz

Megha Baumeler & Ueli Frischknecht

Dorfstraße 53 • CH-8427 Freienstein
Tel.: +41-1-8 65 39 39 • Fax: +41-1-8 65 39 00

Ausbildungen: NLP Practitioner, Master, Trainer und
dipl. ErwachsenenbildnerIn NLP. Anerkannt durch International
NLP, USA; IANLP, USA; GANLP, D und Schweiz.
Vereinigung für Erwachsenenbildung SVEB

NLP und Coaching
Kurszentrum Aarau (Schweiz)

Laurenzenvorstadt 87
CH-5000 Aarau
Telefon/Fax: 00 41 (0) 62 823 10 10

NLP in Österreich

Österreichisches Trainingszentrum für NLP

35 Tage NLP-Practitioner & 27 Tage Master Practitioner-Kurse
4jährige NLP-Professional-Ausbildung für
Coaching, Supervision und Therapie
Ausbildung zum Lebens- und Sozialberater

Dr. Brigitte Gross, Dr. Siegrid Schneider Sommer,
Dr. Helmut Jelem, Mag. Peter Schütz

Internationaler Beirat: Robert Dilts, Gene Early, Joanne Riou

Widerhofergasse 4, A-1094 Wien
Tel.: 0043/1/317 67 80, Fax: 0043/1/317 67 81-22

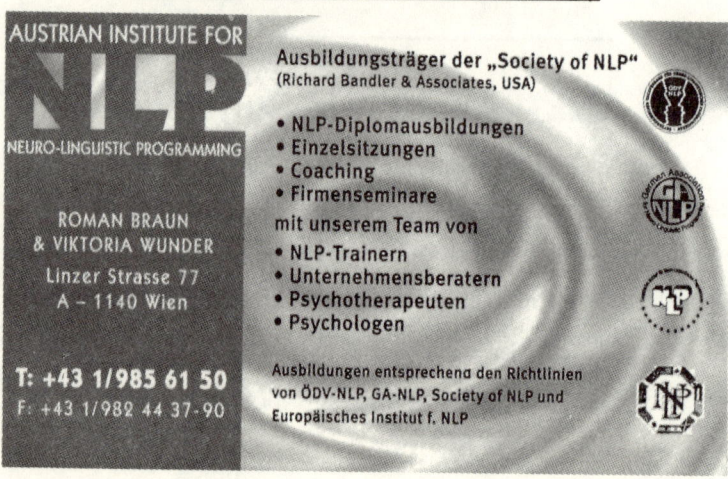

Notizen

Notizen

Notizen

Notizen

Notizen